JN268051

# ル・コルビュジエ　建築の詩
## 12の住宅の空間構成

富永譲

鹿島出版会

# 冬の朝……まえがきに代えて

一九七六年三月二日の朝、ル・コルビュジエの「母の家」を見た。予期せぬ出来事だった。急ぎ足の団体のバス旅行で、その数日前、イタリアを北上し、ジュネーブでコルビュジエの集合住宅「クラルテ」(一九三〇)を見て、全体がまるで冷ややかな機械のような構成と階段室に見られるような恐ろしく緻密に追求された細部のかたちに、当時、時計工業の盛んなこの街の一秒一秒の鼓動を明確に刻む、機械の精妙さを感じた。「人間の生活を刻み込む、美しい機械」、自信に満ちた若いコルビュジエはそんなことを考えていたのだろうか。翌日はそこからリヨン、次の日はフェルミニへと向かった。崖地にひっかかるようにして建っていたドミニコ派の、「ラ・トゥーレットの修道院」(一九五九)では真直ぐの壁が揺れているという日本ではまずお目にかからないような実に荒っぽいコンクリート打放しの建物でありながら、それが全く論理的に構成されることによって輝く劇的な効果をあげていることに、建築家の経験の成熟と充溢した力を感じ、そしてフェルミニの青少年センター(一九六五)やユニテ集合住宅(一九六七)では表面はきれいに仕上げられていながら、そうした力が形骸を辿るように何か空疎なものになってゆくことに、やはりこの巨人にも背後から訪れた老いの兆しを見ていた。

その日、団体のバスはジュネーブのホテルを発ち、ハーレンに向かう予定だった。朝五時のモーニング・コールでたたき起こされ、暗いホテルの部屋で散らかした荷物をまとめ、急いでバッゲージアウトし、ホテルの食堂で、ふんだんな量のコーヒーと粗末な黒パンといったヨーロッパ式の簡単な朝食をすませバスに乗り込む。バスはまだ人通りもまばらな暗いジュネーブの街の冷たい石畳の上を、パチパチとはじけるような音をたてて走る。ほどなく透き通るような朝の光がバスの大きな窓からやってきて、ジュラルミンのバスを一杯に輝かす。そうするとやっと目が覚め、生き生きとした一日が始まるといった具合だった。

レマン湖を右に見ながらバスは走っている。水面にうすい靄がたなびいている。確かコルビュジエの「母の家」は、この湖のほとりにあったのではないかと考えながら、窓の外の整った風景を眺めていると、確かに見覚えのある「母の家」の白い壁が窓先の斜め向こうに現れてくる。それは驚きというより何か不思議な感じだった。バスがこの家の前を通ったことについて……。

車が湖畔のコーヒーのネスレ社の前で止まると、こげ茶色のカーテンウォールのその巨大な建築を後に、もと来たバス道を引き返し、一〇分ほど歩いて「母の家」に出会った。当時、それは空き家になっていた。私が無断で塀を乗り越えようとしていると、通りがかりの毛糸のショールを肩にまいた太ったおばさんが、自転車を止めて親切に、鍵を持っている管理人がここから五分ほどのところに住んでいることを教えてくれた。時間の都合で、内部を見ることはできなかったが……。地球上に張りめぐらされてある無数の人間の街路を選んで、この日、この時、バス旅行の途上その場所を通過し目前に突然「母の家」が現れたことを、まるで夢のなかの出来事のように、幸せな気持ちで、大事に深く心にとどめている。

そして二十五年後の朝。

二〇〇一年一月三日の早朝、ホテルからタクシーでシトロアン公園に行き、人影のない寒風のなかセーヌの河岸を、ミラボー橋（シャンソンで有名な）まで歩きそこから地下鉄に乗り継ぎ、ジャスミン駅に着き、静まり返った住宅街を歩いてラ・ロッシュ／ジャンヌレ邸を訪れた。新年の三日というのに、カメラ片手に来館するものも多く、十時、つき当たりの広場の黒い扉が開き、冬の朝の透きとおる光のなかで、ゆっくりと、隅々まで室内を見てまわった。

改めて歩いてみて感じるのは、人間のサイズとか、思考とか、動きの習性とかが、建築という物のなかに色濃く刻印されていることである。それぞれのひとつの部屋は矩形の平面でありながら、入口の位置や開口を介して、隅が形づくられ、使い方を示している。窓台が部屋にあり、横長窓の下に立上りの小壁があり、上部はカーテンを納める下がり壁があって、生活の雰囲気を暗示する。がらんどうの矩形の部屋が次の部屋に結びついてゆく関係の仕方、リズムには無機的な構成であっても、それが明らかな人間の事象を語る記録となっているのだ。何故かそれを新鮮な発見のように感じた。

光の採り込み方。壁を生気づける光。加えて、天井高の抑揚、展開するリズム、そして拡がり、室形の変化。壁を彩る色面の交代。背中にナップザックの見学者たちと狭い階段をすれ違い、のぼって四階の屋上に出た。

からっぽの部屋を次々とめぐりながら、物へのまなざしのなかに、コルビュジエという人間のまなざしが生々しく浮かび上がってくるという事実に、押し倒されるような強い印象を受けた。

書物が人間を語ってきたように、ひとつの住宅が、人間の思考や精神や肉体を直接的に語る記録でありうるということ。

ロッシュ邸の屋上に出ると、青ペンキで塗ったように高く空は晴れ上がり、枯れ木のシルエットが、ぴんと張りつめた壁に淡い影を投げかけている。冷たい冬の朝、灰白色の堅い輪郭の建物がびっしりと連なるパリの一六区の街を見下ろしながら、屋上のテラスの一角でそんなことを考えていた。

# ル・コルビュジエ 建築の詩　目次

1

2

3

4

5

6

1〜6　母の家

8

7

9

10

11

7〜11　ラ・ロッシュ／ジャンヌレ邸

12

13

14

15

16

17

12·~17　サヴィア邸

# 1

# 建築——その変容に満たされた不変の形式

## ル・コルビュジエの住宅と建築的散策路《プロムナード》

ソクラテス　君は、絶えず更新し自分で建て替わる流動する建物、すべてが拡がりの魂ともいうべき魂の変容に捧げられた建物、そんな一つの建物の中に生きたことはなかったか。それは、追憶、予感、悔恨、憶測、確たる原因のない無数の情緒、これらを絶えず燃焼させることによって君の存在全体を照らし温める不断の焔にも似た変化する一つの充実ではなかったか。

「エウパリノスまたは建築家」ポール・ヴァレリー／森田慶一 訳
『建築論』森田慶一 著（東海大学出版会）より

## 〈建築的散策路《プロムナード》〉その生命力の再生装置

「……人間たちの家は　その形の主人として
自然のなかに腰を据える
それ自体完璧に
地自体を引き受けながら
全方角に開かれて
家は　雲に　あるいは碧空に
あるいは星たちに　その屋根をかす……」

ル・コルビュジエ[*1]

部屋の一角に朝日が射し込み、やがて夕方を経てその場所に闇が宿る、そうした自然の秩序に取り囲まれた中に生きる人間の生命力の再生装置としてル・コルビュジエの設計する住宅はいつも考えられていた。

ル・コルビュジエは一生涯の間に実現化した三四の住宅作品と五〇あまりの住宅の計画案を残しているが、それらの全体はふたつの建築的原型を基礎に展開している。その単純に還元されたふたつの建築的構成は、著しい対照を示し、空間に対するふたつの解釈であり、いずれも建築家としての出発の時期に構想されている。ひとつはドミノ型住宅（一九一五）で、水平の層をつくる床面とそれを支える柱、階段からなるひとつの架構のシステムであり、むしろ住宅としてまとまった計画案としてはシトロアン型住宅（一九二二）を指定することが適当かもしれない[*2]。もうひとつはモノル型住宅（一九一九）であり、ヴォールトの屋根の連続とそれを支える壁からなるシステムである。

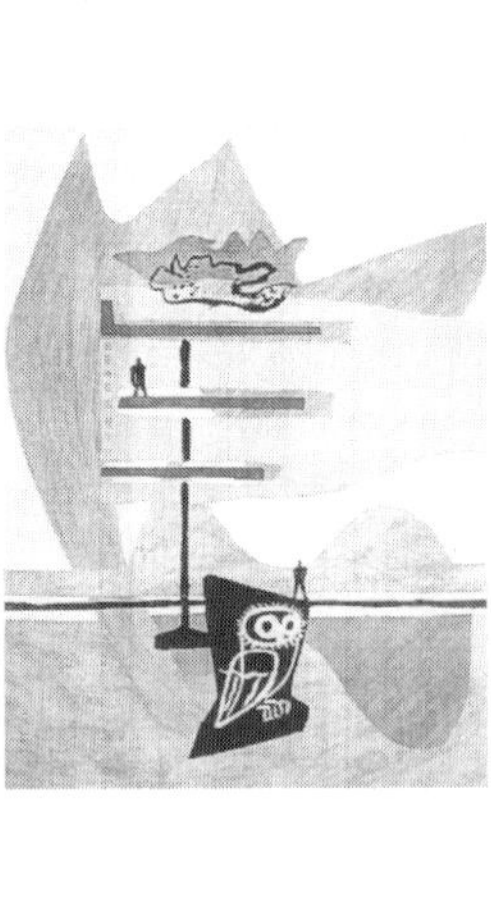

右／『直角の詩』リトグラフ、B.3　精神

*1 『直角の詩』の1節
Le Poémé de l'angle Droit, 1955

*2　ドミノは水平的な空間の層のモデルでありシトロアンは垂直の層のモデルである。前者が床の形式を示すなら後者は壁の形式といった異なりを持っている。しかしこの際、シトロアンはドミノが建築化したものであると考えられるであろう。

ドミノとモノルの建築型としての住宅の具体的説明は後に譲るとして、前者を原型とした住宅を仮にドミノ系列と呼び、後者のそれをモノル系列と呼ぶと、それぞれは自然の秩序のなかで異なった人間の住まいの姿をとった。ドミノ系列が直方体の輪郭を持ち、壁の造形であり、地平から直立する姿を示し、また人工素材を用いることによって敷地を支配しようとするならば、モノル系列はヴォールトの単位が連結する水平の連続空間であり、屋根の造形であり、地平に引き伸ばされた姿を示し、自然の材料をそこに導入することによって敷地との融和を示す。ふたつの系列の流れはより合わさって作品の豊かな展開を生み出している。全体として見れば、ドミノ型が産業時代の住宅の在り方を引き受けるものとして主系列を成すものであれば、モノル型は大地の力を引き受け、ドミノの技術的展開を活性化し、その抽象性を拡張する役割を持つ副系列であったといえよう。ドミノ系列の初期に成熟した代表的作品がサヴォア邸（一九二九）であり、後期にショーダン邸（一九五六）がある。一方でモノル系列の初期の作品はパリ郊外のサン・クルーの住宅（一九三五）であり、後期がサラバイ邸（一九五六）といったふうである*3。

何故ふたつの異なった住まいの姿は求められるのか。『直角の詩』が垂直と水平の交錯の記号の上に生まれたように、ドミノ（シトロアン）とモノルは宇宙のなかの人間の住まいのふたつの代表的な在り方であり、そのふたつの原型の交錯のなかでル・コルビュジエの住宅が構想されていたということである。ドミノ系列を「地中海の強烈な太陽の光の下、形に強い客観性が見られる男性的建築」、モノル系列を「限りなく主観的な空に広がる女性的建築」と呼び、その姿を性によって対比させていることも注意を惹く。また前者が「定規の使用」であり、「立っている壁、四つの壁の間に感じ得る広さ」であるとすると後者は「コンパスの使用」であり、「あらゆる方角に放射する線を持つ発散形」であるとされた*4。ドミノ

*3　2-8 サヴォア邸、2-9 サン・クルーの住宅、2-12 ショーダン邸　を参照

*4　『モデュロールI』吉阪隆正訳、SD選書（鹿島出版会、以下同）、一九七六

左／ドミノ型住宅

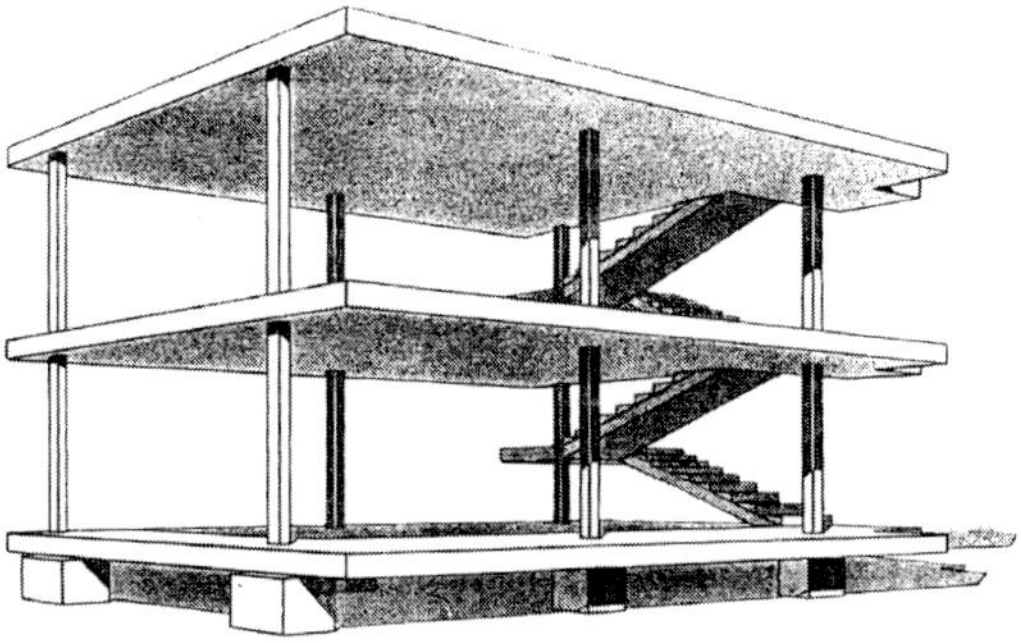

とモノルというふたつの形式が人間の住まいへの欲求を受けとめるふたつの建築素型であり、この世界を形づくる垂直と水平の交錯の記号から生まれる詩の一部としてとらえられていたようなところがある。太陽‐海の交わりから生命が生まれ、男‐女の交接のなかに愛が生まれる。それらがすべて垂直‐水平に置換され、〈直角の詩〉が見出されたように、環境のなかで、人間の住まいのエロスをドミノ（シトロアン）とモノルの型のなかに見出していたのだ。

　コルビュジエの住宅の魅力となる特質は、しかしそうした異なるふたつの空間の型が、建築的な技法の発見と共に次第に豊富な様相を展開させてゆくところにある。斜路《スロープ》や小さな中庭《パティオ》や覆われた屋上庭園、空洞や光の中空体や階段を登りきった上部に穿たれた天窓または柱と壁の戯れ等、さまざまな空間的な仕組みがひとつの住宅の構成のなかに導き込まれ、分布し、定着する。それらはいずれも根源的に人間を惹きつけてきたひそやかな住まいのエロスである。ル・コルビュジエの住宅が半世紀という時を経ていつまでも魅力的なのは、そうした分散した住まいのエロスを内側に豊富に抱え込みながら、一方でそれらが数学的な比例の秩序のなかに盛りこまれ、引き止められ、経験する人間の時間のなかで生起し続けていることのなかにある。つまりドミノやモノルといった静的な空間の構造を内側で支えるいまひとつの秩序を、それぞれの住宅は備えているということになる。それは人間の直覚に密着し、その移行と共に経験され運転される秩序であり、人間そのものに似て、戯れや逸脱が可能な体系である。ル・コルビュジエはその人間生活を運転する秩序の体系を〈建築的散策路《プロムナード》〉と称している。

　「人が入ると建築的な光景がつぎつぎと目に映ってくる。巡回するに従って場面は極めて多様な形態を展開する。流れ込む光のたわむれは壁を照らし、あるいは薄暗がりをつくり

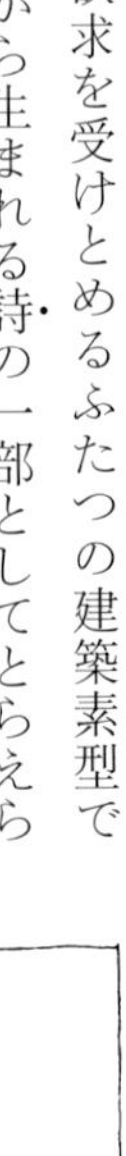

右／モノル型住宅

*5　Oeuvre Compléte 1910-29

左／ラ・トゥーレット修道院における建築的散策路のスタディ

出す。正面の大きな開口に達すると外部の形態のありさまが見え、そこでもう一度建築的な秩序を発見する」[5]。ル・コルビュジエは建築を記述する時、しばしば建築の内部にある人間の運動を想定し、効果を計算するといった手法を使って見せる。そこに散在している部分の空間の仕組みは人の動きを誘発し、知覚を展開させ、さらには動きを終焉させる発信源といったものである。原型といってもドミノやモノルといった空間の構造があくまでもそうした発信源の網状組織を配置する上位の秩序でしかないことは注意されてよい。住宅の内部に、住み手に効果を与えつづけ、時の経過とともに運転される機械の装置が内蔵されているのだ。それは現代人の住まいのエロスであり、生きる人間の生命力の再生装置のネットワークであるかもしれない。

ル・コルビュジエの住宅の特質を見ると、明らかに内部をめぐってゆく住まい手に〈光・空間・緑〉を求める自然人としての人間が据えられ連続的に展開する秩序が夢見られており、そこに向かって自律する形の装置が分散してセットされてゆく姿を追跡することができる。均質な平面のなかに、そうした運動を惹き起こす動力、発信源はちりばめられながら、住まいの構造を内側から支え、場面の連鎖を形づくり、それによって住まい手を刺激し続ける。場面《シーン》から場面《シーン》へと展開してゆく間合いには一定の人間的なリズムがある。人間の視点の移動や移行する時間が読み込まれ物の配列に投影されている。

住宅のなかでのそうした部分の形の装置が、決して全体の上位の架構の秩序のなかに消失してしまわずに、刺激を与える動力源として、相互に競いながら、ネットワークを組んで〈建築的散策路《プロムナード》〉によって結び付けられてゆくという構成の手法が独特である。ピロティと屋上庭園はさしずめ〈建築的散策路《プロムナード》〉の始点と終点の情景を与えるものとして考案されている。入口の一枚の広い天井面に切られたその下から水平に拡がる外側の地上の景色を

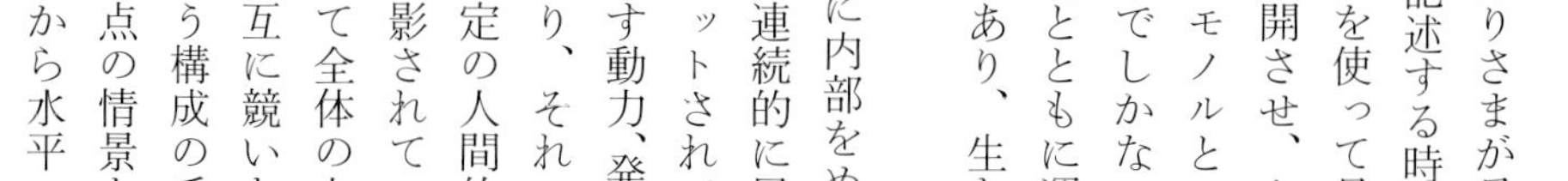

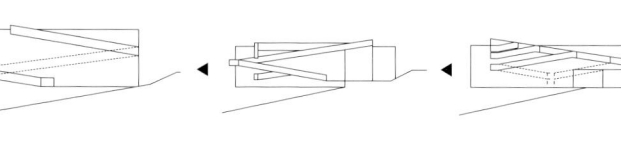

眺める経験、また上部に枠取られた青空が開け、ガラスや白い壁に囲みとられ保護された空中の庭園でくつろぎながら地上の家並みを見下ろす経験、それらはル・コルビュジエの白の時代の住宅が繰り返し提出する始点と終点の情景である。

住宅の場のなかにそうしたいくつかの情景の特異点が分布し、電位差によって電流が流れるようにそれらの性格の差異が、対比や対立を示しながら、響応しあう全体、こうしたあり方こそ、ル・コルビュジエの住宅を他の近代住宅から分け隔てるところのものだ。そうした住まいのエロスでもあり続ける部分の網状組織は生涯にわたって一貫した発展を見せ、増殖し、複雑化してゆくことになる。

取り出されたふたつの建築的原型――ドミノとモノルが宇宙における住まいの解釈としてあるなら、一方、部分空間の魅力の発見、内部の動力源の布置の形式、網状組織は両者の展開のなかでも共通な課題として探られてゆく。

制作の時期からするとふたつの原型の展開過程は微妙に交錯するが、明らかにある時期にひとつの原型の展開が集中している。いわゆる白の時代、一九二二年―一九二九年の間には、ドミノ（シトロアン）型の住宅の展開が試みられている。それは個別の一軒、一軒の住宅の設計の過程で発見された手法の集積としてであった。現在、残されたスケッチを検討することによって設計過程の全体を辿ることができるのだが、それぞれひとつの住宅の設計に莫大なエネルギーが注がれていることに驚く*6。緊密で、詩的な作品が設計の当初から頭のなかに描き出されていたのではなく、現実の設計は、土地の制約や、住まい手との交渉を受け入れた、順当な図式から出発していることが多い。その図式を変容させながら、一回限りの固有な図式――芸術作品としての住宅――を生成してゆくその設計過程を見ると、ル・コルビュジエの力量――思考の正確さ、現実への読みの深さ、感性の跳躍といっ

*6 富永讓「ル・コルビュジエ―手の冒険／スケッチに見る建築の生成過程」SD8601-8802

左／建築的散策路　ラ・ロッシュ邸のスタディ

たものの共存——を感じる。

有名な〈近代建築の五つの要点〉（一九二六）——一：ピロティ　二：屋上庭園　三：自由な平面《プラン》　四：横長の窓　五：奔放な立面《ファサード》——は理念として提出されたものだが、その具体的な使用法と効果については、そうした設計の過程を経て生み出されたひとつの住宅作品の輝きのなかで立証されたわけだ。〈四つの構成法〉（一九二六）もシトロアン型の直方体の輪郭が住宅となるときの構成のタイプを挙げたものだが、現実化した四つの作品がそれぞれ例示されている。つまりそれらはただ住宅を構成する概念として示されただけではなく、素晴らしい美的なエネルギーを秘めた卓越した幾何学による創造の側面として提出されたから力があったのである。

それらの白の時代の住宅は全体として〈新精神《エスプリヌーボー》〉の機械時代の生活への希望を象徴していた。そして個々の住宅はいつも都市を夢見ていた。それらの新しい概念が生み出す住宅の光景はそのまま都市計画へと、都市を生きる人間の幸福を保証する場を構成する部品のワンセットとして考えられていたことにも特徴がある。

モノル型の住宅の本格的な展開は一九三〇年代から始まる。一九二〇年代の白の住宅は、その時点でプラスターの壁に生じたクラックや漏水等、現実にさまざまな問題をかかえており、幾何学による抽象的な白い箱という前提にはこだわらなくなってくる。一方で不況により経済事情も悪化し、その地域、地域に密着した建設方法を見直し、自然の材料が導入されてくる。しかし、そうした外的な問題ばかりではなく、初期のピューリスムの堅い矩形の輪郭からの離脱はすでに一九二七年頃からのル・コルビュジエの絵画が予報している。画布のなかには詩的感情を呼びおこす物品——有機的なオブジェが参入し始める。自然の多様性がつくり出す一回限りの場所に応ずるものとして人間の住宅は考えられ始め

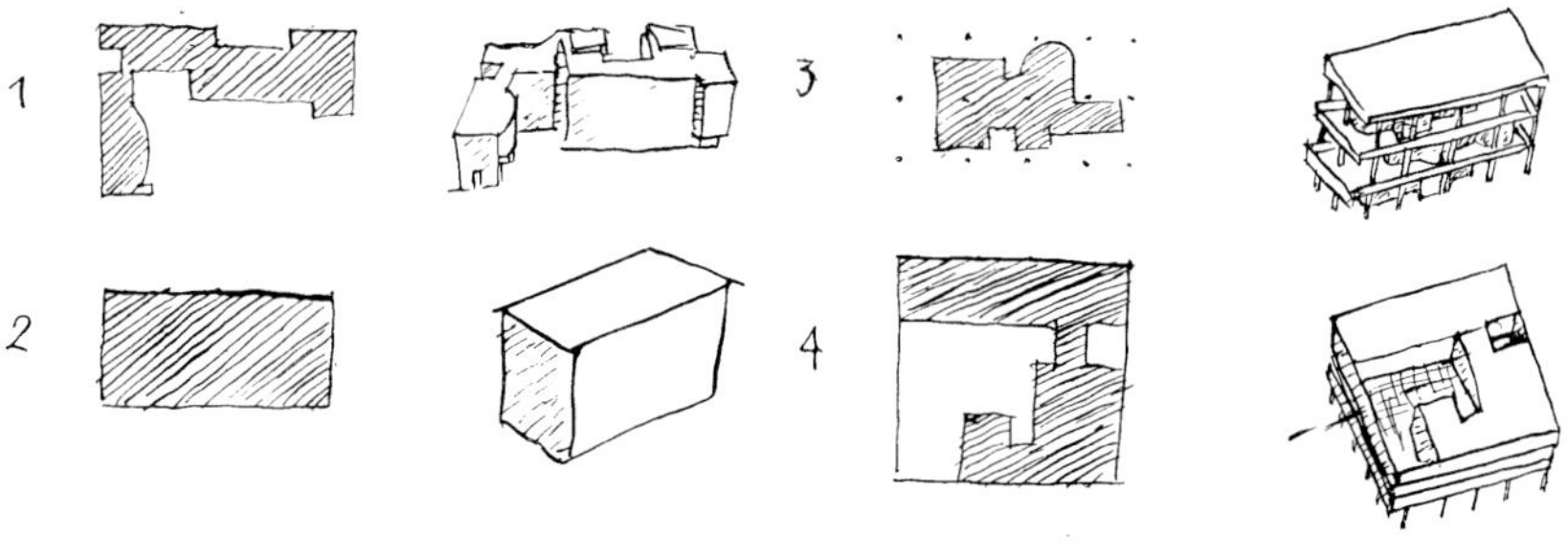


左／〈四つの構成法〉
Oeuvre Compléte 1910-29

る。モノルの計画案は数多くはないが、一九四八年頃までその用法が探求される。

後期のショーダン邸（一九五六）とサラバイ邸（一九五六）は同時期に並行して建設されたシトロアンとモノルの成熟した作品である。一九四八年以降一九五六年に至るまでにつくられる住宅のなかには、すでに開発された部分の要素の扱いにおける自由な解釈が見られ、ふたつの原型を特徴づけていた柱のシステムと壁のシステムというふたつの性格はひとつの作品のなかで混合し、合体する様相を示す。多くが熱帯地方に建てられたことにもよるが、外側の被膜をなす輪郭はふたつの面に分解し、ファサードの二重性が演出されたり、モノル型の屋根が分離し、浮上することによって下方のドミノの場を規定したり、大きな架構体内部の小さな部屋、物体のなかの物体といった二重性が入り組んだ上昇性の強い空間の運動のなかに演出されるようになる。

これまでふたつの原型の指摘とその展開を軸にル・コルビュジエの住宅の変遷を眺め渡してきた。またそれらの原型を内側から支え、住まいの場を密度あるものとしている形の装置の体系の存在を指摘した。しかし原型はどのように懐胎されたのだろう。また人間を惹きつけてくる住まいのエロスを形作る部分の仕組みはどのように習得されたのだろう。そして二〇世紀の初頭という〈新精神《エスプリヌーボー》〉の時代のなかで、それらはどのように変形されていったのだろう。ル・コルビュジエの創造性はどこにあるのだろう。設計された住宅は時代の住まいとしてどのような新しい空間の質を獲得することになるのだろう。

生れ故郷であるラ・ショー・ド・フォンに一九〇五年から一六年までにつくられたいくつかの初期住宅作品も検討するべきであるが、その解明の手がかりを与えてくれる重要な資料は一九一一年の『東方への旅』の六冊のスケッチブックである。例えば二四歳のジャ

『東方への旅』のスケッチ
右／イスタンブール
左／ティルノボの民家

ンヌレはその中で次のように書きつける。「建築には二種類の型があるだけだ。……大きなぺしゃんこの屋根と、……モスクの球形のドームと[*7]」。対象を分析したり整理する前の二四歳の「目」がイスタンブールの風景を見て捕らえた直観的な把握だ。このスケッチブックは東欧、ギリシャ、イタリアへの四ヵ月間あまりの放浪の記録なのであるが、近代主義者ル・コルビュジエの背後にあってそれを支え、常に栄養を送り続けていた人間としての中心、根のようなものを形成していたように思われる。異なる風土、生活を背後で支えている住宅のふたつの原型が旅の途上で本質的なものとして浮かびあがってきたのではないか。

約四ヵ月間の旅行のスケッチは、最初は旅のなかで起こる日常の出来事に対応して、家具や部屋のつくり方、動線の複雑な構成といったものを細々と定着しようとする。例えば次のようである。「五メートル×五メートルの小庭園、花、青く塗ったファサード、……家々には大きな窓のある主寝室がある[*8]」(ティルノボ)。「小さな扉には、窓がひとつついていた。そのプロポーションは快く、まるで橋脚よりも高く見える[*9]」(ポンペイ)。平凡な街角の誰も顧みない一風景、しかしそこに思いがけない調和が佇んでいることを見逃さず定着する。またアトスの食堂の色彩の記述、薄いバラ色、空色、白、黒、緑、灰色[*10]には白の時代の色彩、特にラ・ロッシュ／ジャンヌレ邸の色調の発見を感じるし、街路の面白さを描いた『手帖四』に白の時代の住宅のなかに現れてカーブする壁を見出す。東方への旅の細やかな、しかもおびただしい人間の住まいのエロスの発見は、まだ若きル・コルビュジエの心の砂地に、またたく間に吸い込まれ、後の創造の土壌の養分となったに違いない。

身体や感覚に訴えてくる住まいのエロスの構造は、スケッチという行為をとおして探求されることになる。配列、工法、素材、色彩が記述され、その固有性がそこに定着される。

*7 『東方への旅』石井勉他訳、SD選書、一九七九
コンスタンチノープルの項に次のような記述がある。「建築には二種類の型があるだけだ。穴だらけの瓦で葺かれた大きなぺしゃんこの屋根と、屹立する尖塔を持ったモスクの球形のドームと」

*8 『ル・コルビュジエの手帖2』中村貴志・松政貞治訳、同朋社、一九八九

*9 『ル・コルビュジエの手帖4』

*10 『ル・コルビュジエの手帖3』

次に感銘を受けた佇まいと、それを形成する構造の発見へと注意は向けられている。記号で表示されたり、数学的な関係で示されたり、矢印が記入されたりしている。その場をつくり上げている水平と垂直の要素の平衡に、いつも注意は向けられる。ものの関係に還元し、固有の佇まいを、「普遍性を可能にする思考の原型、あらゆる人間の心の言語[*11]」へと転記し得たとき、やがて自らの計画案の部分の要素として再利用しうる部品になるのである。歴史のなかに、そうした心を惹きつける部分の構造を抽出し、それを固有の時代や場所や文脈から切り離し、現代的操作を加え、歴史の反響を混在させながら、作品を構成してゆこうとする手順をル・コルビュジエの創造の手法の基礎に見る時、住まいのエロスを形作る部分の空間の構造の起源への探求は、ル・コルビュジエの経験した名も知れぬ町も含めて歴史の参照のすべてに拡がり出していってしまう。

例えばサヴォア邸の住宅の形のすみずみには、そうした〈東方への旅〉の記憶が生々しく刻み付けられている。また純粋幾何学への讃歌も、機械の輝きも、パリという都市の〈新精神《エスプリヌーボー》〉も、ピューリスムの絵画を彩っていた形態や色彩も渾然一体となって埋め込まれている。だからそれは何度見ても飽きるということがない〈建築作品〉なのだ。それは船のイメージを想起させる住むための機械であるし、ギリシャの白い集落を思わせるような風景を内部に展開するし、また抽象的な幾何学立体の構成であり、内部空間と外部空間の相互貫入でもあるし、「空間・時間・建築」の体現であり、一方で古典の伝統とも結びついて、似たような敷地条件のなかで建てられたパッラーディオのラ・ロトンダを想わせもする。新しい文脈からも古い文脈からも意味付けられることになる。そうした多様な意味を発信するものとしてサヴォア邸は構想されている。実際の設計の過程を見ると長い年月にわたってそうした豊かな意味の層を織り込むような努力が続けられている。

『東方への旅』のスケッチ。カーブする街路の壁

*11　『今日の装飾芸術』前川國男訳、SD選書、一九六六

サヴォア邸を不朽にしている点はそうした個人のなかに複数共存する思考の領域をも近代建築の技術と幾何学の言葉によって表現し得るところまで高めたということである。歴史のなかに見られる動力源をスケッチをつうじてその本質を蒸留し、抽象的な形に置き換え、ドミノやモノルの架構のなかにちりばめてゆく。そうした巧みな歴史の転記を見ることができる。住宅は、船や自動車や飛行機や列車として実現している、一時的にせよ住むための機械が、一方でその目指すべき目標とされる。当時の近代技術の粋を集中したそれらの構成物は淘汰された最新の建築だからだ。過去のイメージを現代の秩序に呼び込み、抽象幾何学のなかに個人的な連想を浮かびあがらせる。ル・コルビュジエの言葉によれば、そこではじめて、住宅が「宮殿」であり、同時に住むための「機械」でもあるということになるのだ。

## 運動のイメージと時間のイメージ

ル・コルビュジエの住宅を経験するものにとってその空間の新しい質は、人間が動くことによってあらわれてくるような何かである。空間の構成のすみずみにひとつの身体の移動が呼び起こす感覚が読み込まれることになる。床上一・六メートルのレベルで展開される幾何学の風景でもあるそれらの簡潔な場面の連鎖がつくりあげる〈運動〉そのもののなかにこそ新しい質がとらえられていることに注意しよう。その運動の主要な成分とは戸外の自然の大気へと開放されてゆく動きといったらいいか。冒頭に挙げた『直角の詩』が述べているような、人間たちの家が自然の中で〈全方向に開かれて〉ゆくという感覚である。自らの身体の重さを失って外気のなかへと開かれてゆく浮上感。特に一九二〇年代の白の

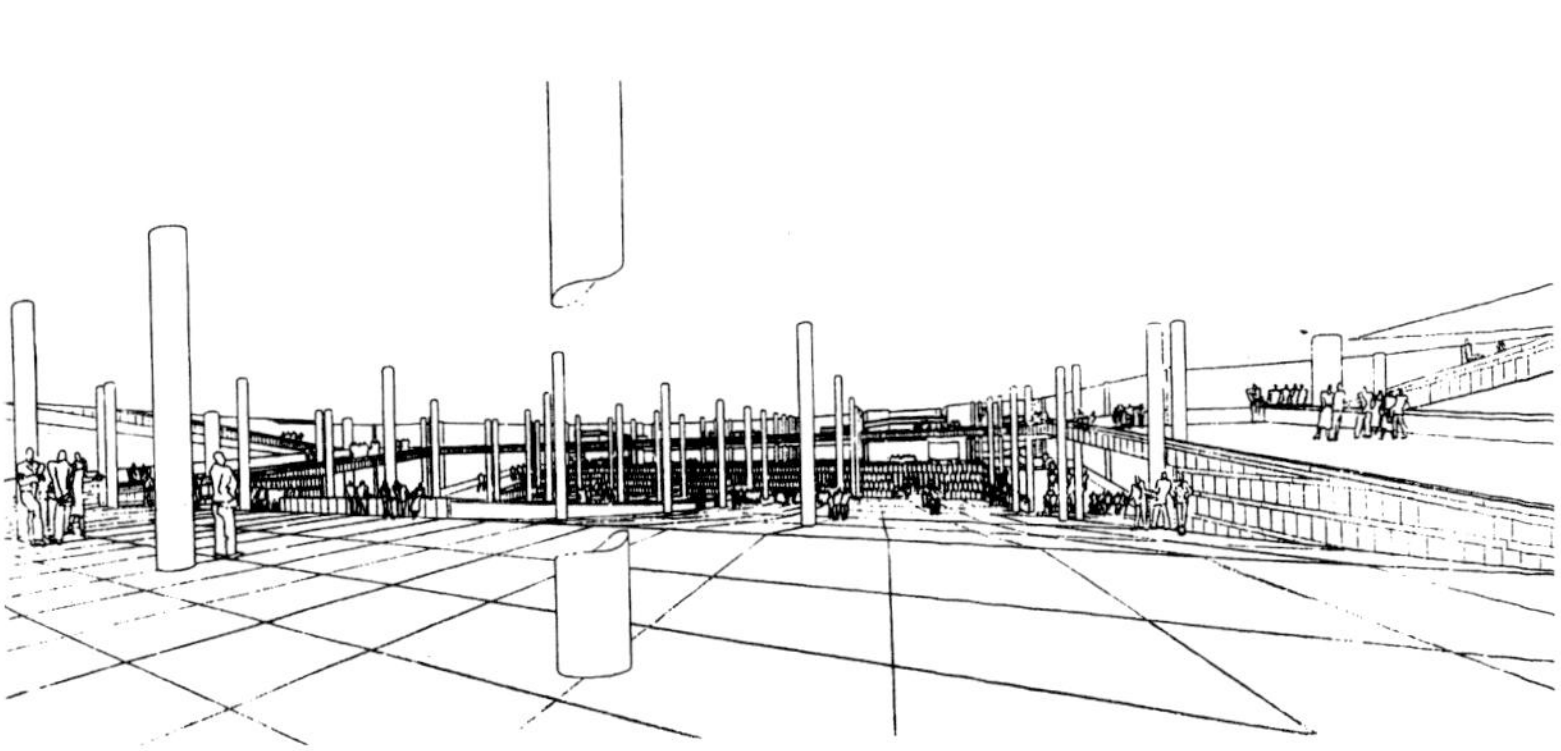

右／〈建築とは採光された床である〉ソヴィエト・パレス、スケッチ

時代の新建築(住宅)が提出した新しい質とはそのようなものであった。〈建築とは採光された床である[*12]〉。ドミノのシステムとは人間を支えるその輝く床面へと登ってゆく運動、そしてその床面のうえで光を浴びて大気中に身体が開放され、動きまわるという軽やかな歓びに裏付けられた建築であった。住まいが壁を立て、中心に立てこもり、一ヶ所へ定着させる場を確保するというのではなく、採光された床面のなかにさまざまの異なった性質の場を分布させ、動きのなかに差異が刻々と生じてゆくような持続としてである。そうして設定された人工的な一連の場の集合が人間にとって自然の環境に見られるような豊かな多様性を帯びてくるとき、またそれが上空に設置され、宇宙の秩序に浸され、光と影、昼と夜を刻みつけ、大気や緑の風景へと手を差し出すとき、住宅は幸福を生む場所になり、〈地上の楽園〉となるというのである。

架構体のシステムであるとはいえ、ドミノ型が建築化したシトロアン型住宅にもモノル型住宅のなかにもそうした〈運動〉への種子は仕込まれている。ここでシトロアン型住宅とモノル型住宅について具体的に作品を例に挙げ説明しておこう。

まずシトロアン型住宅(一九二〇)の概念は一九二七年にシュツットガルトで開かれた住宅展覧会、ヴァイゼンホーフ・ジードルング[*13]で現実化することになった。〈標準《タイプ》〉として、住み手の特殊な条件は排除され、住宅に対する考え方が極めて概念的な形で結晶した。

ル・コルビュジエはそこで、機械室や倉庫を一階に置き、生活の場を二階に、二層分の天井高を持つ居間を中心として、それに面して、低い二・二メートルの天井高の食堂や厨房や使用人の部屋、その上部に夫婦の居間や寝室そして浴室を置き、屋上は庭に面して子供室と客の寝室を設けた。それらが一連の階段によって結び付けられているという仕組みであ

*12 『プレシジョン』井田安弘・芝優子訳、SD選書、一九八四

*13 2-6 シュツットガルトの住宅を参照

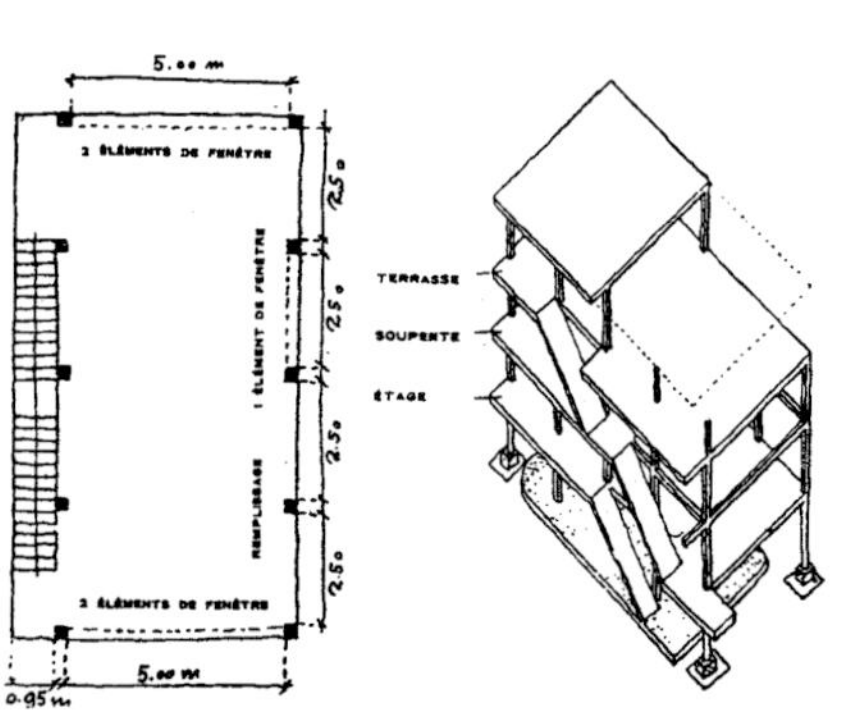


左／シトロアン型住宅

る。平面《プラン》の構成を見ると、主室部分と従属部分のふたつの領域が明確に分けられている。主室部分は五メートル間口のドミノの架構によって構成され、居間、食堂、個室であり、従属部分は〇・九五メートルの間口であり、階段、浴室、便所、収納等である。ドミノの均質な床面は二分法によって分割され、住まいの場として進化し、コントラストが生み出されている。広‐狭、右‐左、主‐従といった対立である。内部の従属ゾーンを指示するように直方体の外部にバルコニーが突出している。その下の玄関に入り二階の踊り場の西面の採光を頼りに暗い階段を昇る。昇りきり、曲面の壁に従って向きを変え、極めて低い天井高（二・二〇メートル）の部分から居間に進入すると、大気へと明るく開けたこの住宅の主要な空間に出会う。食堂から居間へ動くときも、低く暗い、人間を定着させる場から明るい自然の大気へと開放されてゆく運動の感覚に出会う。さらに中二階、三階へと続く非常に暗い連階段を昇りつめて向きを変えるとまた屋外の光のなかに投げ出される。

ル・コルビュジエは差異づけられた二分法的空間構成法をつうじて箱内部を通過してゆく主要な経路に沿った空間の経験を組織している。われわれが通常、室内から戸外に出るとき感じるあの明るく開ける伸びやかな移行の経験がその基礎となっている。この住宅では玄関から屋上に至るまで明▼暗▼明▼暗▼明と繰り返している。それは空間の広▼狭と同調することによって一層そのリズム感を強める。差異づけられた場を移行するときに生成されてくるもの、その持続がこの住宅の内容である。そこでの住宅の設計とは、ある方式を持ってさまざまなニュアンスを帯びた場に分節してゆく作業である。

〈近代建築の五つの要点〉――一：ピロティ　二：屋上庭園　三：自由な平面《プラン》　四：横長の窓　五：奔放な立面《ファサード》――はこの作品に全面的に適用されているが、そうした新しい方式のひとつにほかならない。五つの要点はドミノの架構の床面の上に異なった性質の空間を付

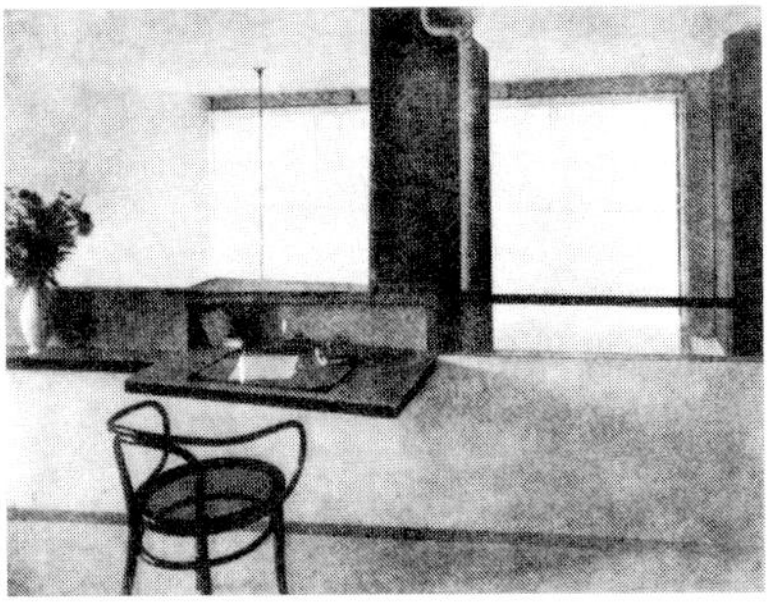

右／シュツットガルトの住宅・居間
左／同・屋上庭園

着させてゆく手法であったのだと思われる。この住宅では重層する階段をつうじて、〈一：ピロティ〉▼〈二：屋上庭園〉の間の床面の上に機能的な要求を満たし、また、場面の展開の効果を生み出す直立する壁の配置からなる〈三：自由な平面《プラン》〉を挿入し、荷重条件から〈五：奔放な立面《ファサード》〉は周囲の景観や採光に応じて開口を穿ち、内部の住まいの場を取り囲んでいる美的な仮面《マスク》を構成する。そのなかで特に室内における〈四：横長の窓〉が強調されているのだが、それは目の前に拡がる水平線として『直角の詩』が歌う直立する人間の躍動する生の表現としてであろう。

「直立しているが故に
きみは行動にふさわしい
捕捉可能な物体である大地の高原の上に
直立して　君は　自然と契約を結ぶ
それが直角だ
立っている　海を前にして　垂直に
君はすっくと立っている」　ル・コルビュジエ*14

また、標準《スタンダード》としての住宅という概念はシトロアンという名称のなかに現れている。ル・コルビュジエは住宅を自動車のように大量生産しうるシステムとして提案されるべきだと考えていた。「住宅を住む機械のように道具として考えなければならない。……工業開発した分野に呼びかけるのだ。精神状態をすっかりかえることだ。美しさ？　それはいつだって、生み出そうとする所にある。その手段は比例だ。比例は施主に一文もかかわりはしない、

*14　『直角の詩』の一節

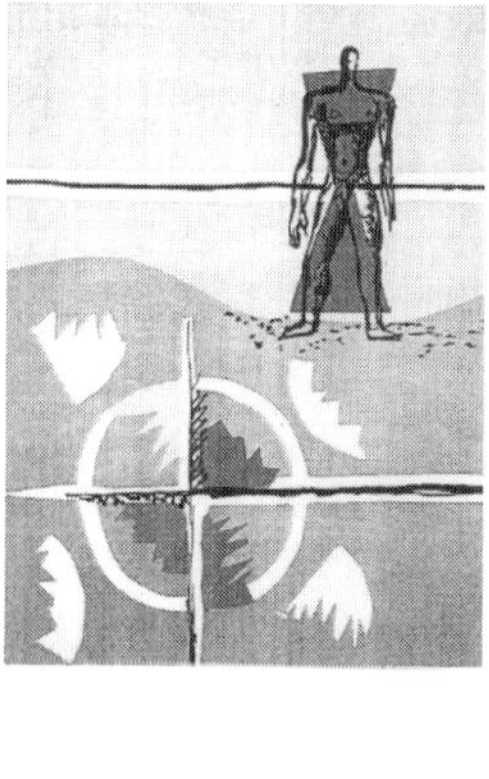
『直角の詩』リトグラフ、A. 3　環境

設計者にかかわることだ[*15]」。

ル・コルビュジエは都市時代の環境を構成する住宅の構成要素《エレメント》の型《タイプ》を確立したことを指摘する。具体化した住宅が、例えばこのヴァイゼンホーフ・ジードルングが住宅の型そのものでないことを強調する。「住宅を買いたい人はどうぞプログラムを決めて下さい。標準化され、組合せ可能な構成要素《エレメント》を使って、プログラムにしたがって住宅を建てることができる。子供がいない労働者層でも子供が一人でも六人でも。もちろんインテリ層でも唯美主義者でも、解決の案は予算に合わせることができる。自動車のような住宅、レース用の自動車から都市を走る自動車まで、四〇馬力なのか五馬力なのか[*16]」。

つまりここで現実化したことの重要な点は、ひとつの住宅作品であるということより、〈近代建築の五つの要点〉に示されているような具体的な住宅の構成要素《エレメント》の数々とそれを位置づけてゆく架構のシステムが示す、住まいのある現代的な在り方だということになる。それは都市時代の工業力を背景にした土着的《ヴァナキュラー》な住宅として構想されたものだ。『住宅と宮殿』のなかに土着的な住宅について言及しているところがあるのでそれを指摘しておこう。「人間の住宅は、時代と風土の相違を問わず、純粋な有機的組織であり、かくも純粋であればこそ、住宅は型という特徴を常に帯び、陋屋から宮殿に至るこの型は、同様に深く合理的で感覚的な基盤に基づき、ひとつの時代の流れの中で独特なものとなる[*17]」。ル・コルビュジエはその文章のあとで、海辺の、起伏に満ちた松林の中に孤立した漁師たちの小さな村落に目を向け、スケッチしながら、その申し分のない場所の秩序づけに感嘆している。人間的尺度という共通の寸法を有し、すべてが尺度にかなって一分の過剰も無駄もない。控え目で、全く純朴であり、その詩情は、意図することなく、自発的に醸し出される。「『それじゃ、この住宅こそ宮殿ではないか！』と。なるほど、そうすればいとも簡単に宮殿とい

ヴァイゼンホーフ・ジードルング

*15 Oeuvre Complète 1910-29
*16 Le Corbusier The Significance of the Garden-City of Weissenhof, Stuttgart(1928) OPPOSITIONS 15/16 1979
*17 『住宅と宮殿』井田安弘訳、SD選書、一九七九

うものを定義することができる。宮殿とは外観の品位が心に響く住宅のことである、と。品位というのは、控え目に発する落ち着きが支配する佇まいのことである[*18]」。

ル・コルビュジエの考える住まいの現代的な在り方は「宮殿」と「機械」の間を漂っている。自然のリズムに調和した漁師の住まいをその精神的な質をそのままに、都市の時代に移し変えること、松林の松材の代わりに、鉄筋コンクリートを流し込むこと、そうした工業文明社会での土着的《ヴァナキュラー》な住宅の近代《モダニティ》による錬金術がこのシトロアン型住宅の現実化のなかで目指されたのである。

つまり住宅はプログラムの相違によって、たくさんの異なった姿をとる。しかしそれは時代の生産力をひきうけた有機的組織であるから、共通の架構の統合の形式（ドミノ）と共通の構成要素（近代建築の五つの要点）を持つはずである。結果的に、それぞれの住宅は異なっていながら、環境が全体として調和の構成に導かれるという考えかたである。それは人間の住まいの環境の構成の規則が人間の言語の構成の規則との比較《アナロジー》のなかで語られたことを意味している。つまり多くの人間の住まいという多様性と規則性を結びつける秩序への道が提示されたのである。ヴァイゼンホーフの住宅の重要性について述べたル・コルビュジエ自身の前述の論文の最後は次のように結ばれている。「わたしは次のように結論する。現代の社会と経済の状況にあう住宅の適用にかかわる探求は平面形という妄想的なものに導かれてはいけない。そうではなく、新しい構造のシステムが適用されるべきで、それによって、創造可能な組合せが可能になり、数多い類の多様な要求に答えるべきである[*16]」。

しかし部分の統合の形式としてのシトロアン型住宅の構造のシステムは決して無機的なものではない。住まいの人間的な秩序《オーダー》をすでに備えていた。（一）五×五×五メートルを構成の単位とする人間的尺度の設定、（二）二層分の吹抜けをめぐる空間の構成、（三）主室部

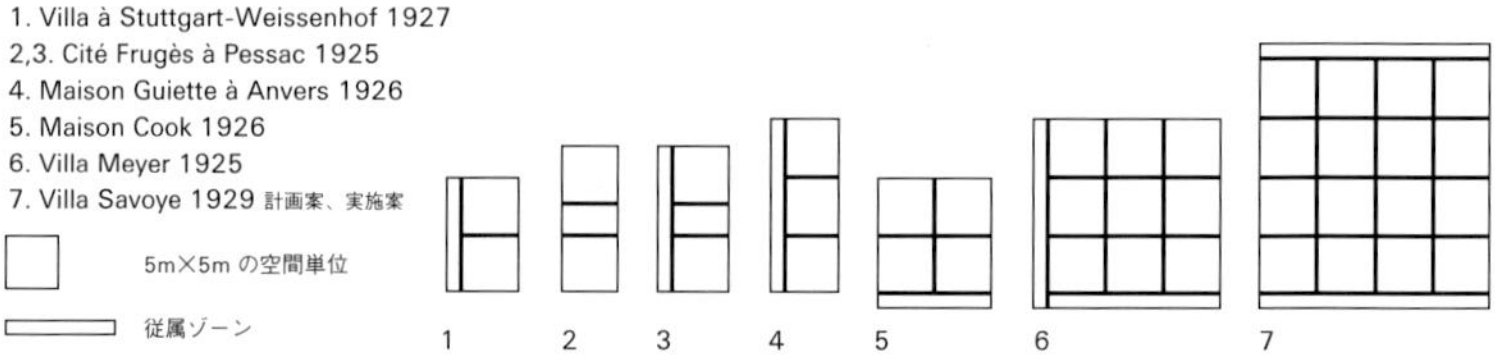


右／架構の〈標準〉
次頁／サン・クルーの住宅

*18 『住宅と宮殿』（前掲）

*19 2-7 カルタージュの住宅、2-12 ショーダン邸を参照

分＋従属部分とする平面《プラン》の配分、(四)階段の配置と動線。そのドミノの均質な床面は人間化した構造のシステムのなかでさまざまなプログラムにしたがって多様性が形づくられてゆくのである。パリの新精神館《エスプリヌーボー》(一九二五)やベルギーのギエット邸(一九二六)はヴァイゼンホーフにほとんど類似する例だが、以降のドミノ系列の住宅や集合住宅や都市計画案のすべてに、このシトロアン型の住まいのシステムの属性は受け継がれてゆくことになる。その架構のシステムの枠組み《フレーム》の上に、構成要素を有機的に配分することによって、〈運動〉—場面の連続《コンティニュイティ》がつくり出される。そこにもっと細やかな人間的なリズムが刻み込まれ、人間の行為の場が生成されるのである。シトロアン型が人の動きや光と影に従って最も複雑に立体的に組み合わされた作品は、実現されなかったカルタージュの住宅(一九二八)の第一案に基づくアーメダバドに建てられたショーダン邸(一九五六)であろう[19]。

モノル系列は一九一九年にモノル型集合住宅計画として、シトロアン型住宅と同時期に量産住宅として計画されたのが最初である。第一次大戦後の困窮した住宅事情を救済するために、簡便に輸送できる軽量な住宅であり、壁は一メートル角の標準寸法の七ミリの石綿スレートでできた二重の中空のブロックであり、その空洞に取り壊された砕石や砂利を骨材にしてコンクリートを流し込む。天井や床は浅いヴォールト状の波型鉄板や石綿板からなり、これを仮枠として数センチのコンクリートを打つ。ヴォールト状の鉄板はそのまま残り、防水層を兼ねる。といったシステムの連続住宅として考えられていた。

この浅いヴォールト構造が見事に洗練したかたちで具体化した作品が一九三五年にパリ郊外ラ・セル・サン・クルーに実現した週末住宅であった。しかしこの住宅の計画は量産住宅ではなく、パリの裕福な階級の別荘としてであったため、荒い切石の壁とコンクリー

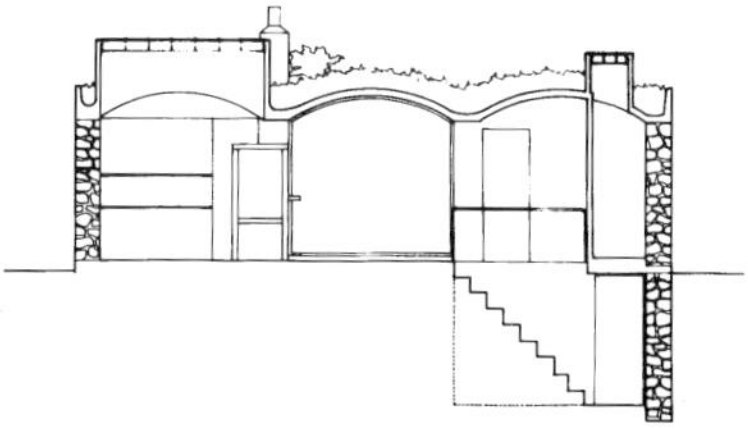

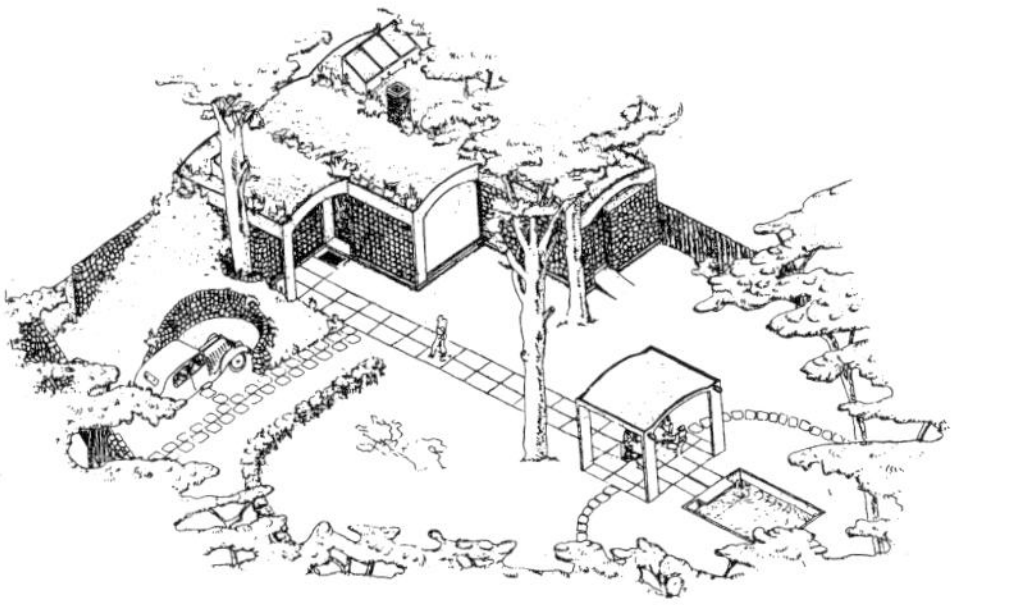

トを構造に使っている。この住宅の設計の過程[*20]を見ると当初からモノル型が採用されていたわけではない。「木立の奥に建つこの住宅に求められたことは、なるべく見えないものにすること[*21]」であった。そのアイデアの一連の展開としてモノル型が採用されたのである。ヴォールトの屋根は地面から這い上がる芝生に覆われ、敷地のなかに融け込んだ洞窟が現代的な材料によってつくり出された。大地から直立するシトロアン型住宅とは全く対照的な姿を示す。しかし家が自然の中で〈全方向に開かれて〉ゆくという感覚には共通するものがある。

　幅二・五メートル、半径二・二四メートルの同一の浅いヴォールトの筒状の空間が三つ雁行して並べられている。平屋建ての住宅であり水平方向に延び拡がる空間であるが、その架構自体のなかに垂直への方向性があり、やはり水平-垂直の交錯する空間である。単純な平面であるが、入口脇の最も短いひとつのヴォールトに従属部分があてられ、他のふたつに居間・食堂・寝室といった主室部分があてられている。全体としては、ヴォールトの天井ともうひとつのヴォールトの天井は四〇センチの構造のゾーンを設定することによって分節されている。下端の高さで二・二二メートルである。

　この住宅の室内の仕上げは、床が白タイル、壁は白い石灰のろ仕上げの石積み、ガラスブロック、天井や壁に見られるベニヤ合板、暖炉や煙突の煉瓦積みといった具合で、シトロアン型住宅の白の時代の単一素材による仕上げの抽象性から離れ、固有な質感、肌理の取り合せがひとつひとつ大事に考慮されている。それらが多様な物質から構成される自然の現象の真の抽象であるかとでもいうように、やすらぎに満ちた調和をつくり出している。暖炉と飾り棚が一体となった造形物《オブジェ》が居間の中央、ふたつのヴォールトの分節部分に置かれ、単純なこの一室空間をゆるやかに分節し、住まいの場のニュアンスをつくり出すので

*20　富永譲「ル・コルビュジエ―手の冒険4」SD8606

*21　Oeuvre Compléte 1934-38

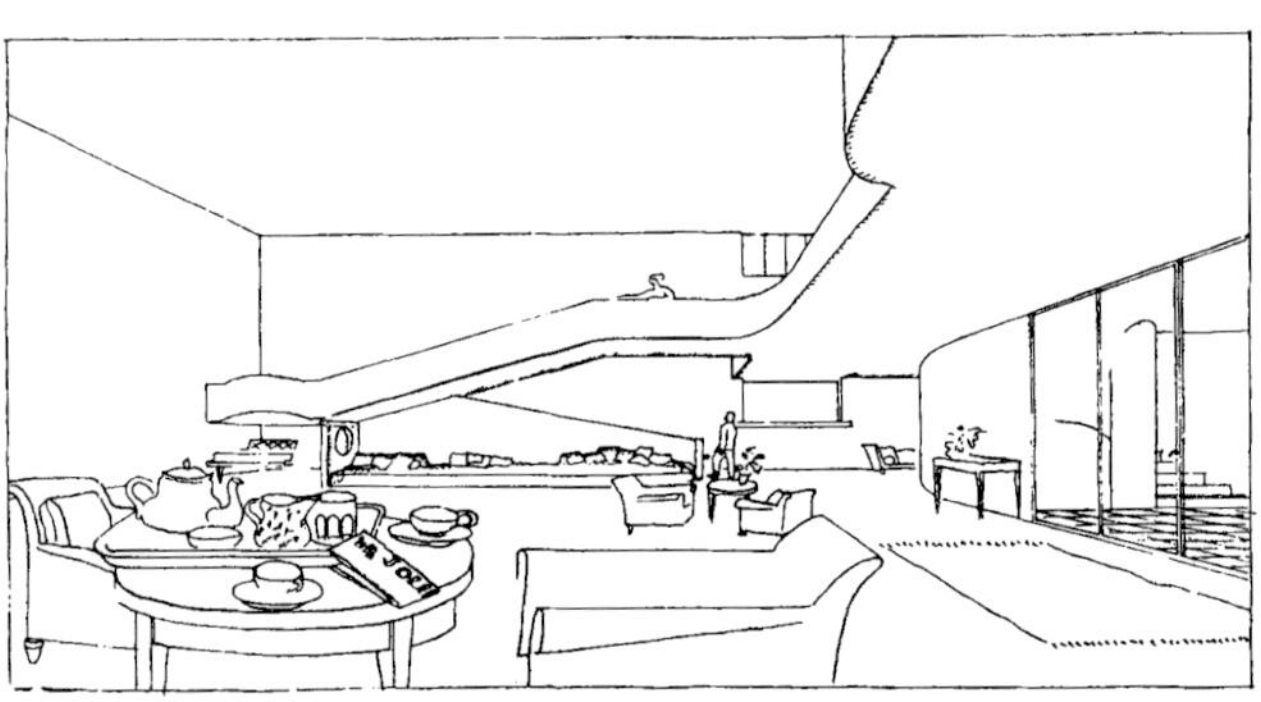

右／ラ・ロッシュ邸　第一案スケッチ
次頁／サヴォア邸　（右より）一、二、三階平面図

ある。屋外には、玄関から伸びたヴォールトの列に同形のあずまやが架けられ、列状の空間の方向を強調している。自然のなかに埋め込まれた極めて優雅に洗練された洞窟。壁を控え、軽やかな文明の恩恵に囲まれ、護られた場から自然の眺望や変化を楽しむための装置としての住宅。

ル・コルビュジエは東方の旅以来、自然の秩序がつくり出す形の構造や風景に惹きつけられていた。土着的《ヴァナキュラー》な住宅の持つ工夫や原理を抽出し、置換し抽象化することによって現代的な住宅の構成の要素や文法と組合せ、無機的な架構を人間化しようとした。この住宅においては、すでに量産型住宅としてのモノル型住宅（一九一九）をどこにでも普遍的に適用しようとする姿勢は見られないが、この頃から繰り返す南への旅は、ますますその地域独特の素材や暑さに対処する土着的な工夫への観察を深め、それを自己の住宅の構成の規則の中に導入してゆこうとする。

土地を渡る風の方向に抜ける筒状のヴォールトを何列も配したインド・アーメダバドのサラバイ邸（一九五六）はモノル型住宅の構成言語が最も豊かに見られる作品である。

ふたつの現代的な住宅の枠組《フレーム》、ドミノ（シトロアン）型《タイプ》が都市の住宅であるならモノル型《タイプ》は田園の中の住宅であったということになろう。

ル・コルビュジエは住宅を〈幸福を生む場〉であるとも述べている。その住宅の特質は、支えを失った軽やかな空間として現象するなかにさまざまな異なった空間が散置され、それが前記ふたつのシステムの枠組のなかに付着し、運動のイメージをつくりだすことである。また次に異質な歴史の反響が挿入《モンタージュ》され、豊かな意味の層が同時的なものとして浮かび上がって時間のイメージが生成されることである。だから内部を歩いて気分の抑揚があ

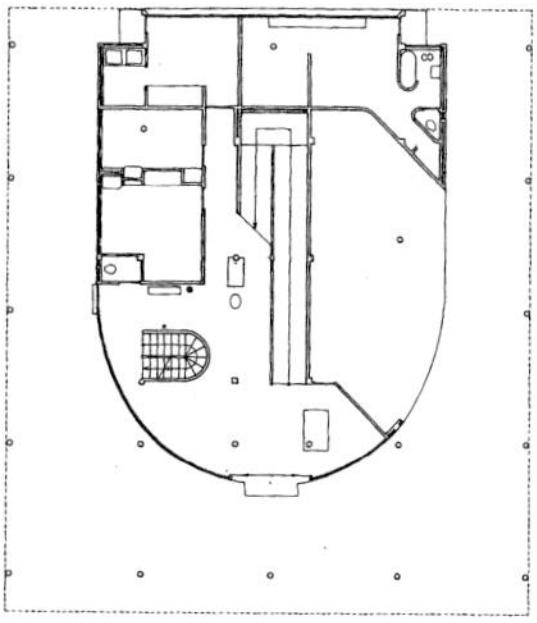

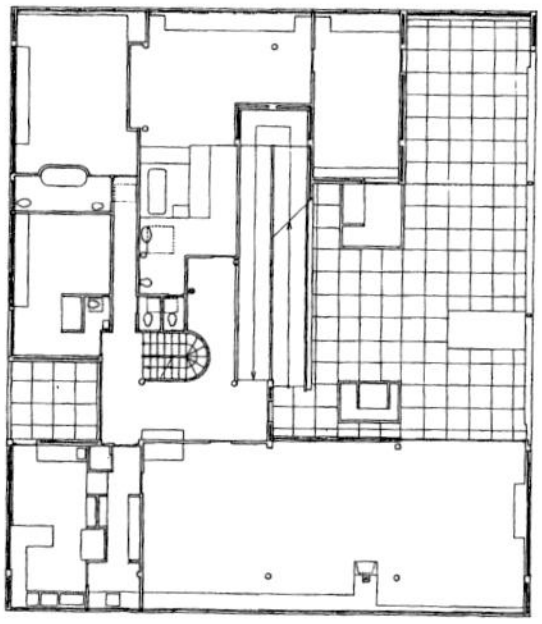

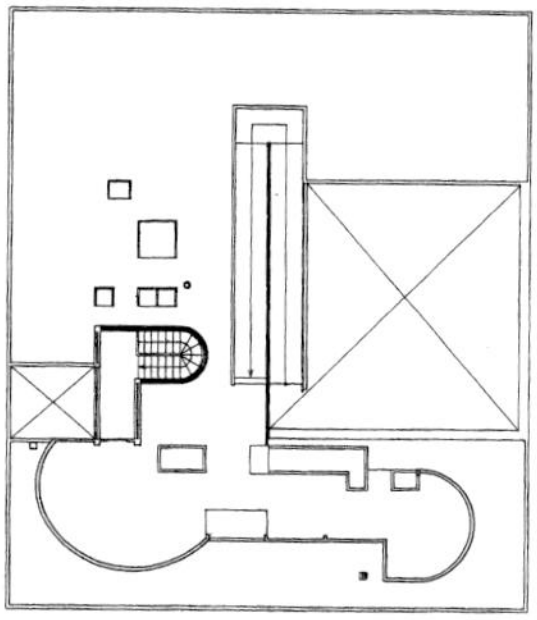

り、空間のさまざまな表情に触れることができるし、楽しめる住まいなのである。それが、住宅が宮殿であることの真の意味であろう。住まいが、人間にとって自然の環境が見せているような多様な場の連続の仕組みを実現するものとして、それを初等幾何学の構成のなかで抽象し、つなぎ合わせて一ヶ所に凝集したものとして考えられている。一方、機械であるということはそうした住宅が、人為的に閉じられた、場の暫定的な集合をつくりだし、新しい時代の生活を可能にする道具としての住宅の側面である。必要とされる異なった場の集合を位置づける物質的な枠組《フレーミング》、現代的な住宅の枠組《フレーミング》がドミノとモノルの型《タイプ》であった。保護されたなかで、そうした空間の多様性を味わうことができるからこそ住宅は幸福を生み出す場となるのだ。

　次に、そうした部分の動力源を結びつけ、住宅という空間機械を作動させる内側の体系〈建築的散策路《プロムナード》〉に視点を集中しよう。

　「しかし散歩を続けるのだ。庭から上階へ、斜路によって家の屋上に至り、そこに日光浴場がある。アラビアの建築は貴重な教訓を与えてくれる。歩きながら観賞することだ。歩くことで、移動することで、建築のつくられ方が展開してゆく。これはバロックの建築と正反対の原理だ。そちらは紙の上で構想され、理論的な固定点をめぐってつくられる。わたしはアラブの建築の教訓の方を選びたい。
　この家の場合、本当に建築的な散歩によって、次々と変わった予期しない、時に驚くべき姿を呈するのだ。例えば構造的には柱梁の絶対的な規格を持ちながら、そこにこれだけの変化が得られるというのは面白い。
　構造は等間隔の柱でできていて、受け台がついていて、それに規則的な等しい梁が架せられる。骨組みは独立していて間取りは自由だ」[22]

例えばサヴォア邸は縦横に四つずつ四・七五メートルの正方形のグリッドからなる二層のドミノの架構であり、前後に一・二五メートルの引きを見せた二一・五メートル×一九メートルの輪郭であるが、立面から暗示される全体の単一な秩序《オーダー》は内部では大きく変形されている。本来規則的《レギュラー》であるべき柱の配列でさえ内側では斜路の周辺や駐車場部分では乱されている。この建築はそうした規則的な秩序と箱の中央に侵入した〈建築的散策路《プロムナード》〉斜路を中心とする秩序の重ね合わせとして読むことによって初めて理解し得るような作品である。経験するものにとっては、ガラスの曲面の頂部に取られた玄関の扉はふたつの秩序の接点に位置している。内部では正面の一本の柱が、玄関両脇で二本の柱に置き換わり、正面性を演出しスロープの中軸を形成したり、柱の形状も丸柱と角柱が使い分けられ、単独で知覚されるものが丸柱であり、壁に吸収されるものが角柱であるといったふうに、場面《シーン》を構成する要素として知覚する側から選択されている。内部はその場、その場の都合によって処理されているのである。

それは建築というものが本来異なったふたつの秩序《システム》から生み出されることによっている。ひとつは力学的合理性を前提とする架構の理性的な統一であり、もうひとつは斜路を中心として部屋《ヴォリューム》を張りつけ、場面《シーン》を構成し、視覚的に統一することである。いつもふたつの秩序《システム》は重ね合わされ、折り合いをつけ、ひとつの作品は構成されることになる。サヴォア邸においても、柱の規則性《レギュラリティ》と壁の不規則性《イレギュラリティ》の対立、表面に見られる全体の単一の秩序《システム》と内部の部分の秩序《システム》のずれ。〈五：奔放な立面《ファサード》〉によって形成された外側の均一な被膜は、そうした内部の出来事をつつみ隠す仮面のようである。整然たる枠組みのなかにおさめられ

*22 Oeuvre Complète 1929-34

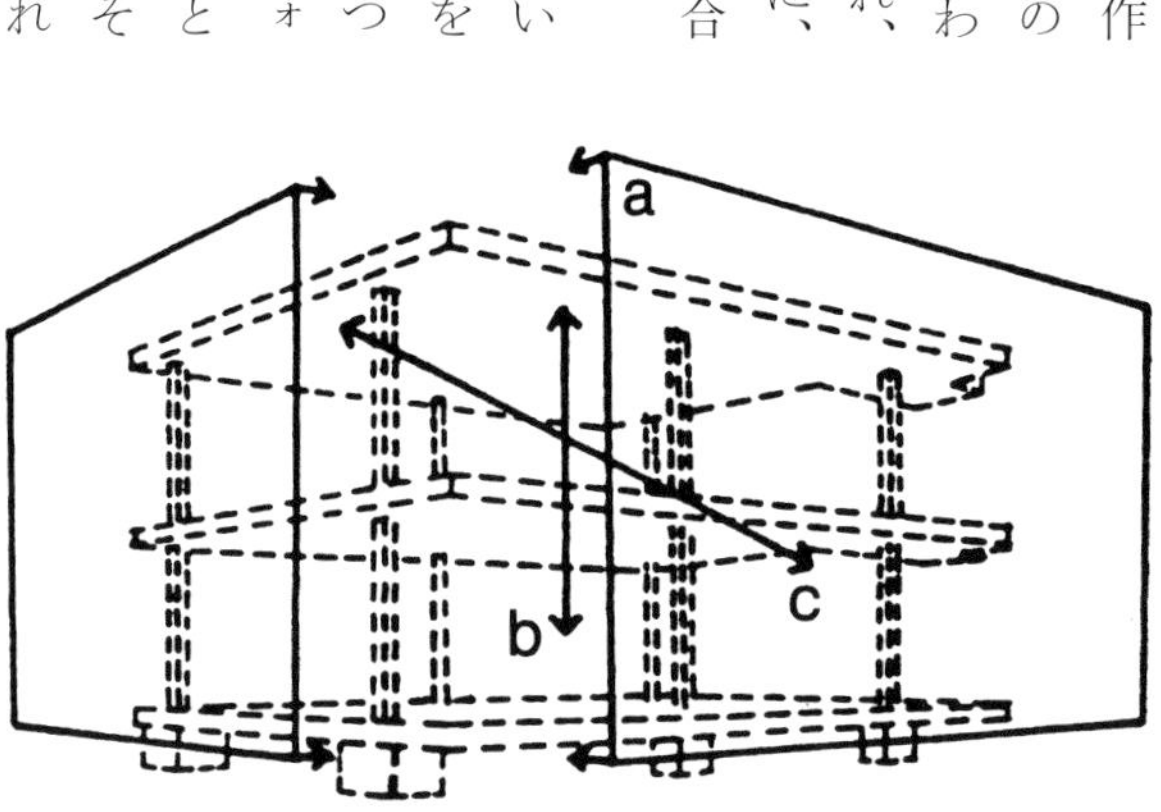


ドミノの架構と対立する空間の運動

た内部を辿るとき、ル・コルビュジエの遠い記憶の反響がよみがえってくる。

ル・コルビュジエの住宅の内部は、きまって人の歩く経路が構築され、それが建築を内側から秩序づけている。その経路にしたがって場面《シーン》は展開し、次々と空間の連続《シークエンス》の経験が知覚に収穫されるように計画されている。ここで重要なことは建築が空間芸術でありながら、絵画や彫刻と異なって一度に把握されるのではなく、音楽のように運動とともに継起する時間芸術であるということであって、視点の移動とともに習得されるほかはない現象であることを建築の構成法として意識してはっきりと打ち出しているところに、近代以降の空間概念を見出すのである。個人の人間の知覚を相手にしているところに近代性を感じる。白の時代の住宅は幾何学の極めて無機的な箱の構成に見えながら、その内部に、入口から始まり螺旋状に高まってゆく人間の上昇運動の経路が構築されている。その経路は主要な動線であり、多くはそれに沿って人間は住宅を経験するわけであるが、それは、ドミノやモノルという建築的原型の架構があらかじめ持つ空間の性格と対立するものとして設定されていたことに注意する必要がある。それはどんなかたちで現れているのか。

まず第一に白の時代における、ドミノ（シトロアン）型の持つ、重ねられた層状の水平性を打ち破るものとして吹抜けが中央に設定され、住宅の全ての部屋群が吹抜空間に侵入し、内部の垂直方向の運動（37頁下図b）が作り出されている。例えばラ・ロッシュ／ジャンヌレ邸（一九二三）*23には入口のブリッジの下から入り、ホールに突出するバルコニーにうながされて奥まった階段に乗り、再び入口の上部に戻ってきてブリッジを渡り、メインフロアーに達するという螺旋状の一連の典型的な運動が吹抜けをめぐってつくり出されている。それはドミノの床面を打ち破って住宅をひとつのものにまとめあげる力を持っている。第二に

*23　2-1 ラ・ロッシュ／ジャンヌレ邸、2-5 ガルシュの住宅を参照

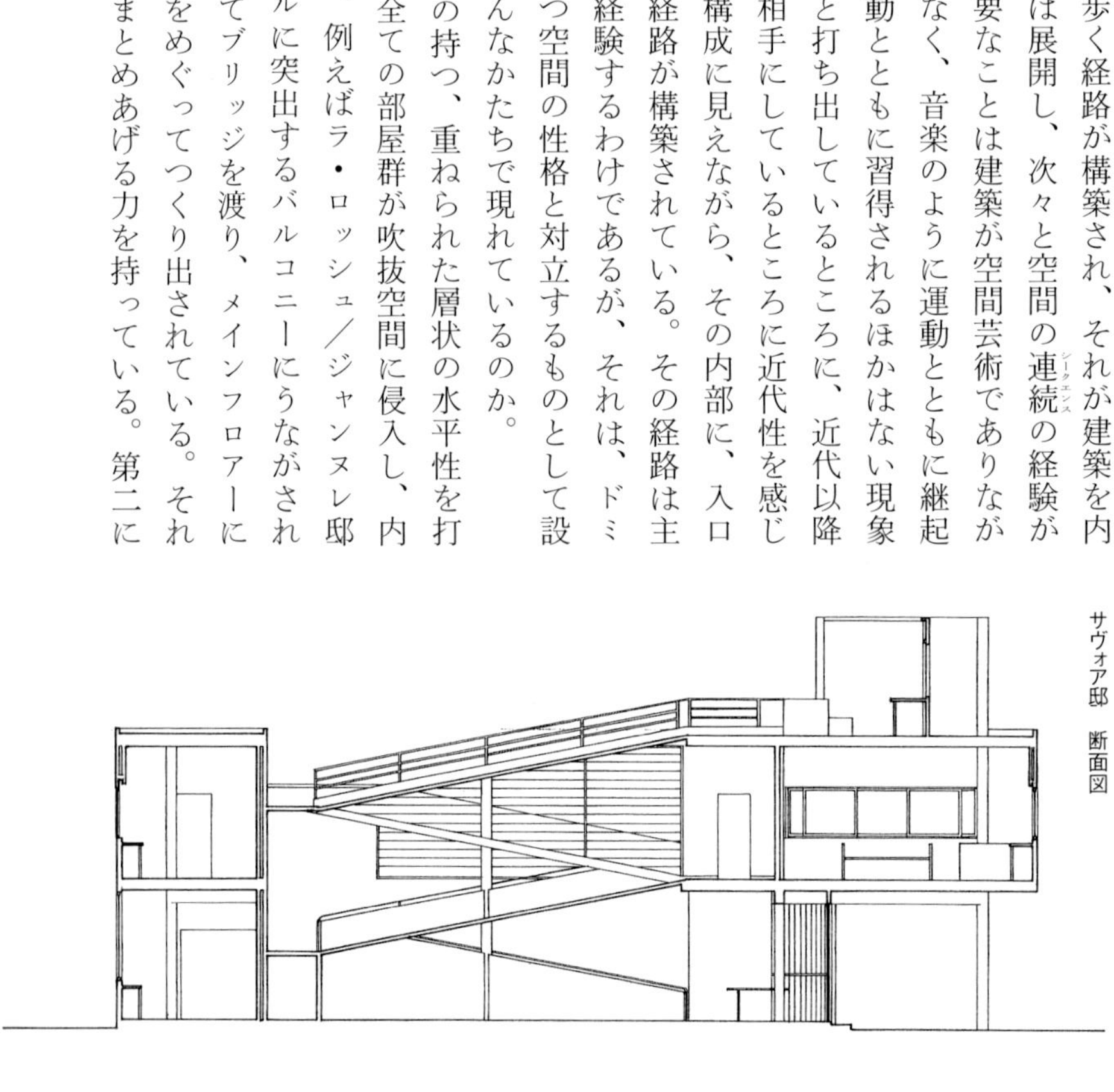

サヴォア邸　断面図

床水平面上での直交性、断面方向での水平面と垂直をなす重力の方向の強制というドミノの原型の性格と対立するようなかたちで〈建築的散策路《プロムナード》〉が設定され、平面や断面には直交性に拮抗する斜線や曲線の原理（37頁下図C）が現れていることである。ガルシュの住宅（一九二七）*23の入口から彫刻的な階段を経て居間に達するやはり螺旋状に上昇する経路は二階の矩形の平面を対角方向に横切っている。

そうした原型の架構の持つ空間の性格と対立するものとして人間の運動の経路が設定され、住宅を経験してゆくのはモノル型の住宅の場合も同じである。例えばサラバイ邸（一九五六）の平面を見ると、雁行して繰り返す壁の配列はヴォールトの一方向性を打ち消すような対角線方向の運動を住宅の広間の内部につくり出している。

つまり最初にシトロアンやモノルといった静的な建築の構造を内側で支えるいまひとつの秩序といったそれらの部分の仕組みのネットワークの秩序は物質の三次元的な構築であるふたつの原型と対立するものであり、まさに人間にまつわる構造そのものである。そこには三次元空間のさきに経験する人間の時間という序列が想像され、組み込まれている。

制御された諸要素（例えば柱や壁や床、天井）の組み合わせの具体的形式、視覚に訴える断片が場面《シーン》であり、ここで建築を場面《シーン》という語を用いることによって記述すると、場所の体験は運動場面《シーン》と場面《シーン》の連続、によって認知され得るがそこに異なったふたつのレベルが想定される。ひとつは身体の運動に伴った体験をとおして得られる、つまり〈この場面《シーン》〉と〈次にくる場面《シーン》〉との間の差をとおして感受されるものであり、これを仮に〈移行の運動のイメージ〉と呼ぶ。それはS・ギーディオンが『空間・時間・建築』のなかで示唆したような、行動とともに経験されるという第四の次元であろう。もうひとつは〈いま、ここでの体験して

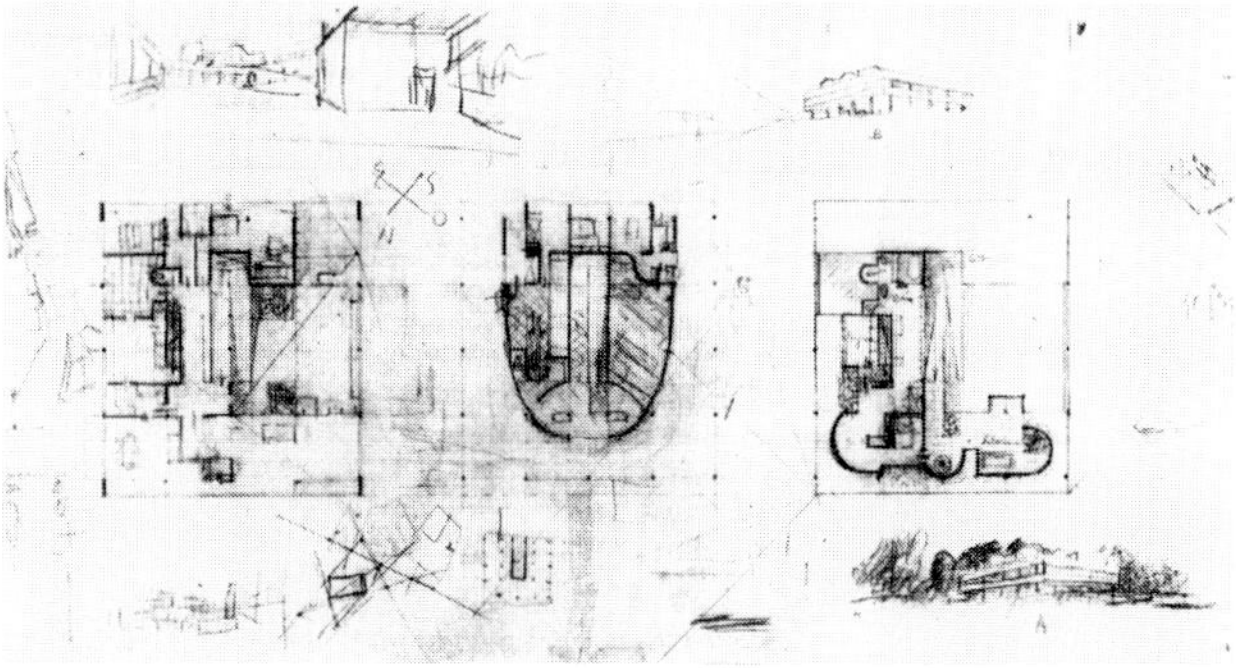

右／サヴォア邸　スケッチ、さまざまな次元の集合としての建築作品

いる場面《シーン》〉が〈かつて、すでに経験した場面《シーン》〉と結び付いて生成してくるものであり、これを心的現象の運動〈時間のイメージ〉と呼ぶことにする。時間のイメージのレベルでは見る個人の記憶が作用することによって、物理的な前後を越えて場面を見ている。これは、さきに述べた異質な歴史の反響が挿入《モンタージュ》され、豊かな意味の層が同時的なものとして浮かび上がって時間のイメージが生成されるといった内容に相当する次元であり、ここでは経験の前と後につながった継起が意図されるわけではない。時間は厚みを持ち、歴史性という共存する時間として拡がり出し、それに訴えかけ、前後を超えて結びつきを生成し、心的現象を惹き起こす。〈時間のイメージ〉を第五の次元とすると、そこでの場面《シーン》の設計とは見るものにとっては、記憶への誘発のしかけであり、設計するものにとっては自らに刻まれた身体の体験を図式へと書き込むことである。

建築とは、そうした五つの次元が介入しあった感覚、知覚世界の集合体として創造されている。人間は生きている時間のなかで、各次元の集合を横断しながら住宅を経験する。三次元的な幾何学立体のヴォリュームの構築の内部に、二次元的な面として意識される秩序がある。それは層状の奥行感を与え、壁面は光によって照明される。次にその面を横切るかたちで、移行の経路が計画され、壁面の移動や軸のずれによって四次元的な移行の運動のイメージがつくり出される。内部に分散する壁面の配置、壁の開口によって、散歩の風景が連続的に飛びこんでくる。

その風景は次に異なった時間や異なった空間にも結びついてゆくのである。「内部では人間的尺度によって高峰の頂上や無限の海に臨むときに身に受けるものと同じものを体験する」ような「電撃的な作用を与える程の継起的な空間を秩序づける[*17]」からである。風景は自然の景観ばかりでなく、船のイメージや、パリの街角のビストロや、ポンペイの住宅やエマの修道院や地中海の村の広場の片隅の風景を呼び起こすかもしれない。それが第五の次元、心的現象の運動といった側面である。歴史性が編集《モンタージュ》されている。

建築作品はすべての次元の集合を横断し、集合がある次元で、それだけで全面的に閉じてしまうのを妨げる。経験するものにとって、生成が、変容が、移行があるような全体だ。歩きながらひとつの次元のまとまりから、別の次元のまとまりへと移行を繰り返し、そうした変容が生起するような変わらぬ形式だということである。これこそ時間を経験するという内容にほかならない。建築作品とは経験するものにとって各次元に開かれ、変容に満たされた不変の形式である。

だからふたつの原型から出発しながら、ひとつの住宅の設計のなかでそうした人間的構造が一回ごとにつくり出され、そうした次元の空間的深さが構築――人間の対立のなかで刻みだされたと考えるべきなのだ。

狭いところから広い場所に、明るいところから暗闇に、そしてまた視点の高さを刻々と変化させながらル・コルビュジエの住宅の幾何学の風景を移動するとき感じるのは、それらが純粋直方体《プリズムピュール》の輪郭のなかに閉じこめられた建築部品の集合でありながら、そこを辿る人間にとってはさまざまな次元に開かれたそれが全体であるということである。ル・コルビュジエは、まるでそうした秩序が自明なものであるかのように二次元的な図形のネットワークをつうじてつくり出すのだと言っている。「建築とは秩序づけてである。その操作は頭のなかで行なわれる。紙はその思想を表現し、伝達するのに役立つ技術的符号だけを歓迎する。建築はリリシズムをすら達成できる。比例は、量・断面・表面・動線・面積・隣接要素・光といった建築リリシズムの手段である*24」。

しかしここでのリリシズムとは明らかに建築が三次元的な構築を抜け出て運動という第

*24 『伽藍が白かった時』生田勉・樋口清訳、岩波書店、一九五七

四の次元、心的現象という第五の次元へと開かれてゆくことである。また「両眼を閉じれば彼の頭のなかに一切が浮かびあがる[*12]」という建築の構造性は、時間の充実として各次元のズレのなかに生み出され、生命力の再生装置として人間によって運転されるのである。経験するものにとって時々刻々性質を変えてゆく開かれたそれは全体として考えられている。人間が時間のなかを生きてゆくという事実そのもののように。

# 2

## ル・コルビュジエの12の住宅の空間構成

# 2-1
MAISON LA ROCHE-JEANNERET
1923
ラ・ロッシュ／ジャンヌレ邸

## 敷地・環境

ラ・ロッシュ／ジャンヌレ邸（以後、ラ・ロッシュ邸）は、後の時代に影響力のあった〈白の時代〉の出発点となった作品である。パリのドクトール・ブランシュ通りの私道のつき当たりに建つ、この白いプラスター塗りの住宅は、最良のかたちで保存され、パリのル・コルビュジエ財団の本部として利用されているが、機械文明時代の新しい生活のイメージが、ある規模を持つ住宅として結晶した最初の作品である。最終的には、バーゼルの銀行家ラウル・ラ・ロッシュとル・コルビュジエの兄の音楽家アルベール・ジャンヌレの二世帯が住むことになったこの住宅は、当初、依頼主のいない、銀行が投機的開発のために計画した土地の上に建つ何軒かの建て売り住宅として、注文主を惹きつけるためにデザインされたものであった。建て売りの魅力ある外部空間づくりがひとつの主題であったわけである[1]。だから、作品集のラ・ロッシュ邸の第一案として載ったパースはこの敷地ではなく不特定の施主を対象とした営業用のものであった。奥の壁にスロープがあり、手前のテーブルにはティーポットやコーヒーカップや新聞が載っている室内の風景は、住まいという地上の楽園が、ル・コルビュジエによって一九二三年にこのように構想されたということ、その機械時代の宮殿のイメージを端的に伝える点で重要であろう。その外観はシュウォッブ邸（一九一六）やヴォクレッソンの住宅（一九二二）を引き継いで、シンメトリーに支配された威厳を持った古典的なものからスタディは始まっている。しかしその内部には、近代生活の場面のさまざまな姿が覗かれる。

今世紀初頭に夢見た近代生活のイメージは今も新鮮である。きわめて特殊な敷地条件の中で、実に巧妙な空間の構成を用意し、しかもディテールまで徹底して丹念に追求されつくして、つくられている。さまざまな試みがこのひとつの住宅に投げ込まれ、比例や光、

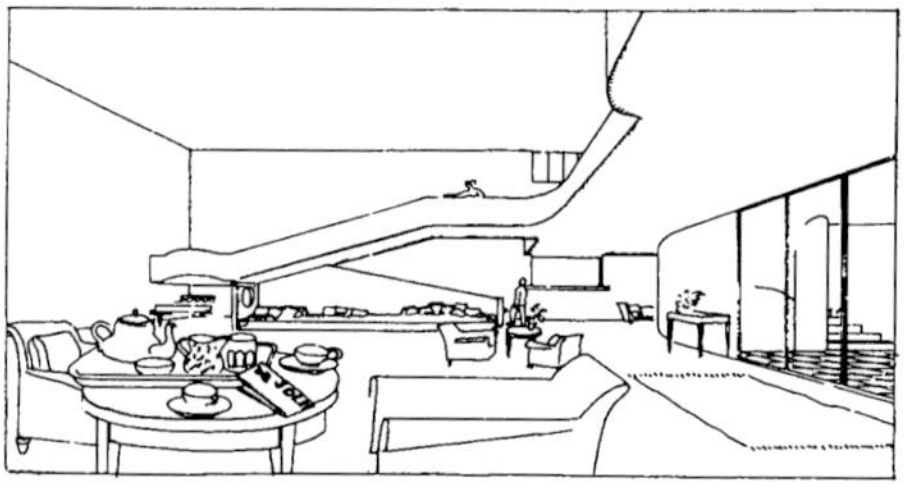

1/4000

色彩、材質感をともなう現実の空間の効果として確かめられ、新しいスタイルの出発へと自信を深めたに違いない。サヴォア邸（一九二九）に至る、以後六年間ほどの同じ方式と質感を持つ継続的な仕事の展開が離陸する寸前が定着されたといえるラ・ロッシュ邸には、古典的な〈住宅-宮殿〉のイメージを引きずりながら新時代の〈住宅-機械〉へと歩みを進めようとする第一歩がしるされている。晩年のル・コルビュジエもまた、自分の仕事の〈主要な鍵〉をラ・ロッシュ邸に見出していたという。

## 付加・累加を許容する構成法

ラ・ロッシュ邸は控えめではあるが、方向を模索しながら、しかも決断しなければならないという思考のエネルギーを感じる。主要な鍵、それはいったい何を意味しているのか。ラ・ロッシュ邸は〈住宅-宮殿〉と〈住宅-機械〉のイメージの間を漂っている。〈主要な鍵〉とは、この〈宮殿〉と〈機械〉の間に設定した固有のスタンスの中に晩年のル・コルビュジエが再び帰っていったということなのではないか。

コルビュジエは伝統の名のもとに形骸化されてきた宮殿ではなく、正当な意味を得た「宮殿」として建築を次のように定義している。「建築とは分析から統合へと至る一連の諸事象の連鎖であります。その事象とは、非常に明確で驚くべき相関関係を創造することによりエスプリが崇高の極致に達しようとすると、深い生理的感動が生じること、解決された問題を読み取ることにより精神的な真の歓喜が生じること、作品の諸要素と他の要素を結合させ、作品の全体を他の全体つまり環境、敷地に結合させる数学的な鋭い特質により、我々に調和を知覚させること等なのであります。このようにして、役立つもの、有用である以上のものになるのです*2」。

前頁右／配置図
前頁左／ラ・ロッシュ邸の第一案
左／付加・累加を許容する第一の構成法

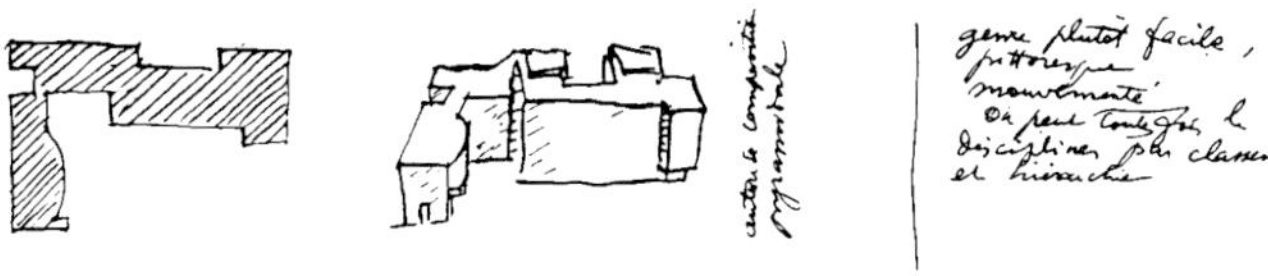


*1 現実のふたりの建て主を見つけるまでの信じられないような苦難に満ちた経緯はティム・ベントンの著書に詳しい。
*2 『プレシジョン（下）』p.57

上、下／模型写真

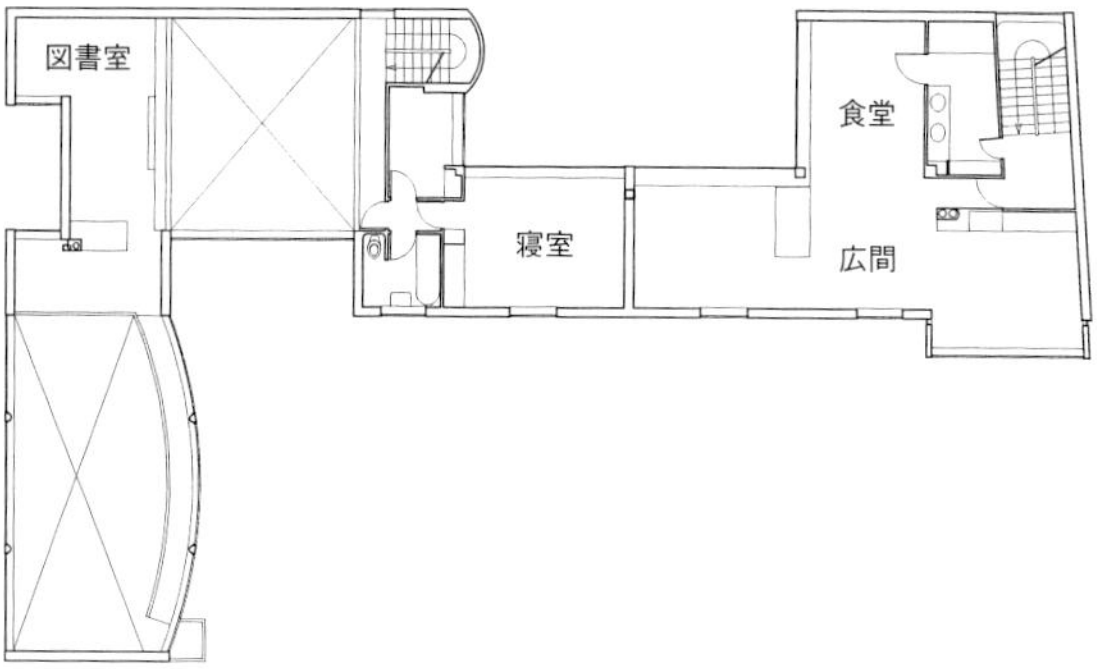


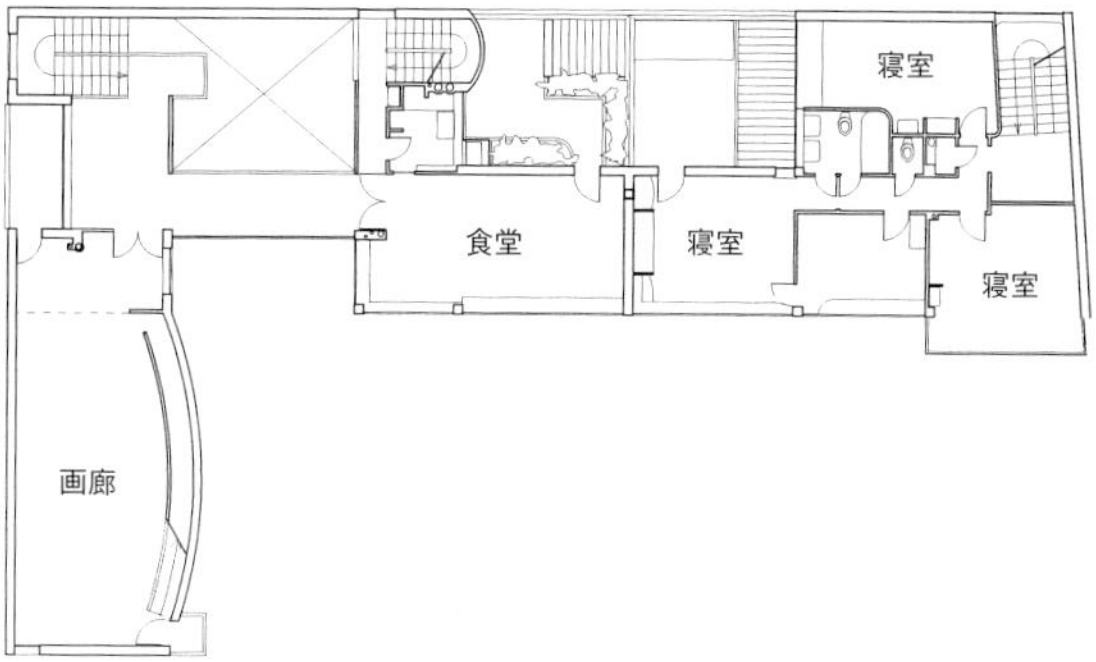


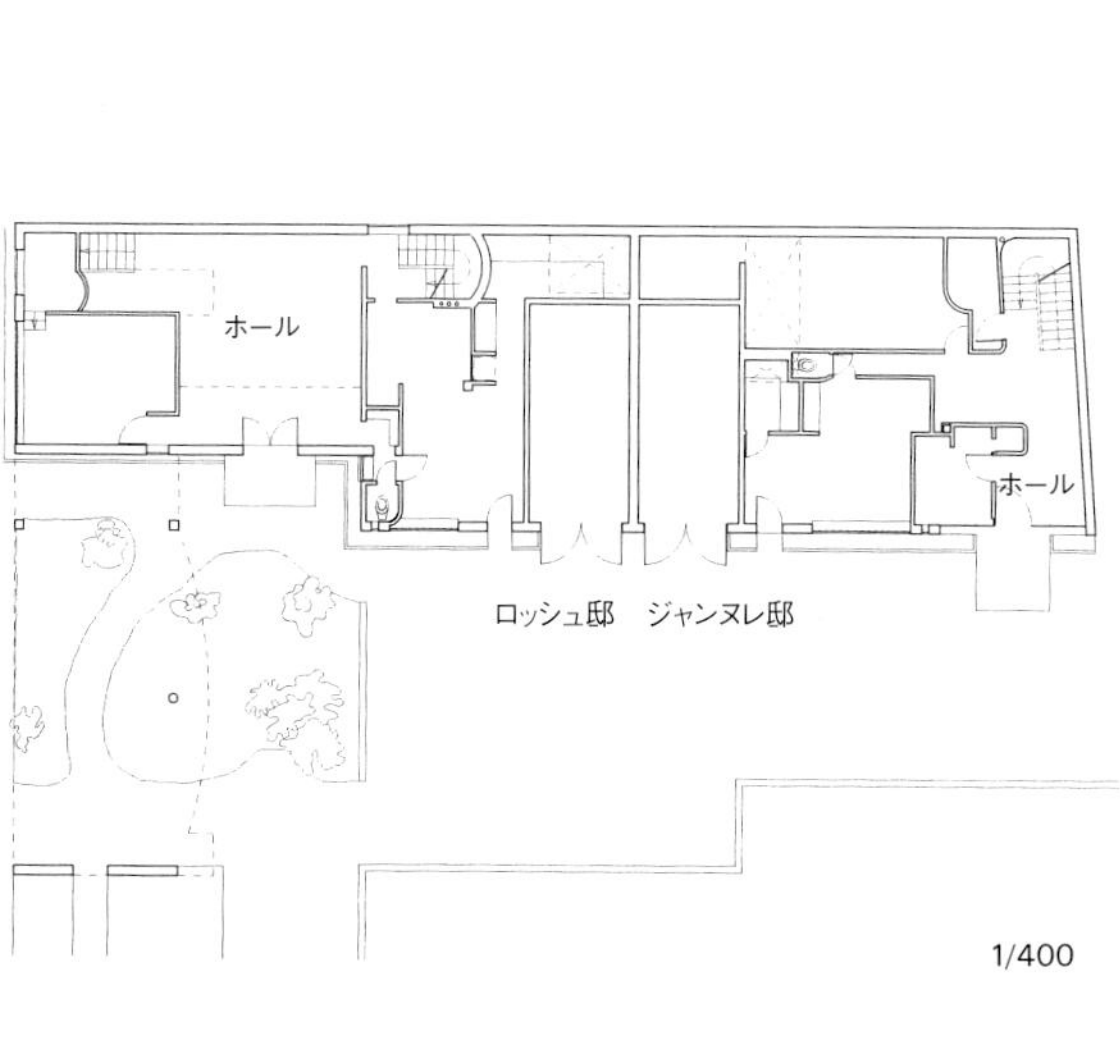


1/400

上／三階平面図
中／二階平面図
下／一階平面図

ラ・ロッシュ／ジャンヌレ邸はスケッチにおいては付加・累加を許容する構成法として他の三つの方法とは隔離して述べられている。それでは実際この住宅においてどのような付加・累加が実現しているだろうか。この住宅は二家族の住まいであり、屋上庭園や二階のテラスで繋がっている以外は二軒は明らかに中央の壁で仕切られており、左側のロッシュ氏は近代絵画の蒐集家で一人もの、右側のジャンヌレ家は子供のいる家庭であり幾つもの部屋と普通の住宅としての機能が求められていた。その立面は二階の連続窓の部分に広間と食堂を、三階の小さな正方形の窓に寝室の階を予想させるが、ロッシュ邸では実際そうなっていても、ジャンヌレ邸ではそれが逆転している。この住宅のファサードを指標線（Tracés Régulateurs）によって構成したことを示す有名な解析図はプログラムの複雑さを背景に隠している[*3]。またプランの壁の配置をみても、ジャンヌレ邸においてはいまだ残存する矛盾、解きつくされぬ緊張が残っているように思われる。このようにヴォリュームの付加・累加は住戸の単位とは対応していないし、開口の配列はその背後の部屋の用途とは独立している。このふたつの操作は住戸、部屋単位の分割をひとつのまとまりのなかに解消してしまっている。

　ロッシュ邸に限って付加・累加の構成を見てみよう。空中に持ち上げられたヴォリュームは内部のスロープに沿って変形をうけ、円弧を描き、それは同時に外部にあっては入口を指示するかのようである[*4]。ヴォリュームの形態の相違からは、中空に持ち上げられ壁面が円弧を描く画廊の部分とその他の部分の結合と考えられる。しかし内部のプランを見ると、ヴォリュームの分節を横切って図書室部分を含んだAと吹抜けを介して向きあうBの結合という読みとりもできる[*5]。こうした幾何学的な操作は、内部においてふたつのヴォリュームの分節を強めるのではなく、曖昧に連続する一体のものとして現象させる。

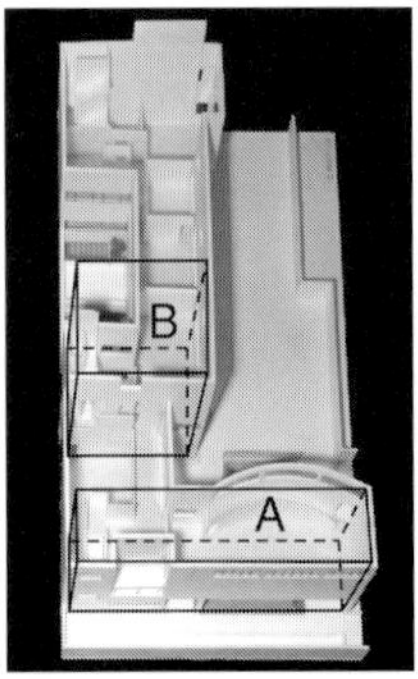


右／ファサードの指標線
左／ヴォリュームの付加・累加

吹抜けの右側のロッシュ邸の一部とジャンヌレ邸を含む直方体ヴォリュームは、二階から上の部分がテラスとして切削される。ここで、コルビュジエが第四の構成法として述べた輪郭線を定めて切削する方法が付加・累加の第一の構成法とは異なったレベルで使われている*6。この操作も住戸の分割線を横断してなされる。

ここまで思考を進めてみると、この一見複雑な形態のなかにも直方体ヴォリュームが強く意識され、単純ないくつかの操作がそれに加えられているのを見ることができる。各々の操作は機能上の物的な効果（ヴォリュームが街路を囲い各住戸に十分な容量を確保する、開口が各室に光を導き入れる、テラスが屋外空間を用意する等）とともに、住戸単位、ヴォリュームの形態といった他の水準での分節を建築全体へと結びつける恣意的な幾何学のもとに位置づけられていることが分かる。個々の操作はこうして役立つもの、有用である以上の「非常に明確で驚くべき相関関係」を持つ全体として現象する。

## 建築的散策路

ロッシュ邸の画廊と各室をつなぐ三階分吹抜けた入口ホールは、この住宅の構成が一挙に流れ込み、直角に配置されたふたつのヴォリュームを結びつける極めて強い中心性が与えられた場所である。ここに側面から入射する光量を制限するためにいくつかの設定がなされている。三階の図書室では外部のテラスに面してわざわざ壁を立て、壁を照らす上部からの採光によって明るさをまかなっている。また階段をのぼりきった二階のテラスからの光もホールに面する壁によって遮られる。入口ホールはブリッジにより押さえられた高い背後からの光に集約され、他の側面からの光は一度折りまげられ、決して束になってこのホールに射し込むことがない。ほのかな光は入口ホールを建築全体の中で際立たせるの

*3　右端のジャンヌレ邸の突出部はそうした矛盾を解消するために必然的なものであり、そこで三階に大きなガラスの開口をもうけ、広間に光を呼びこんだのではないか。

*4　円弧の中心はジャンヌレ邸とロッシュ邸の吹抜けより右側の部分とを合せた四変形の対角線の延長上に求められる。

*5　ひとつの理由は画廊の突出するバルコニーがホールの吹抜けバルコニーと対応し、それが壁面の円弧の接線上で一直線に揃っていることであり、これはAを一体のものとして見ていたことを語っている。Bを分割する内部の部屋の壁のグリッドがA部分に影響を与えていないこともその理由のひとつと考えられる。

*6　p.23参照。コルビュジエ自身、第二、第三、第四の構成法を純粋な直方体（Prisme Pur）構成と総称し、第一の構成法によるこのロッシュ邸を、分類と等級によって秩序づけ得る、付加を許す構成として分離して述べているが、付加単位は純粋直方体であり第二、第三、第四の構成法を許容する。

左／『東方への旅』のスケッチ、ルーマニア様式の旧家

1/350

上段／街路側および裏側立面図
中段／模型写真およびエントランスホールを見下ろす
下段／エントランスから画廊へ至る経路の展開図

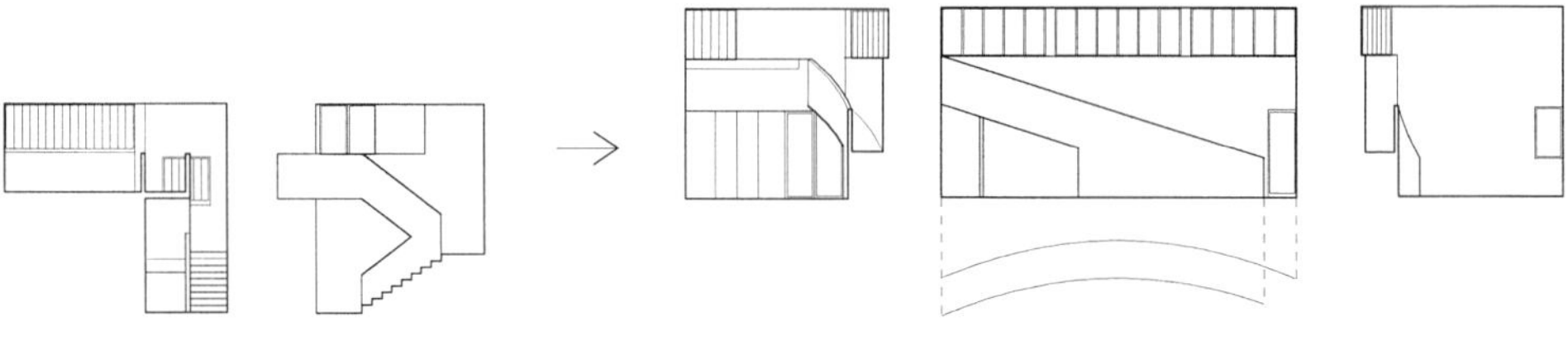

1/300

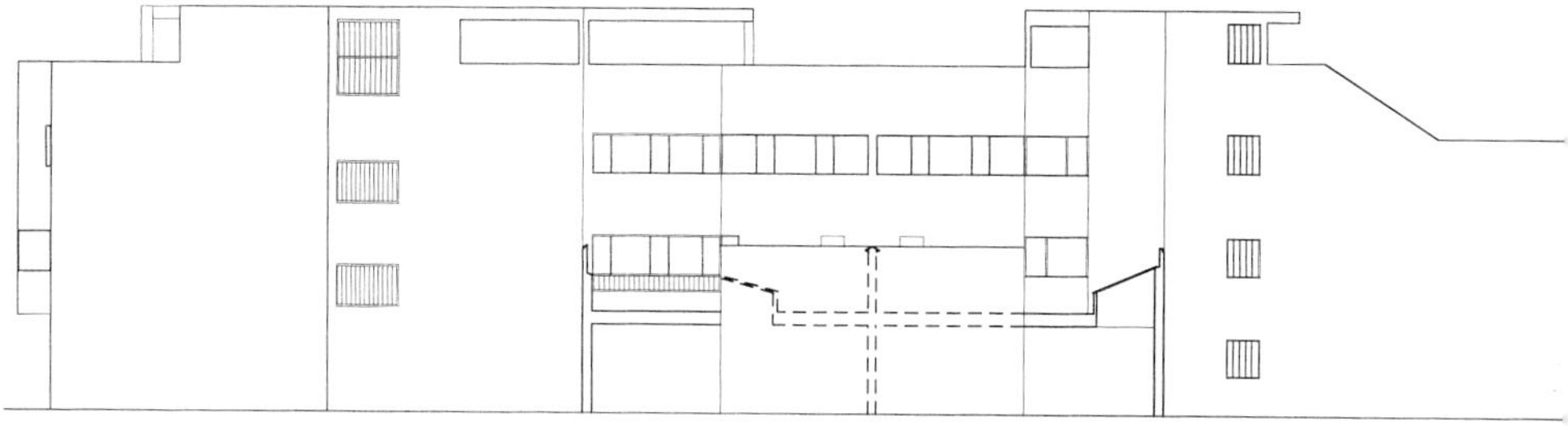

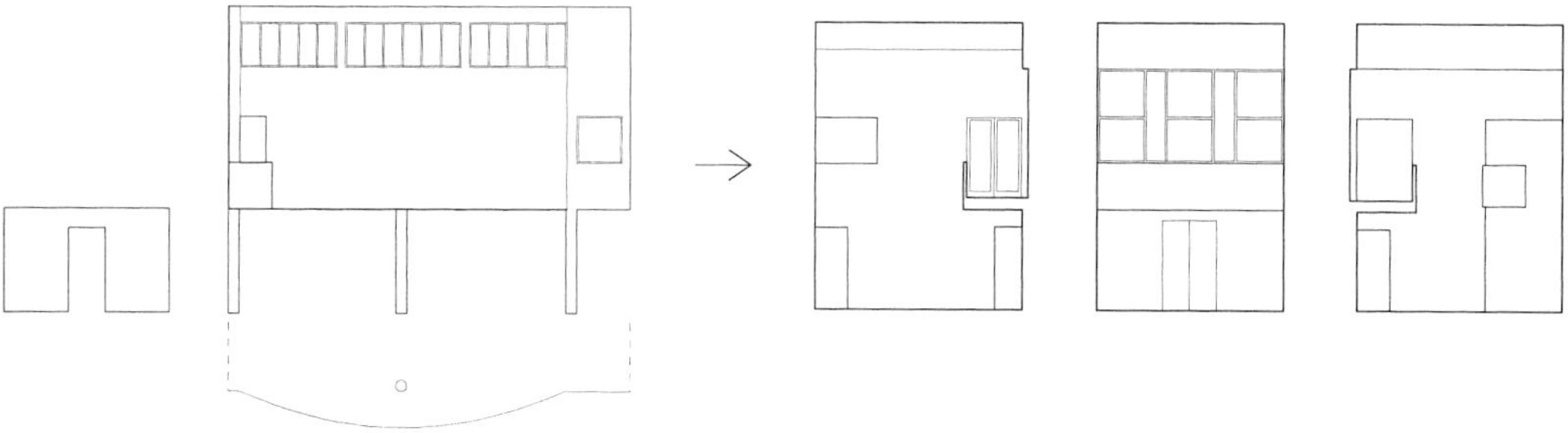

1/300

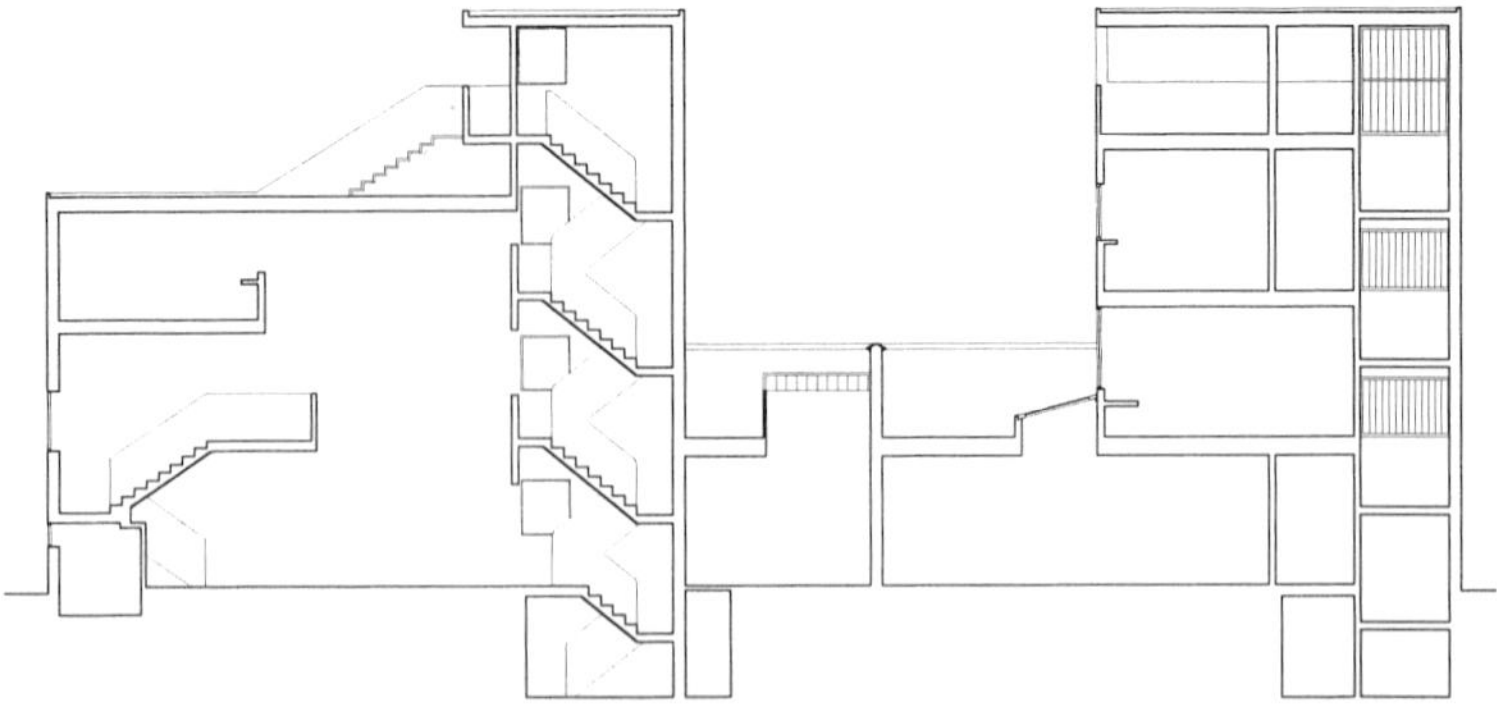

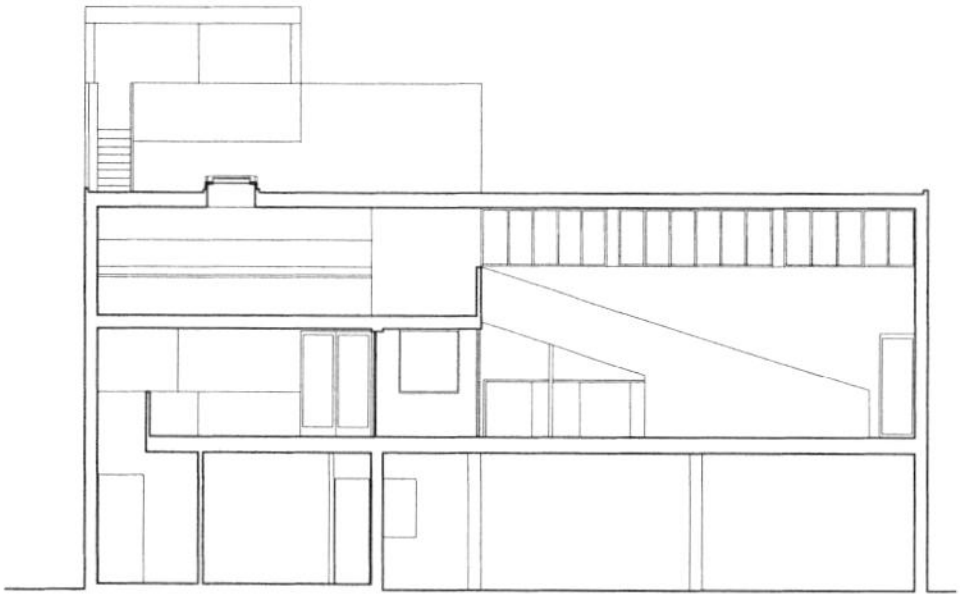

上段／エントランスホール、画廊部分断面図
中段／断面模型
下段／居室部分断面図

ではなく、画廊など他の部分の明るさに近づける。むしろホールの先にも明るい場所があることを知らせている。

壁面の処理において極めて乾いた空間を構成していながら、このホールの内部にはコルビュジエが偏愛した部分形態の関係のセット、ある種の空間への粘着性——歴史のイメージが埋め込まれている。入口のブリッジの下の低く押さえられた空間をくぐり、背の高い吹抜けたホールにはいり、階段をのぼって戻ってブリッジを渡り、メインフロアーに達するという一連の運動、入口をめぐる螺旋の回転運動とそれらの形態要素の配置は以後の作品、例えばガルシュの住宅等にもみられ、生涯それから離れることができなかったコルビュジエの空間の原形質とでもいいうるもののひとつではないかと思う[*7]。コルビュジエは〈建築的散策路〉という言葉でロッシュの住宅について次のように言っている。〈人が入ると建築的な光景が次々と目に映ってくる。巡回するに従って場面は極めて多様な形態を展開する。流れ込む光のたわむれは壁を照らし、あるいは薄暗がりをつくり出す。正面の大きな開口に達すると外部の形態のありさまが見え、そこでもう一度建築的な秩序を発見する。〉ホールに突出するバルコニーが入口にはいっただけでは見えないこの階段の位置を暗示させ、それから始まるこの道行きの一定の効果への集中度によって緊密に構成された部分形態の明晰な関係性がこのホールの空間のすべてである。そこでは形態が特殊な図像を帯び、固定的な情緒をかもし出すのを極力排除し、最小限の情報によって空間の関係性を明示して伝え、その場に踏み込む人間に新たな意味づけを要求するようにしか使われていない。「建築的な秩序」は個々の操作が突出することなく、常に全体に関係づけられることで実体として用意される。それが多様で起伏に富む線的な連続体として現象するのは移動する人間においてである。

*7　彼が青年時代、放浪のような研究活動を続けた東方への旅のスケッチの影響をそこに想定することができるかもしれない。

右／ラ・ロッシュ邸エントランスホールのスケッチ
次頁／画廊に入り左手にスロープを見る

# 2-2
## MAISON COOK 1927
クック邸

クック邸はコルビュジエによって〈まさしくキューブの家〉(La vraie maison cubique)と呼ばれた住宅である。このパリのブローニュの森に面して建てられた光に満ちあふれた白い純粋直方体(Prisme Pur)の箱は、間口が隣家の境界壁によって制約を受け、厳密な立方体とはなっていないが、白の時代の構成法、手法的特徴は、一九二七年に完成したこの約一〇メートル×一一メートル×一一メートルの箱のなかにはじめて明確に出揃ったのである。

「一:ピロティ　二:屋上庭園　三:自由な平面《プラン》　四:横長の窓　五:奔放な立面《ファサード》、つまり今までに得た私の確信が、ここで非常に明快に適用されている。指標線(トラセ・レギュラトゥール)はここでは〈機械的な設計〉(トラセ・オートマティク)といえるもので、階高や窓や門や手摺の寸法のような人間的比例を持つ単純な基本要素によって組み立てられている。」*1と、この作品についてコルビュジエは説明している。一九二六年は有名な〈近代建築の五つの要点〉がドイツ工作連盟の第二回の大展覧会にむけて書かれた年であり、クック邸は、ドミノの変形操作が行われたコルビュジエの白の時代を代表する作品ということができる。

クック邸はほぼ一〇メートル×二五メートルの敷地に計画された。南面は広い公道に面し、南北に長いこの敷地に対して、東西を壁で閉ざし、建物を敷地の中央に位置させ、一階を支柱によって持ち上げ、前庭と後庭を連続させている。建築後半世紀以上経た現在ではピロティは部屋によって埋められているが、一九二七年に完成したクック邸はピロティが、はじめて光と影の空間的効果を伴って実現した作品である。おそらく、〈パリにいながら、屋上や三階の床レベルからブローニュの森の大樹林を見下ろすことができる〉といった敷地条件や、この比較的狭い敷地に延床面積二六〇平方メートルの住居をつくるという計画内容が、主要な居室を最上階に設け、地上を、意図したとおり、〈上を覆われ、しかも光と大気に満ちた、広い、からりとした〉空間として解放することを可能にしたと思われる。

*1 Oeuvre Compléte 1910-29

右／正面の公道から見る
次頁上／ピロティよりアプローチ方向を見る
次頁下／模型写真

上／南立面図
下／模型写真

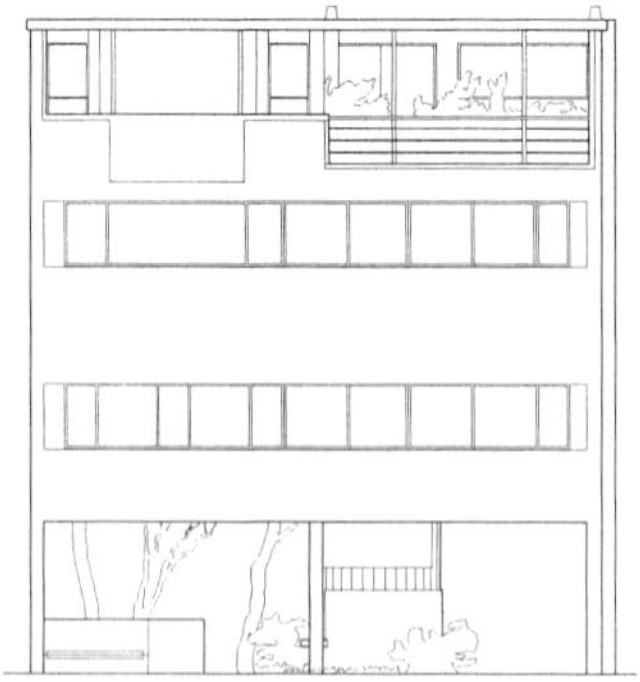

上／北立面図
下／模型写真

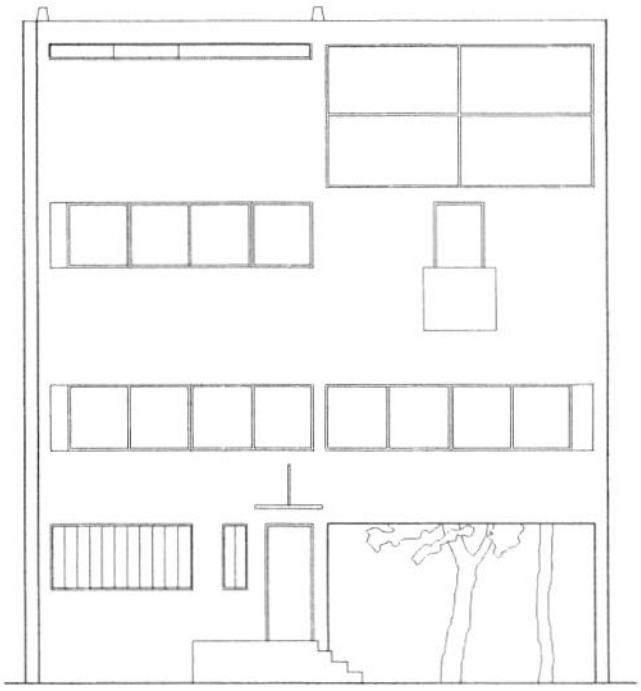

1/250

クック邸の構成上の特質は次の二点に要約される。

（a）　五メートル四方の等スパンのドミノの架構と純粋直方体（Prisme Pur）の箱によって内部の骨組みと全体の輪郭を確定する。

（b）-1 内部の骨組みに対しては、固有な形態要素を散置し、曲面の間仕切壁、三：自由な平面《プラン》、階段、暖炉、造り付け棚、

（b）-2 全体の輪郭に対しては指標線による外殻の構成、および切削、付加等の単純な形態上の操作を加える。窓の標準を指標線により組合わせた南北面の五：奔放な立面《ファサード》、一：ピロティ部分、二：屋上庭園の切削、バルコニー、庇等の付加。

以上の二点は、コルビュジエの白の時代の住宅の構成に見られる一般的特質であるが、（b）の過程に見られる〈近代建築の五つの要点〉を主要な語彙とする、部分の要素の〈標準〉が（a）の五メートル×五メートルの基準寸法によるドミノの架構と純粋直方体（Prisme Pur）の箱という一定の規約を得て、ひとつの作品に組織づけられたという事実は重要である。〈建築家というものは、積み木箱を処理するようなものだ。その建築的才能は自由に働かせられる[*2]〉と述べ、こうした方法の当然の帰結として、いわば一定の架構の〈標準〉を設定する作業の先にコルビュジエは大量生産住宅を構想していた。

しかし、ここではむしろ、そうした基本的構造を限定し画一化することが、部分の形態要素の配列、組み合わせの自由を喚起しているという事実に興味がある。つまり部分が自由であることをより際立たせるものとして全体のドミノの架構と純粋直方体の輪郭が用意されているのであり、白の時代の住宅作品は常に安定し均質な全体と、自由で多様な部分

*2　『近代建築の五つの要点』 1926

*3　コルビュジエの形態作法の独自性がこうした倒叙的発想から生まれたものであるとジョン・サマーソンは指摘している。「われわれがごく当然のこととして、〈家が庭のなかに建っている〉というのに対してル・コルビュジエは〈いや庭が家のなかにあるのだ〉と答えて実際そのようになっている作品によって彼の主張を証明する。われわれが〈建物とは原則として四つの壁を持ち、そこに光や空気のための窓がついている〉と考えるのに対して、彼は〈いや、逆なのだ、建物とはまさに四つの窓を持つようなもので、そこにプライヴァシーと陰のために壁が付いている〉と答える。」『天上の館』SD選書 p.233

という強い対比を備えていた。さらに〈古典的なプランが上下逆転している。なぜなら家の下は空いているし、応接室は家の一番上にある[1]〉と述べていることからも、コルビュジエは全体／部分、上／下といった対比を建築的な修辞として扱うことに関してかなり意識的であったと思われる[3]。また、そうした対比的な表現は、しばしば古典的な構成を否定し、自らの建築構成法の正当性、新しさを表明する有力な道具として働いていた。

それでは次に形態要素の〈標準〉が散置される場を与え、さまざまな用法を生み出した架構の〈標準〉の検討に移ろう。

### （a）架構の〈標準〉

敷地条件や計画内容、構造上の要因によって一辺の長さは微妙に異なっているものの、約五メートル×五メートル×五メートルの立方体がこの時期のコルビュジエの住宅の構成の基本単位になっている[4]。その明確な一連の展開はペサックの集合住宅（一九二五）の計画において実現された。そこでは二種のコンクリートの空間単位（Cellule）、五メートル×五メートルおよび五メートル×二・五メートルが設定され前者を主要な部屋（居間、夫婦寝室）に、後者を副次的な部屋（厨房、浴室、寝室等）に当てている。

ガルシュの住宅（一九二七）に特殊な比例法が用いられたこと、敷地の条件による例外等をのぞくと、五メートル四方の立体格子は一九二三年以降のほとんどの作品の設計過程における最初の下敷きとして働いていた形跡がある[5]。

クック邸は最も簡潔な原型的作品である。ほぼ一辺五メートルの立方体は八つ重ねられ、南面に幅一メートルの従属ゾーンを持ち全体の輪郭をなす。内部は四層のドミノの床によって分割されているが、三、四階では吹抜けを持つシトロアン型の断面となっている。

*4　La Maison Standarisée 1923
五メートル四方の立方体が構成の基本単位（右図）

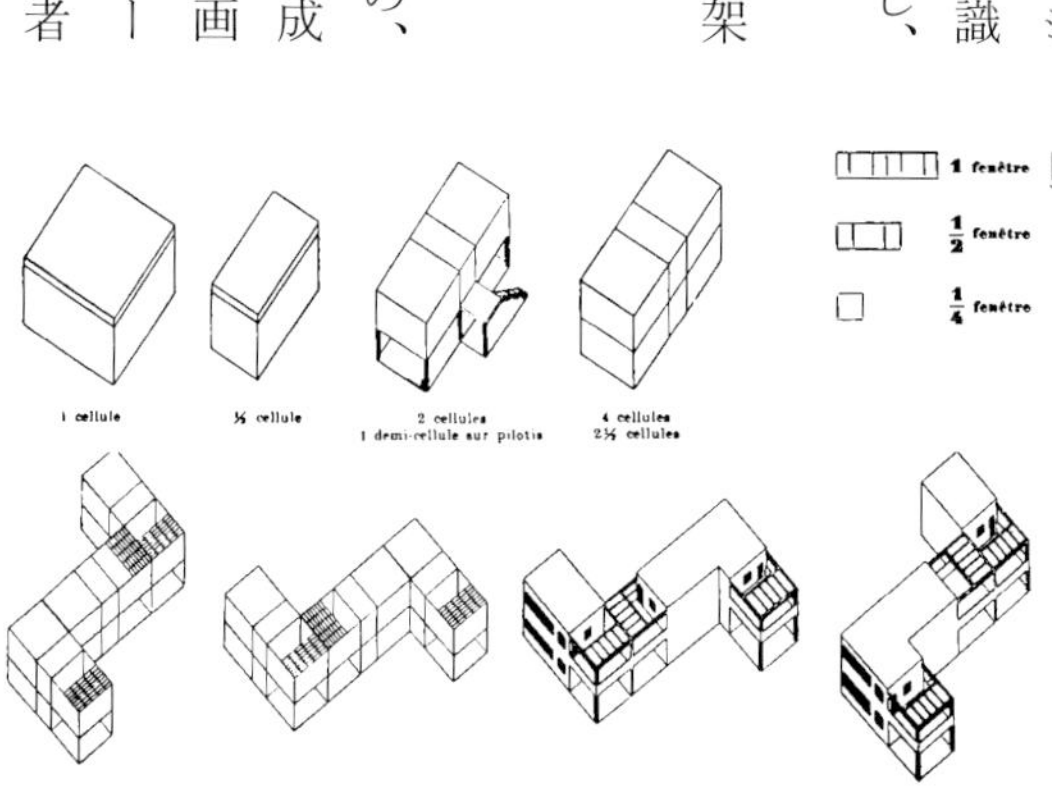


*5
・La Maison Standarisée/1923の計画案
・Maisons Lipchitz-Miestschaninoff/1924
・Pessac/1925
・Villa Meyer/1925の計画案
・Maisons〈Minimum〉/1926の計画案
・Maison Cook/1926
・Maison Guiette/1926
・Weissenhof Stuttgart/1927
・Villa Savoye/1929,1928の計画案
等の作品にそれは明瞭に読み取ることができる。

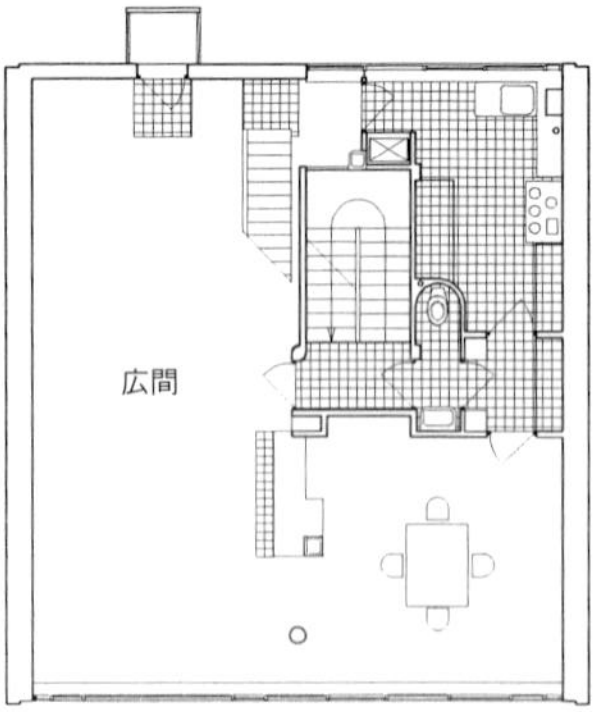
広間

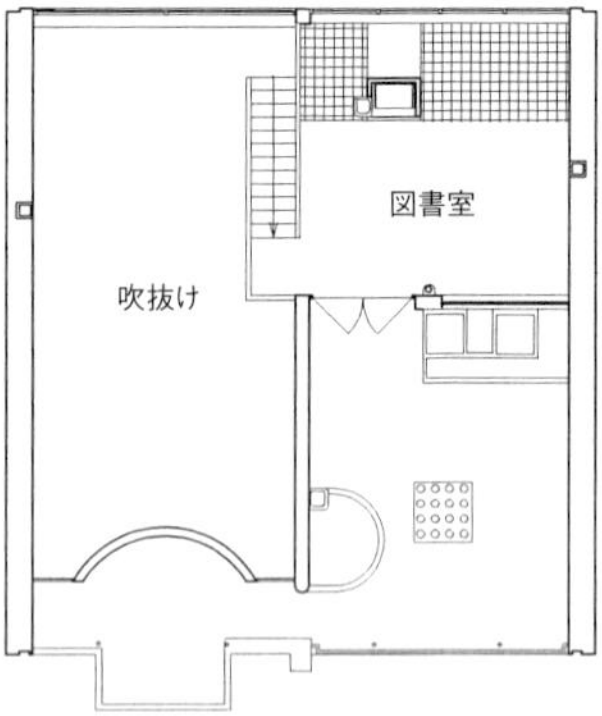
図書室
吹抜け

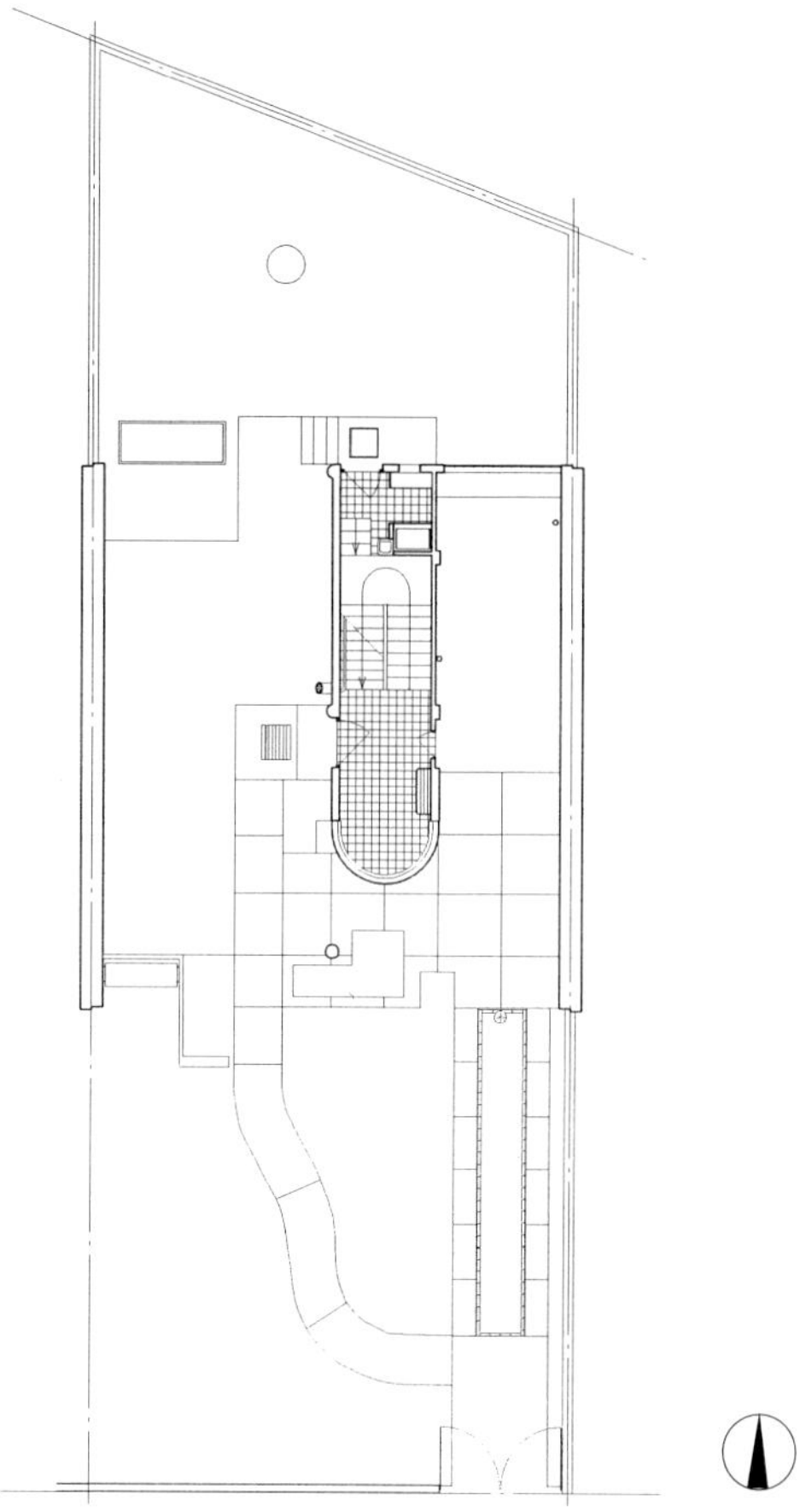

1/250

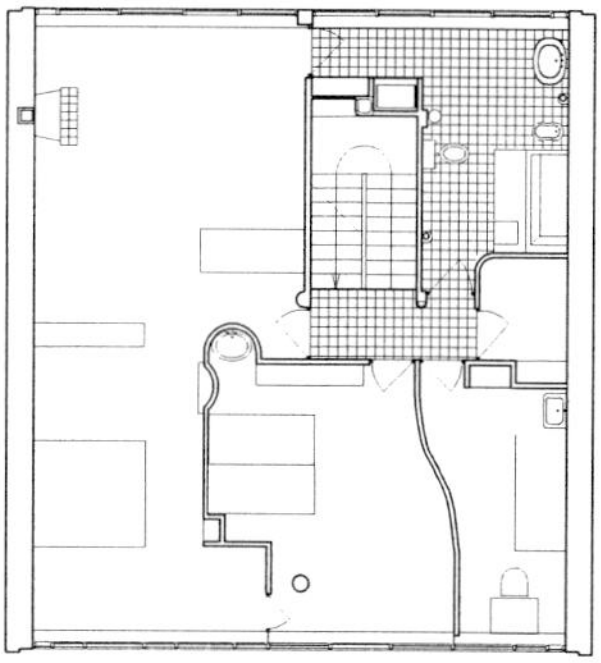

上段／（左より）一、二、三、四階平面図
下段／（左より）一、二、三、四階模型写真

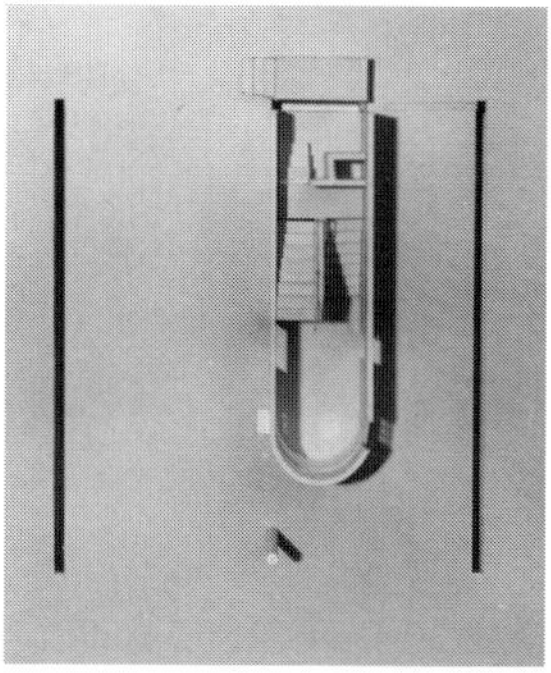

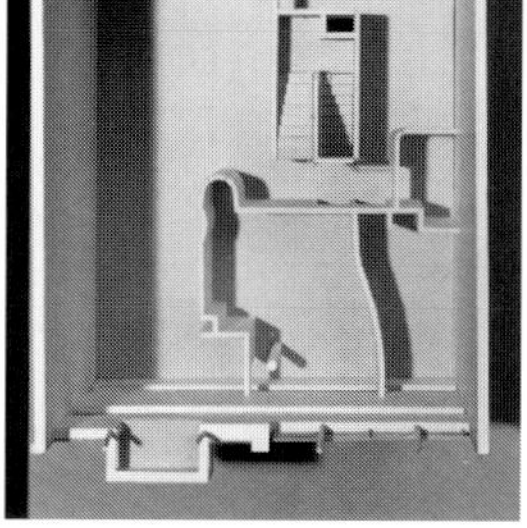

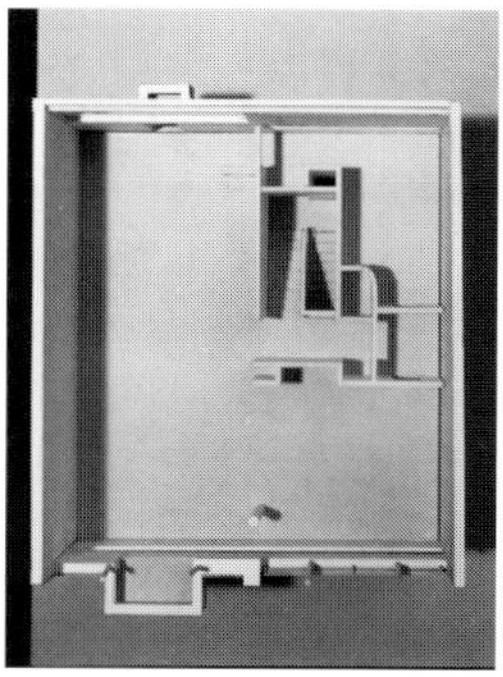

ドミノの架構と純粋直方体(Prisme Pur)の箱を結合した、二次的な形態構造であるシトロアン型を設計上の操作単位として挿入し複雑に組み合わせる架構の一連の展開はしばしば見られるが、クック邸では、シュツットガルト[*6]に見られる構成上の主題は(一)三階の天井の低い食堂から高く開けた居間に進み、(二)そこに据えられた階段をのぼり低い図書室から屋上庭園の光のなかに投げ出される、というふたつの運動に分解し、最終的には屋上庭園にいたって開放される一連の螺旋の回転運動により結びつけられている。

五メートル×五メートル×二・五メートル、五メートルといった空間単位に、コルビュジエは人間が認識する広がりの適正な寸法を見ていた。それは用途あるいは屋外や屋内にかかわらず、人間にとって普遍的な部屋《ルーム》の尺度《スケール》を表していた。それゆえ、五メートル×五メートルの平面グリッドが守られる場合、部屋と異なる設備、階段、通路のために従属ゾーンが付加される形式が一般的である[*7]。シトロアン型住宅のプランにおいても主室部分と付属部分は明確に領域づけられていた。クック邸では、全体の立方体を守るために階段はグリッドに内包され、田字型の北東の区画が垂直動線と設備ゾーンに当てられ、正方形内部にL型の部屋配置が生まれ、対称を崩す要因がそこにつくり出されている。

### (b)—1　部分の形態要素の散置

部分の形態要素は架構から独立させられ、相互にも分離している。二階の部屋の間仕切の曲線[*8]、三階広間に部品のように置かれた階段、食堂との間を仕切る、暖炉とテーブルと煙突の合体したオブジェ、広間上部の円筒の壁の突出、北面の大きな窓、それらは初源的な形態を用いてつくり出され、あるいは選択された、形態要素の〈標準〉をなし、他の住宅にも繰り返し使用され、組み合わせられるべきものであった。また色彩の使用法にしても、

*6　2-6 シュツットガルトの住宅を参照

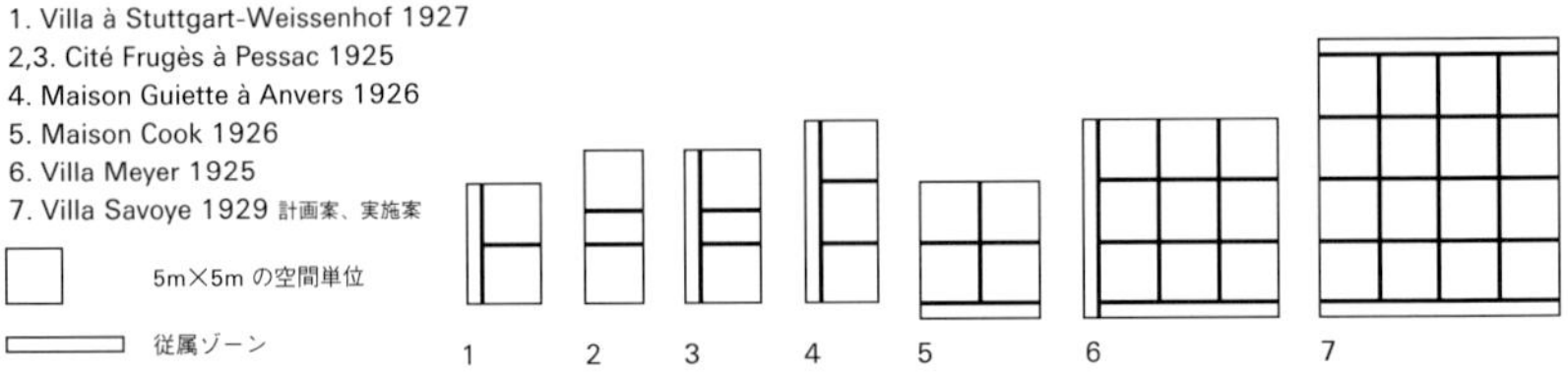


*7　架構の〈標準〉

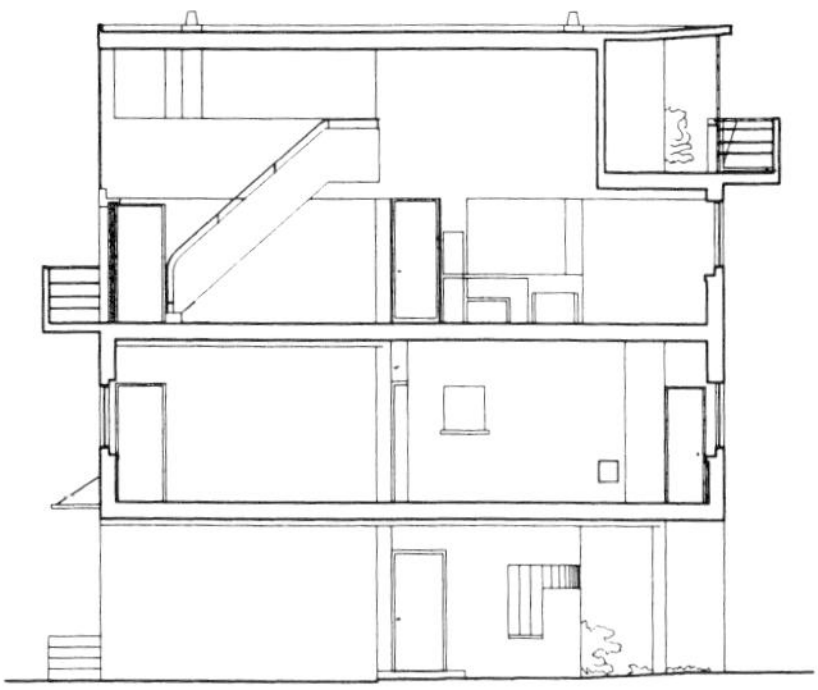

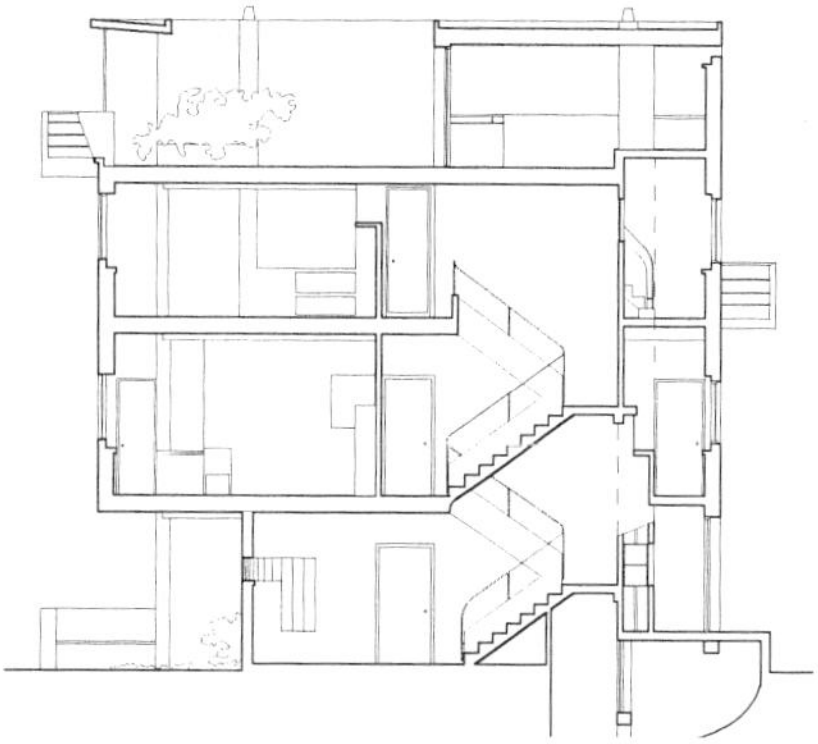

1/250

上／断面図
下／模型写真

例えば三階の広間は北面の壁を空色に、東面を赤茶色に、階段の手摺を黄色に、暖炉のオブジェを黒に塗ったコルビュジエによる計画図が残されている。ここでもそれぞれの色彩は独立させられ、並置されている。また形態要素の多くが曲線からなり、全体の特徴としては、直線と曲線の対立が示されている。[*9]

### (b)―2　箱に加えられた操作

この住宅の空間の方向性を示すように南北方向に梁が露出している。梁を中心線に東西ふたつのゾーンに分けられるが、西のゾーンはそれ独自でファサードの構成から窓割り、内部の平面に至るまで、対称性を保持している。屋上および北面のバルコニーの付加、広間内部に突出するテラスの曲面形など、純粋直方体に部分的な操作が加えられる。一階では後庭の光に導かれ、曲面の壁に沿って立方体の箱内部に吸い込まれるが、その西ゾーンの切削に対応して、四階の東ゾーンが立方体から切削され、屋上庭園となる。しかし南面に一メートル幅の水平の庇を残し箱の形態は保存する。

このクック邸の箱のなかに出揃った架構の〈標準〉と部分の形態要素の〈標準〉は前者が後者の枠組みを規定することもない、相互に一義的に決定し得ぬ関係で作品を構成している。

同じく〈立方体〉の家といい得るショーダン邸（一九五六）[*10]と比較してみると興味深い。ショーダン邸においてはクック邸の自由な外殻の被膜に隠されていた内部の構成は外部からも視覚化され、不明瞭であった空間単位は明確になり、白の時代の面的構成から空間的構成に移行し、それに伴って架構の表現が強化するのを見るのである。

*8　「またふつうの分割では二室しかとれないところに三室提供するグランドピアノ型と名付けるわん曲間仕切の型を示します」『プレシジョン』（前掲）

*9　例えば前庭の処理にもそれは現れており、車と人間のアプローチがそれぞれ直線と曲線によって明瞭に対比されている。

*10　2-12 ショーダン邸を参照

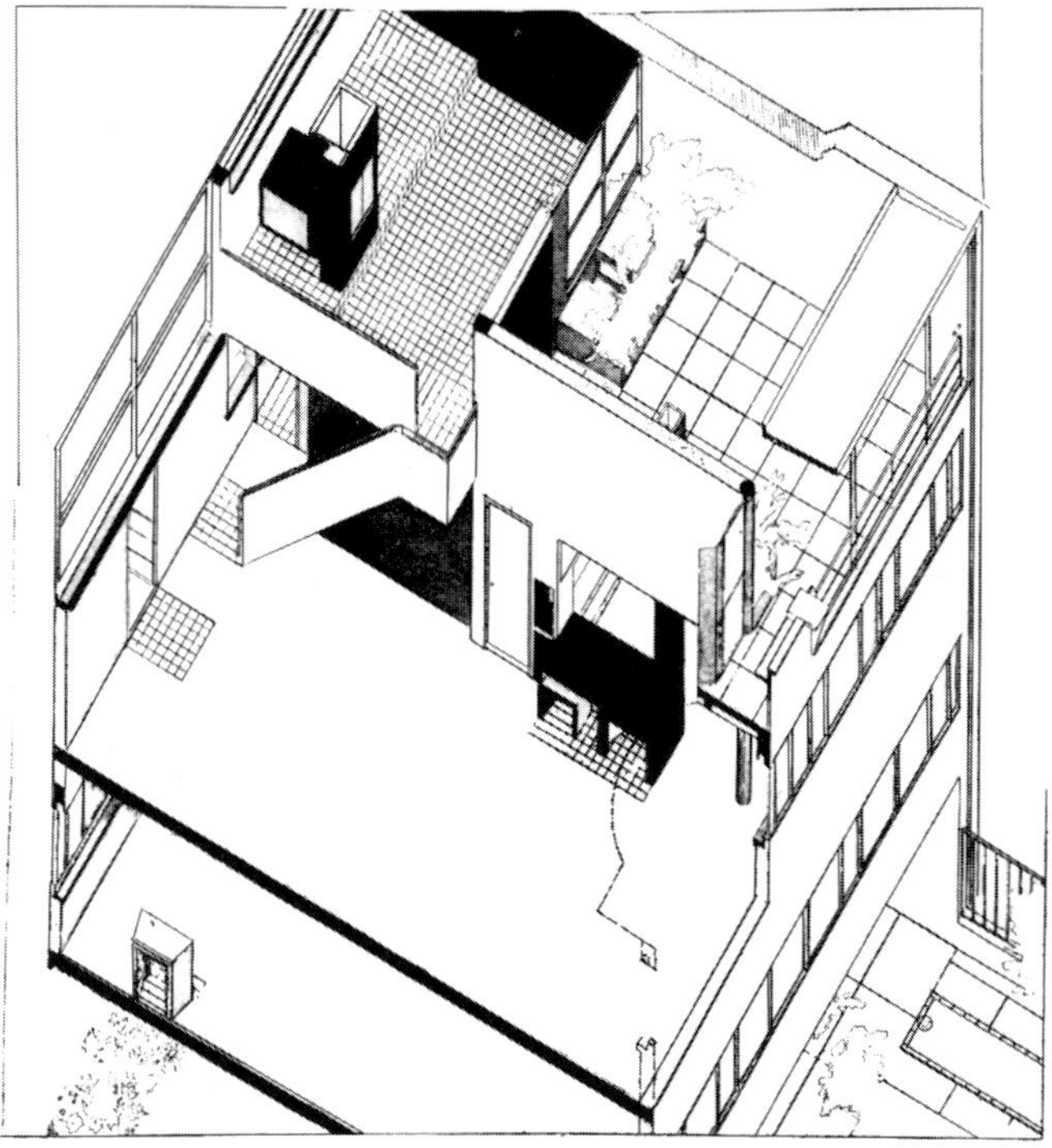

前頁／屋上庭園
上／広間
下／広間アクソメ

# 2-3
## MAISON TERNISIEN 1926
テルニジアン邸

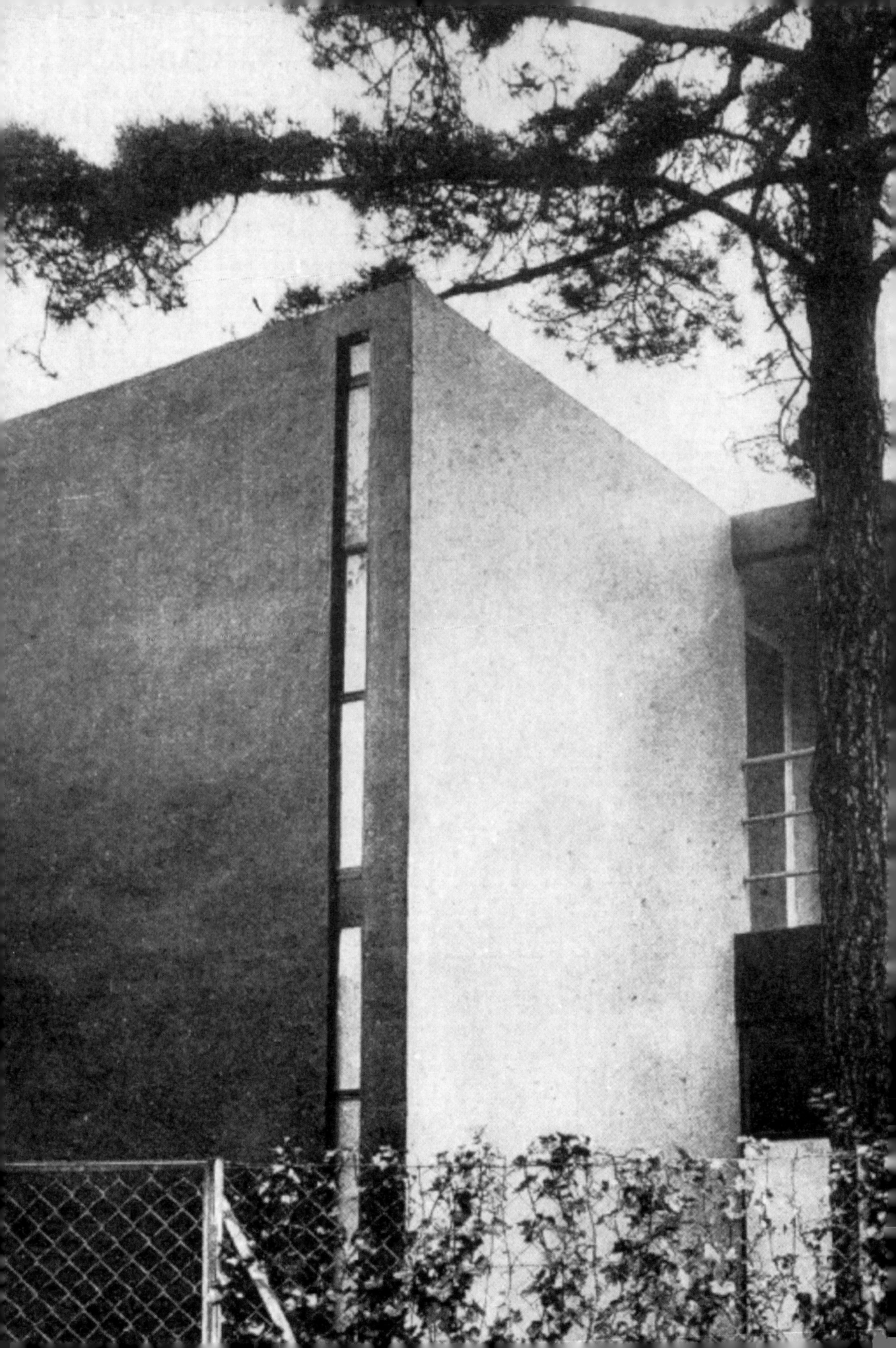

「特に難しい形の敷地を充分に生かすという、例外的な問題を解くために精神のすべてを費やした」　ル・コルビュジエ[*1]

## 敷地、環境

テルニジアン邸はパリ一六区、ブローニュの森の南側の住宅地に計画された。公道と私道に挟まれた、三〇度-六〇度のほぼ直角三角形の二七〇平方メートルの角地がテルニジアン氏の所有地である。同じ街区の中で二区画隔てた隣には、既にリプシッツ-ミエスチャニノフ邸（一九二四）がル・コルビュジエの手によって建てられており、いずれも芸術家のための住宅である。また近くには同じ時期にもうひとつの住宅、クック邸（一九二七）の計画が進行中であった。附近は静かなパリの高級住宅地であり、そこで限られた階層（芸術家）の施主を対象にル・コルビュジエは、実験的でしかも緻密な住宅をひとつひとつ結実させていた。建築家にとってそれは当時、近代建築運動の広範な理論的展開、その国際的な広報活動と車の両輪をなすつつましい着実な仕事であった。テルニジアン邸もそうしたアトリエ住宅のひとつで、おそらく芸術家の夫妻（画家と音楽家）のための住宅である。どこからどこまでも考え抜かれた作品であり、難しい敷地の条件を利用しながら、微小の変更をも許さぬような音楽的な調和がすみずみまで浸透している。

しかし現在では改変され、五階建てのアパートが建っている。当時の状態をとどめる部分においても、開口部のいくつかは埋められている。一九三八年頃、ル・コルビュジエの手によってその増築がなされたらしいが、定かでない。

*1　Oeuvre Compléte 1910-29

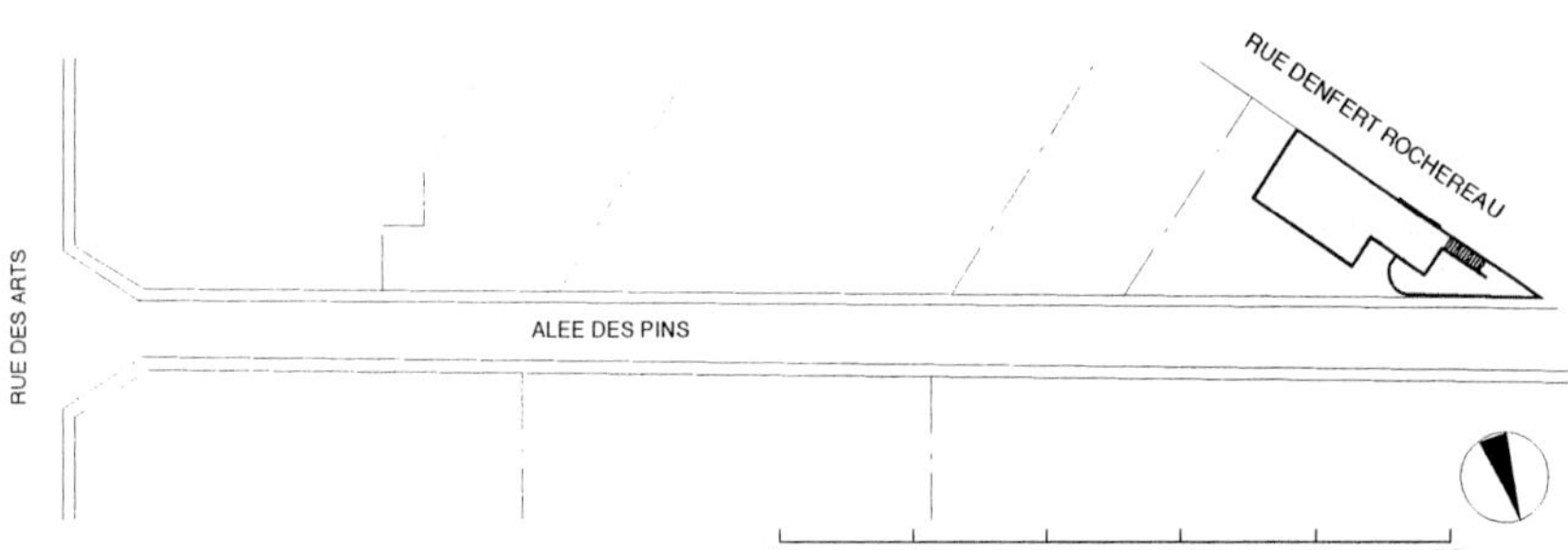

## 設計プロセス

この作品に見られるような、豊富でしかも透明な建築的秩序はどのように生み出されるのだろうか。最終像に辿りつくまで、それぞれ充分成り立ち得るような三つの案を乗り越え、そこに至っている。ふたつは完成案と異なった可能性であり、ひとつは完成案の基礎となったものである。それらをそれぞれスタディの経過に沿って第一段階、第二段階、第三段階と呼ぼう。第四段階が完成案である。まず設計の全体過程を眺めて興味深いのは、力まず極めて当たり前の案から出発していることである。特殊な要求を満たすための特異な敷地への妥当な配置、立面における理論通りの水平連続窓の割り付け、ル・コルビュジエも述べているように、この設計は極めて例外的で高度な問題である。残すべき敷地の中央に立つ松の大樹。この問題を解決するには、ひとつひとつその糸を解きほぐしながら対処してゆく繊細な感覚が要求されるだろう。この設計が振れる幅とその問題の核心を探査するように第一段階の錘はその中央に投げ込まれている。最もありふれた構成を投入し、極めて複雑な与条件のなかで作動させてそれを炙り出してみる必要があるのだ。

設計過程を通して一貫しているのは、この住宅をふたつのヴォリュームの結合として考えていることと、形態・立面における対比、建物と敷地の対比といった修辞を常にそれらのヴォリュームとの関係において操作しているということである。第二段階は一見最終案と最も異なっているように見えるが、この案を寄り道することによって最後に結晶した作品を豊かにきらめかせることにもなるさまざまな細部の収穫を得ている。第三段階ではすばらしい飛躍が見られ、最終案へ向けての各部の綿密な調整がなされる。こうして当初、ル・コルビュジエが漠然と求めていたイメージはスタディを通じて次々と明らかになってくる。

全頁／配置図
左／現在のテルニジアン邸

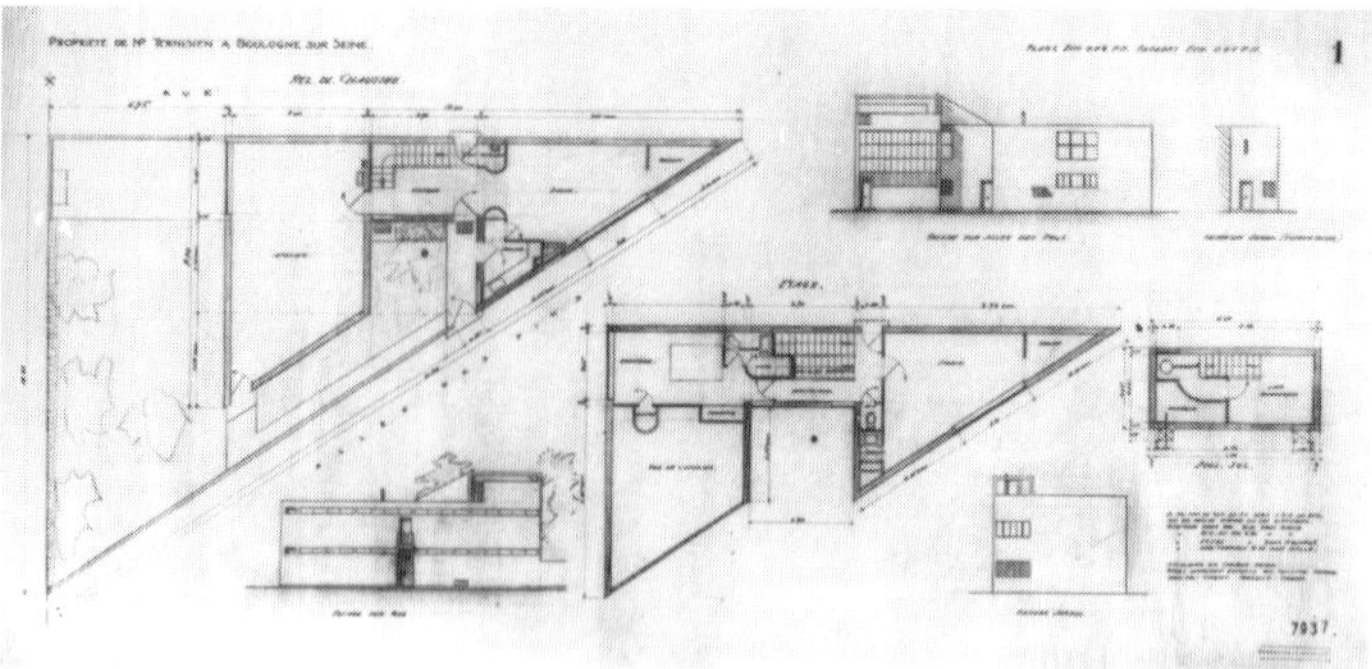

## 第一段階

### ふたつのヴォリュームの結合／公道・私道側立面の対比効果

三角形の敷地に合わせた極めて自然なレイアウトである。建物の配置は実施されたものと最初からほぼ同じ位置で計画されているが、敷地の鋭角は素直に表現され、敷地の形状が平面を強く決定づけている。この段階の初期スケッチと思われる一階平面図には、ふたつの大きなアイデアが見られる。ひとつは公道と私道をつなぐ、住宅を横断する通路であり、当初からアトリエを独立したものとして考えたようだ。もうひとつは中庭を介して三角形平面の〈離れ〉を独立させていることである。生活空間はおそらく二階に設定され、地上階では屋外と屋内、敷地と建物が一体化したような空間をイメージしている。ここでは、主入口は公道側の方に考えられていた。

次にまとめられた計画案では、アトリエのブロックと生活空間のブロックが、ホールを挟んで左右に振り分けられている。アトリエの上部には寝室が吹抜けを見下し、生活空間上部にはスタジオ（音楽家のアトリエ）が置かれる。さらに寝室の上部には予備室が設けられ、突出する。ふたつの内容の異なったヴォリュームの対比が、開口のあけ方によって私道側の立面構成に表示され、明快に現れている。一方で公道側（南西側）はひとつの面として扱われており、二段に亙る横長連続の高窓はそれを強調している。主入口は私道側に移っているが、公道側にも入口が据えられ、その上部にはバルコニーがある。

### 階段に関する操作のプロセス

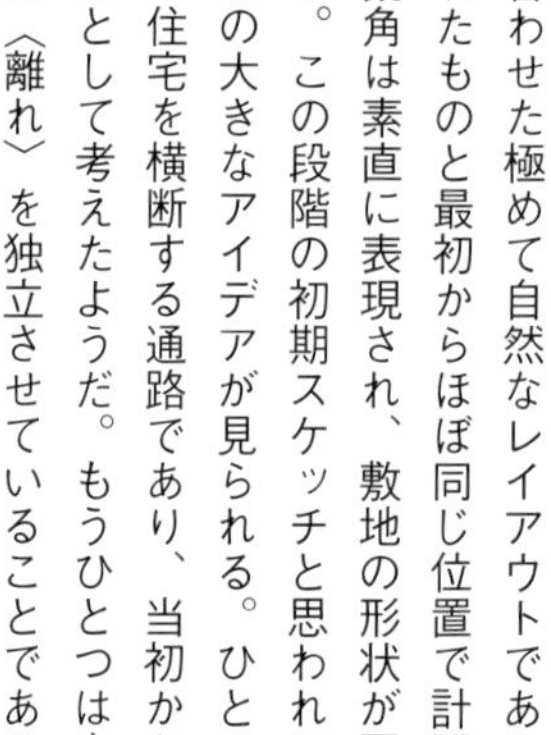
第一段階初期

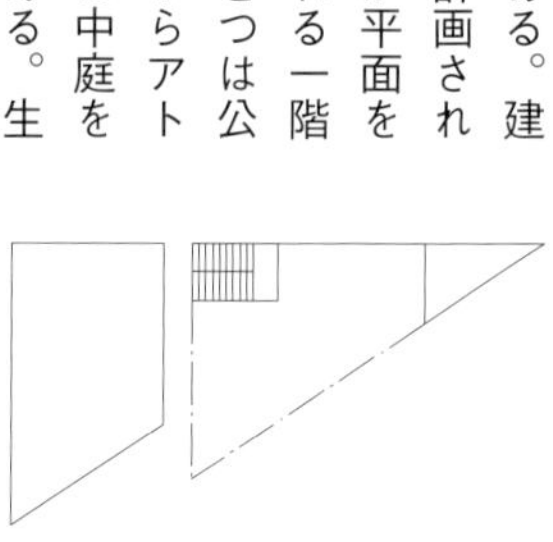
第一段階

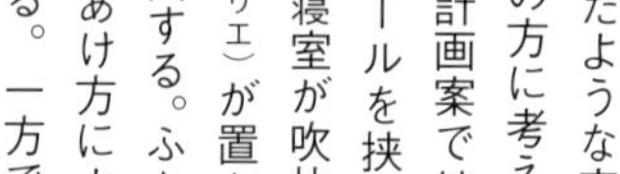
第二段階

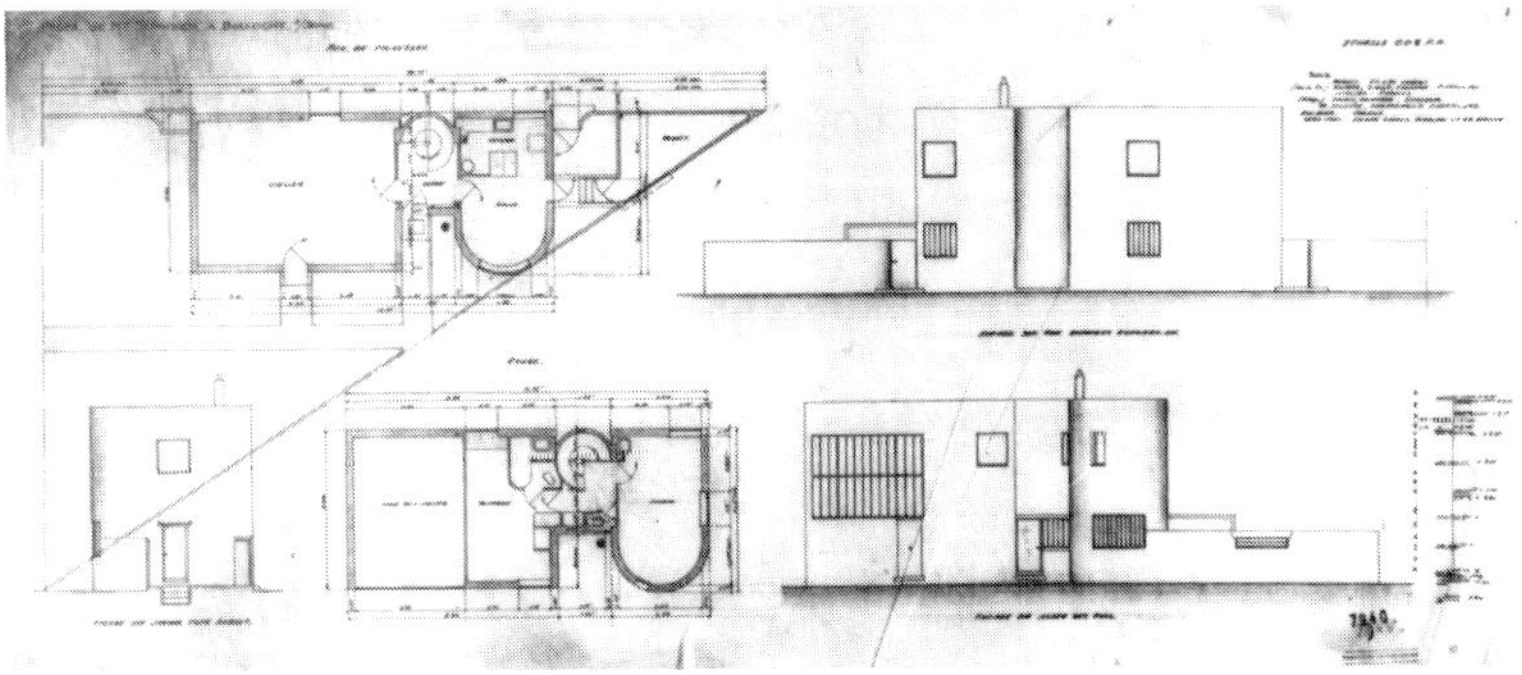

## 第二段階

### 開口の対称性とズレた壁面／塀と本体

建築を敷地の強制から引き離し、独立させたものとして考えることの可能性をこの段階で試みている。塀と本体といった修辞を使って敷地も強調し、また建築を引き立たせることができるのではないか、といった可能性である。その中でふたつのヴォリュームの対比が、直線、曲線といった形態を通して強調される。アトリエのブロックは直方体ヴォリューム、生活空間（居間、食堂）のブロックは正方形＋半円の平面の曲線ヴォリュームである。それらをつなぐホール部分は、直階段が正円平面の廻り階段になり、各ヴォリュームとの接線の部分にそれぞれスリットが設けられている。公道側のふたつの面の分節がそれを通して鋭くなされている。ここで立面を垂直性の高い比例構成でまとめようとしているのは異質である。予備室はなくなり、全体は二層の構成である。アトリエ上部の寝室は、ここで九〇度向きが変えられ、曲線のスタジオと、正円の階段を対称軸として対をなす。そうした内容の対称性は、私道側公道側立面構成にはっきりと現され、統合づけている要素である。私道側のスタジオの開口はそうした形の原理の中で縮少され調整されている。〈離れ〉のアイデアはこの段階でも生かされ、敷地なりに塀が建てられ本体とつながっている。この作業を通じて最終案に結実する大きな発見がある。つまり私道側の入口に導きこむ方法であり、鋭角部からの壁（塀）が曲線ヴォリュームの曲壁の接線としてつながることにより、ぐるりと人を巻き込む方法だ。入口は

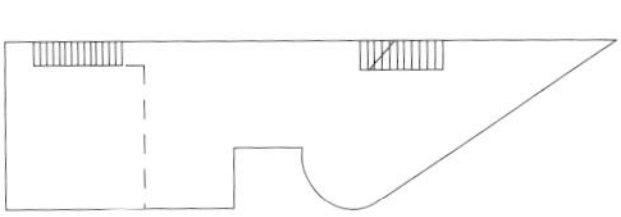

第三段階前期

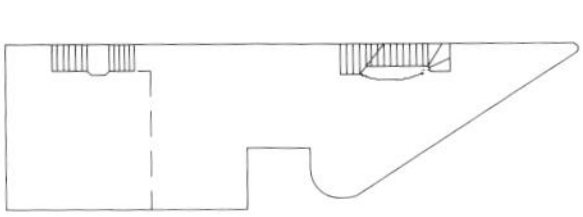

第四段階（完成案）

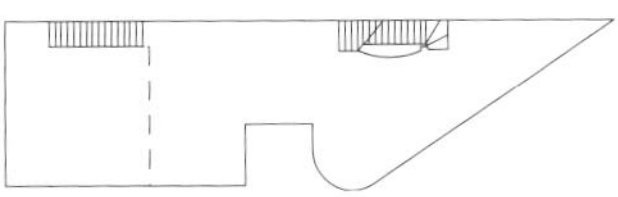

第三段階後期

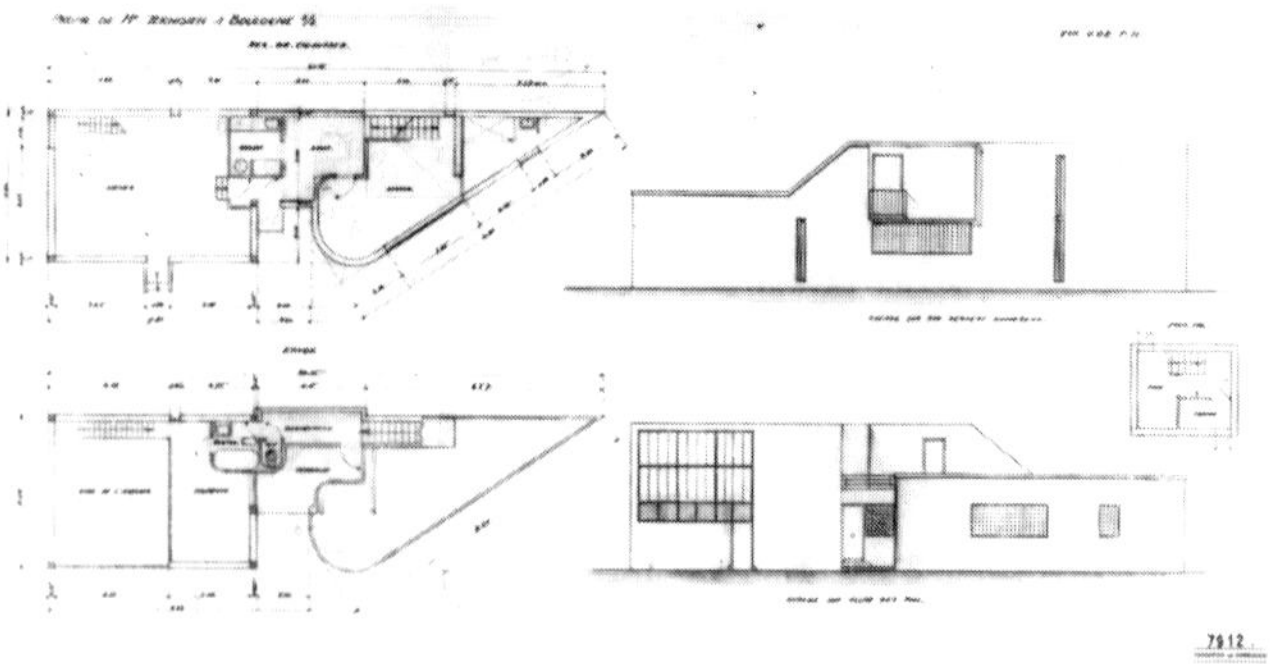

この段階ではまだ公道側にも置かれている。

## 第三段階

### 二層のアトリエ＋一層のスタジオ／建物と敷地の対話

この段階で、配置、平面構成の概要が決定づけられる。平面構成に大きな変化があり、一階でふたつのブロックの中央に食堂、厨房が入りこみ、スタジオが一階に下りてきた。それによって二層のアトリエと一層のスタジオの合成という明快な構成を得ている。階段は、アトリエ、スタジオ各々に設けられ、二階ではサニタリーコアを共有してつながっているが、むしろそれぞれが独自に成り立つように考えられた平面計画であるといえよう。ふたつの広間に挟まれた一階の厨房、食堂、二階のサニタリーコアは、細部にわたってその平面的おさまり、細やかなショットの構成が、平面詳細図やパースのスケッチによって丹念に追求されている。二層と一層というスケールの対比と第二段階で発見した曲壁は、私道側に据えられた主入口へ自然と人を導きこむ。公道側の立面に関しても次々と新しい発見がある。第一に内部階段を表す斜線が、高低差のあるふたつのブロックをつなげ、それが私道側入口へ開けた動きを提示している。第二に、一枚の壁の向こう側にふたつのブロックの連結が透けて見えるように二階の図書室の壁が押し出され、基準となる大きな面に抑揚を与えていることだ。それは図書室の奥行きを確保する内部からの平面上の微調整にピッタリ合致し、理に適っている。第三にその図書室を中心軸とした対称的な縦長窓は、水

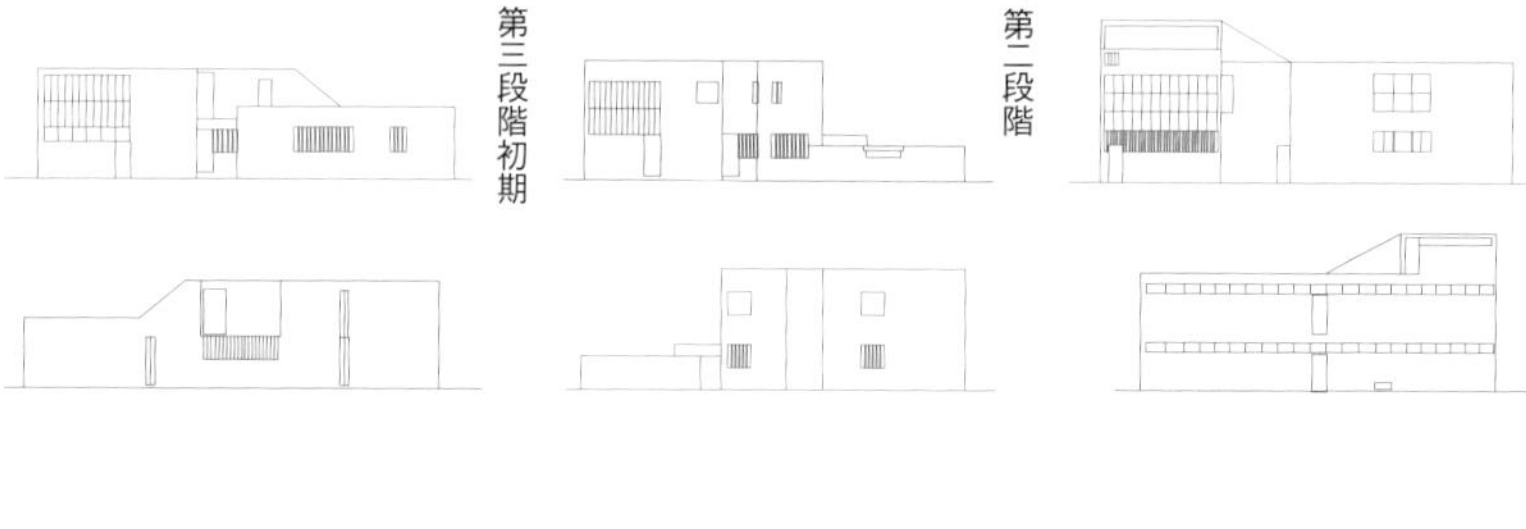


開口部に関する操作のプロセス
上段：私道側　下段：公道側

平的な比例に対するアクセントとなる。これらはいずれも第二段階のスタディがもたらした収穫である。その適切な位置、大きさ、サッシュ割りのリズムを求めてさまざまな可能性が検討され、トラセ・レギュラトゥール（指標線）も駆使され始める。

## 第四段階

### 調整と部分の洗練

ほぼ固められた構成の枠内で形態を洗練化してゆく過程である。まずスタジオの平面の弧が奥められ、直方体ヴォリュームを際立たせることになり、主入口廻りが開け、住宅へ導くシークエンスが完成される。花台が曲壁に突出し、その先端は直方体の面に揃えられる。またアトリエは内部からの壁面の比例が確認され、全体が低くなることにより私道側立面が黄金矩形になるように調整される。ますます水平性の比例を強めることになる。開口部はもちろん、ふたつのブロックの高低差を結ぶ斜線までもがトラセ・レギュラトゥールに乗り隙なく位置づけられ、全体に見事な調和が生み出される。一方細部も検討され、サニタリー上部トップライトの勾配が壁面の斜線に合わせて決定され、また、敷地鋭角部のエッジはパラペットと土台で明示されながら、その間の壁は入口へと導くように廻りこんでいる。そしてその隙間に一本の竪樋が通される。室内でも階段の踊り場が張り出したり、上部にアルコーヴが持ち出されたりして表情が生み出される[*2]。

第三段階中期

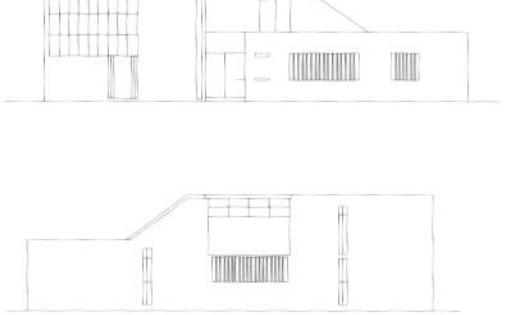

第三段階後期

第四段階初期

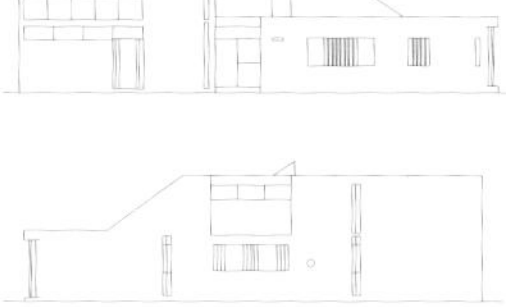

*2 この時期にふたつのヴォリュームを両方とも二層にした計画の可能性をチェックしたスケッチが残されていることは興味深い。延床面積を増す要求があったのかもしれない。

## 空間構成

テルニジアン邸の形態はコルビュジエのこの時期の住宅のなかでも特異なものである。ラ・ロッシュ／ジャンヌレ邸、クック邸、ガルシュの住宅、シュツットガルトの住宅、サヴォア邸などはいずれも敷地から独立した直方体の外殻を持ち、固有の建築構成法が鮮明に表現されたものであったが、テルニジアン邸は敷地条件と計画内容の特殊性を抜きにしては理解することができない。

この敷地への配置の可能性についてはいくつかの構想が検討されたと思われるが、彼の構成法に顕著であった直角の端部を利用したL型の配置が採用されなかった理由は、敷地の規模やそれに伴う機能上の原因があったのはもちろんであるが、敷地があらかじめ持っている斜め方向の運動の強制に対して、線列の直角の秩序を対立させることによって敷地の性格を浮かび上がらせ、難点を利用しながら、一方で、微小の変更も許さぬような建築的構成の決定因を探っていたように思われる。コルビュジエの設計は、常にそれが幾何学的規制であるにしろ、敷地の規制であるにしろ、曖昧な部分が残るのを避け、決定的な要因を見つけ、緊密な関係性の網目が作品の隅々に張りめぐらされるまでスタディが続けられる過程である。それにより庭の各部分はアイソメトリックに見られるように、直方体ヴォリュームの外壁の延長線により三分割され動から静へと明確に性格づけられた。

庭の各部の性格は、そのもの自体に備わる性格として完結しているのではなく、私道に面する高さ一・五メートルの塀・フェンスと建物との間の緊密な関係によってつくられているのであり、むしろ建物を含む敷地全体の構成によるものである。スイスのレマン湖畔に建つ母の家についても同じことがいえるだろう。これはある意味でコートハウスの考え方に近いが、コートが機能との関係、つまり居間と連続することや玄関までの緩衝空間と

次頁上／模型写真　敷地と建物の配置
次頁下／アイソメ　三分割された外部空間

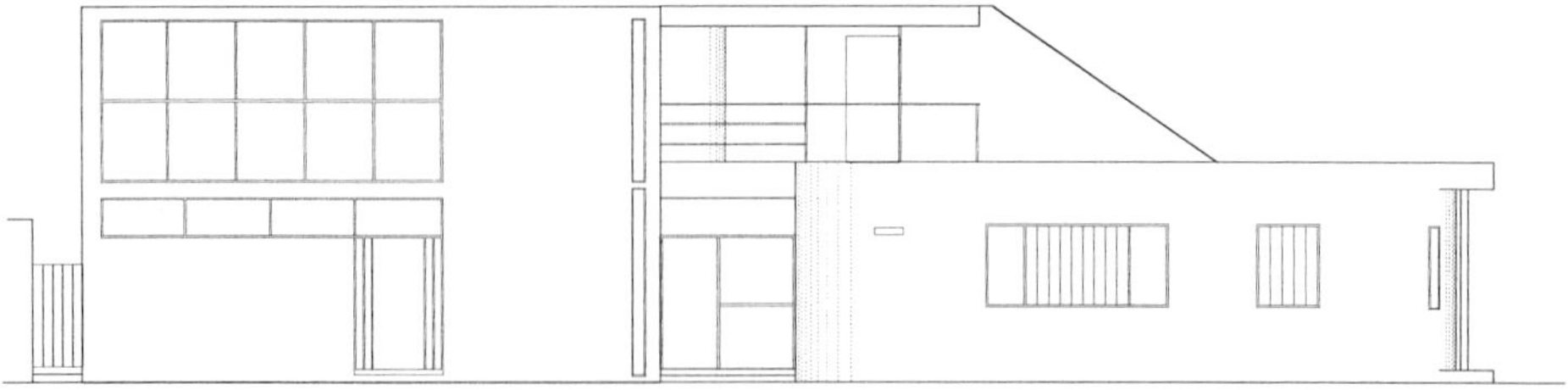

1/200

上／私道側立面
下／模型写真　曲面をもつスタジオと直方体のアトリエ、一層、二層部分の高さの対比、開口部の配列の対比

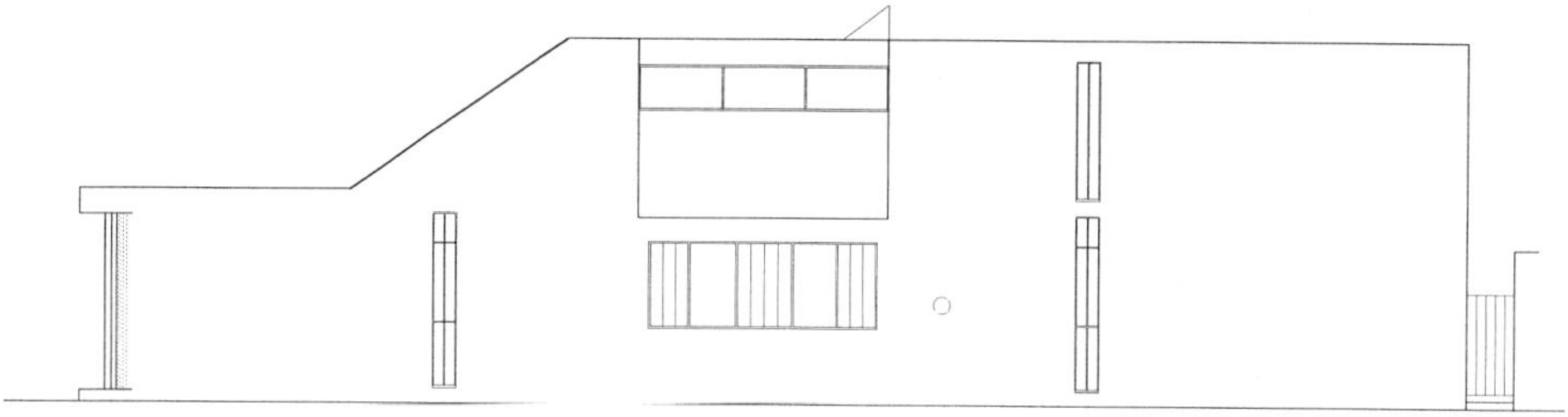

上／公道側立面
下／模型写真　一枚の壁面、シンメトリカルな開口部、図書室部分の突出、一層、二層部分をつなぐ斜線

して囲われた外部を用意することを重視するのに対し、テルニジアン邸の庭は敷地の形状と建物の形態との隙間に残される、起伏を伴いつつ連続する空間として用意されている。

対比的な形態の間につくられる起伏と連続。コルビュジエの住宅において、それは一般に内部空間にしか現れない修辞である。住宅の外殻に曲面が支配的な要素となることも稀であれば、外部形態に内部の動きを現す傾斜が出現することも珍しい。しかし内外という区別を越えて、形の響き合いが生み出す場を求めたコルビュジエの作品を特徴づける空間の修辞のひとつであるといえよう。

敷地と建物の対比に関しては、全く異なるふたつの案がスタディの過程で現れている[*3]。ひとつは建物が形態的に敷地に従属したものであり、もうひとつは建物が敷地から独立したものである。建物は敷地になじませたいし、また自立させもしたいものだ。完成案では、塀と本体は公道側とスタジオ部分で一体となり、入口へのシークエンスを作り上げる回り込んだ壁へと連続している。この塀と本体という修辞によって、建物と敷地のどちらかのみを強調するのではなく、それらの間につくられる緊密な関係自体が浮かび上がってくるような表現を獲得している。コルビュジエが用いるこうした対比表現の背後にはどのようなメカニズムがあるのだろうか。

スタディの当初から、この住宅はふたつのヴォリュームの結合として考えられている[*4]。これは音楽家のスタジオと画家のアトリエの並存という特殊な計画内容の明快な図解的表現である。スタジオは曲面を持つ三角形平面のヴォリュームであり、それと対比的にアトリエは直方体のヴォリュームとなっている。この形態的な対比は私道側立面において一層と二層という高さの対比、開口部の配列の対比が重ねられることによって強められているといえる。私道側立面がこの住宅をふたつのヴォリュームの結合として見せているのであ

*3　p.76,77を参照

*4　ふたつのアトリエが入口を中心に配置される構成は、近くに建つMaisons Lipchitz-Miestschaninoff 1924にも見られる。

次頁上／二階平面図
次頁中／一階平面図
次頁下／各階模型写真

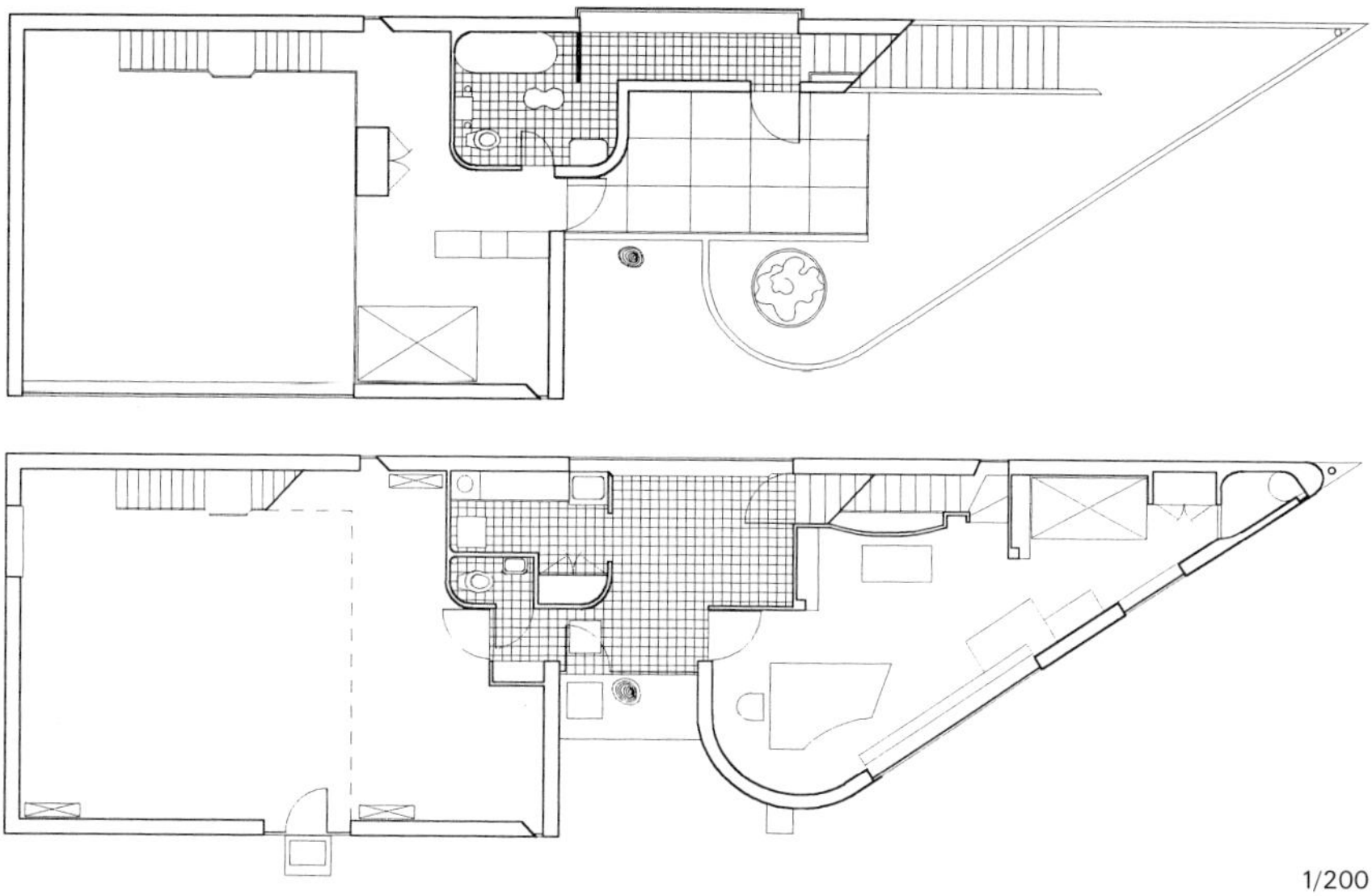

1/200

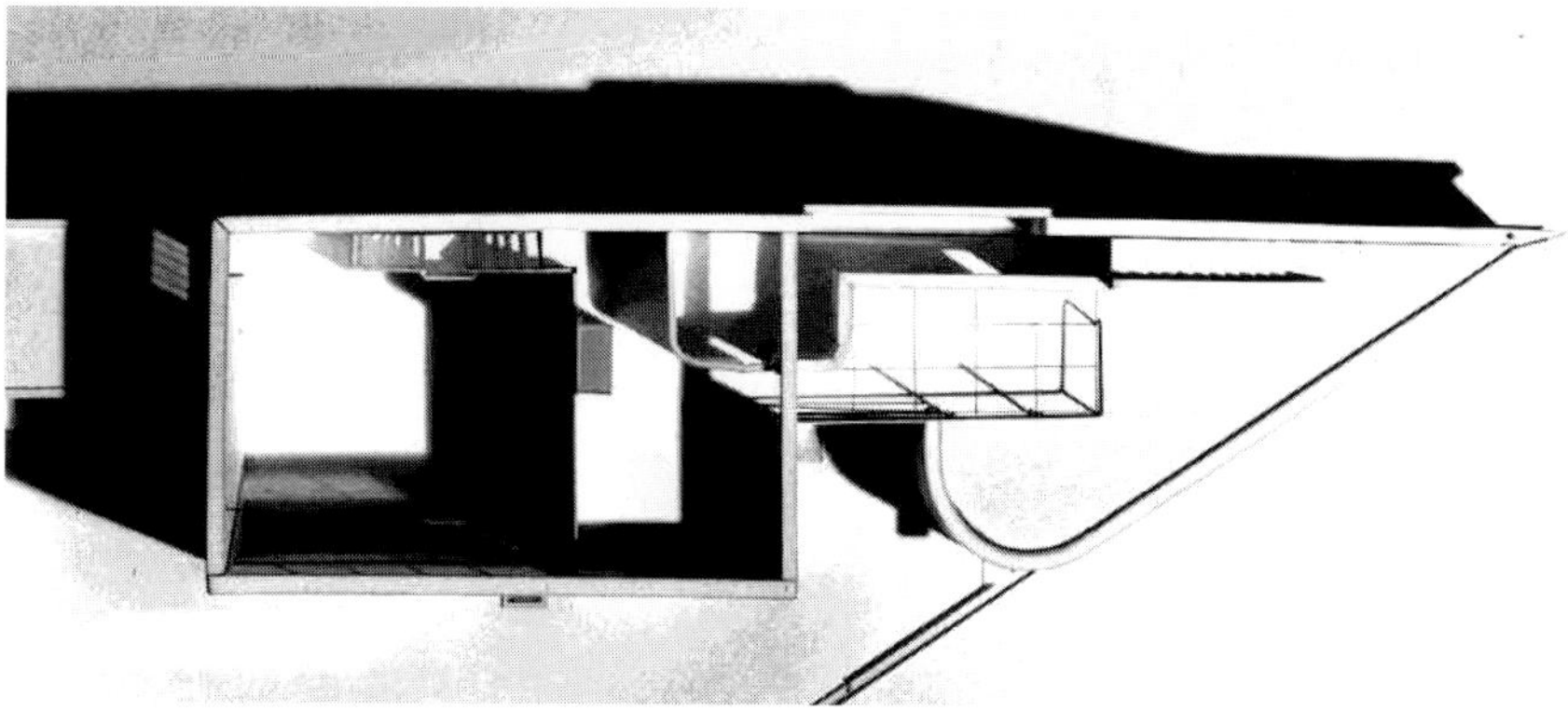

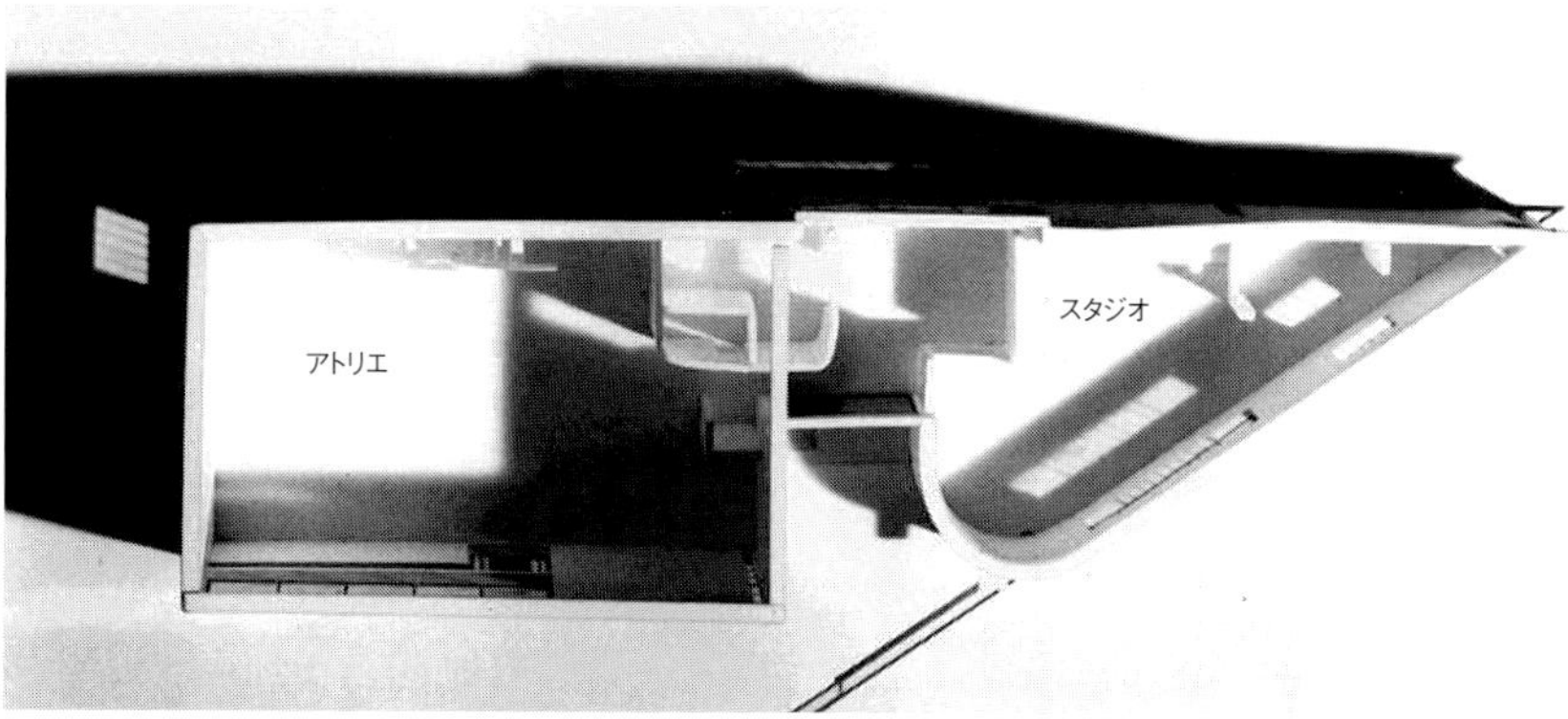

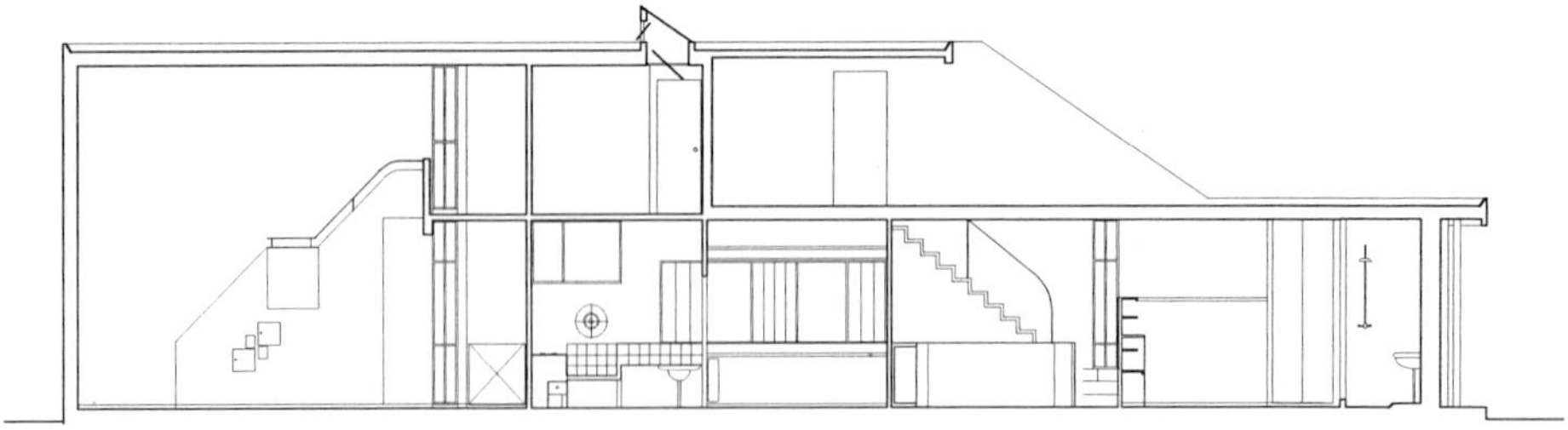

1/200

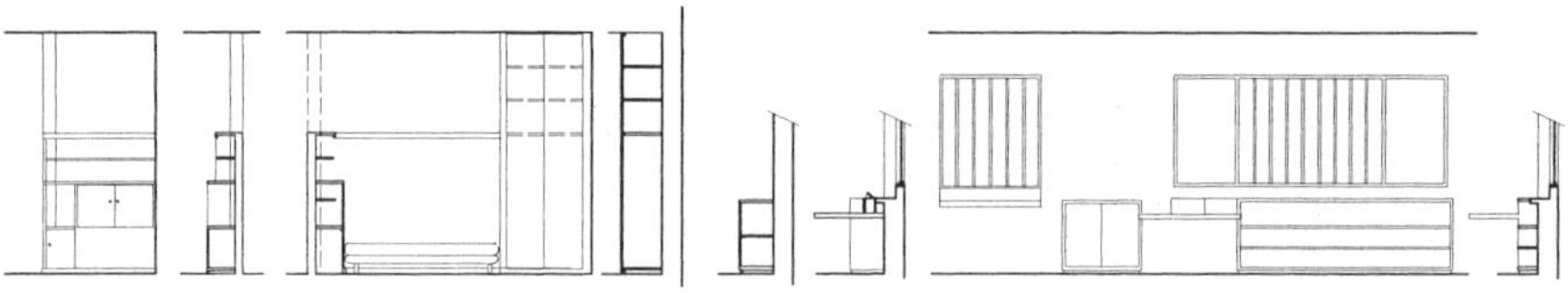

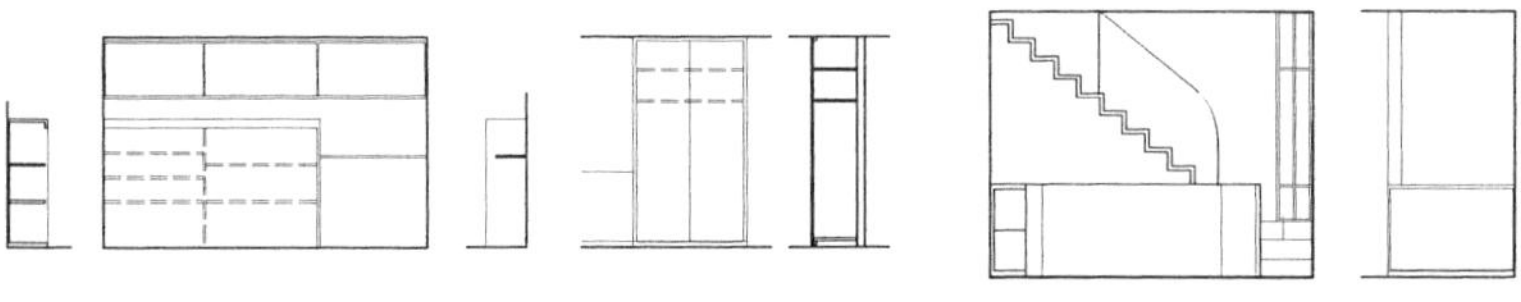

れば、公道側立面はむしろ滑らかなひとつのものとして現れている。これは立面が一枚の壁であること、高低差のあるヴォリュームが内部階段を表す斜線によってつなげられていること、図書室部分の開口を中心に対称的な縦長窓が配されていることによるものだろう。つまり、テルニジアン邸においてコルビュジエはさまざまな水準での対比表現を用いているが、それはひたすら対比を強調する方向に重ねられるのではなく、対比を浮かび上がらせるための全体性の強化、あるいは全体を描き出すための対比の強化という表裏一体のものとして考えられているのである。こうした両義的な思考は、公道側壁面の中央に二〇センチほど突出している図書室部分の壁について別のところでコルビュジエが述べている次の一文とよく照合する。

「注意を惹きつけ、空間を強力に占有するためには、まず完全形態でできた基本となる面が必要である。次に前後運動を導く突出物や空洞をいくつか与えることによって、その表面の一様性を強調する必要がある」　ル・コルビュジエ[*5]

スタジオとアトリエの内部はスケールにより対比づけられている。スタジオは一層の部屋であり、その平面形状からしてもアトリエと比較してはるかに気積は小さいが、展開図に見られるように壁に沿って家具のスケールが空間を支配し、微小の変更をも許さぬような緊密なバランスの上に成り立っている。アトリエは二層の高さを持つシトロアン型の構成で家具的なスケールの造作はほとんどない。このふたつのヴォリュームをつなぐ入口ゾーンにすべての設備と居室部分が集約されている。入口ホールが食堂であり、居間はアトリエと兼用され、二階の通路は図書室となっており、あらゆる部分の空間が二重の機能

前頁上／断面図
前頁中／模型写真
前頁下／展開図　家具のスケール

*5 『プレシジョン』（前掲）

アトリエ部分の模型写真

的な意味を負わされている。廊下のみに当てられた面積が殆どない反面、すべての居室は人がそこを通過することを前提としている。つまり、この住宅には基本的には行き止まりがなく、個人のための場所はふたつのヴォリュームを巡る動きの途中にできる澱みのような所にある。スタジオとアトリエのスケールの対比は異なるふたつの場を用意するためではなく、こうした流動的な内部のシークエンスに起伏を与えるものとして考えられたのではないか*6。

テルニジアン邸に見られる豊富でしかも透明な建築的秩序は、形態、立面構成、スケールといったさまざまな水準での対比が重層し相乗効果を生みながらも、それが特徴ある断片をつくりだすことに向かうのではなく、むしろもう一方に用意された全体性、連続性を描き出すという、緊密な関係の網目によるものであろう。

*6　ピーター・セラニィは〈シトロアン住宅はもともと独り者の芸術家のためにデザインされた、ひとつのスタジオ住居であり、……ル・コルビュジエは住宅を僧院の個室、それも理想的には独り者のために創られた個室であるとみなし、彼の芸術や心のなかでは、ひとつの小さくて微妙な社会集団としての家族が無視されていたのは、注視されねばならない〉と述べている。Peter Serenigi "Le Corbusier, Fourier, and The Monastery of Ema" Le Corbusier in Perspective, p.103

# 2-4

# PETITE VILLA AU BORD DU LAC LÉMAN 1925

## 母の家

## 敷地、環境

スイスのレマン湖畔に建つ「小さな家」(一九二五)は、ル・コルビュジエの両親の家である。この家についてコルビュジエは、「長年にわたって働き続けた私の両親の、老後の安らぎの日々を想定したものである」といっている。架構は中空型コンクリートブロック造[*1]、床面積は七〇平方メートル[*2]、地階の酒蔵と後に増築された二階を入れても、九六平方メートルといった規模である。

敷地の選定に先だって設計が進められ、この家の図面をポケットに入れて、南に湖とアルプスへの景観が望める、思い通りのこの敷地を探しあてたのだという[*3]。もうひとつ、ル・コルビュジエが強調するのは、この作品が小さな〈住む機械〉として設計されたということである。住まいの各機能に最小の面積をあて、それらが一体となって空間として有効に活用できるように、効果的に組織することを〈機械〉というのだが、なんと部品に分節されて見えていない機械なのだろう。少しも機械らしくはない。一日の人間の動きを想像して重ねてみて、初めてその作用や効果が納得できる類のものである。

以前から私は、このル・コルビュジエの「小さな家」が〈白の時代〉の初期住宅の中で特異な位置を占めているように感じてきた。ル・コルビュジエは母との会話[*4]の中で、この住宅についてこんなふうにいっている。

「私は一生でひとつの住宅をつくった……奥様、この『小さな家』をつくるのは、都市計画と同じくらい大切だった……」

この住宅には、建築の方法上の試みが先鋭な形で展開するときの概念的なものの先走り

*1　建設当初は白いプラスター仕上げであったが、湖水面の昇降による地下室(ワイン庫)の浮力で外壁にクラックが生じたため、屋上にエキスパンションジョイントをつけ、ファサードの外壁材を亜鉛引き鉄板シングルにした。

*2　ル・コルビュジエはなぜか総床面積を六〇平方メートルといっている。

*3　この敷地は一〇〇年程前にできた埋め立て地であり、湿気をもっている。

*4　ビデオ『ル・コルビュジエ1』(J・バルザック監督／建築都市ワークショップ)

は微塵も見られない。いつの時代にも共通するような、住まいに対する人間の常識があまねく行き渡っている。シトロアン型ともドミノの原理とももっとも離れた地点でつつましく完成した住宅であるが、住まいのエッセンスが結晶した作品であるといえる。

周辺の自然は、決定的な住まいの構成要素として計画の中に統合されている。もっぱら、自然のゆったりとした営みのなかでの建築という側面をル・コルビュジエは強調してみせる。日常の生活のなかでのありふれた願望とか、思いがけない調和、ささやかな期待を含んでスイスの湖畔に停泊した白い箱。〈住む機械〉とはいったい何を意味するのか。

## 窓としての住宅

全体は一七・六メートル×四メートル（内法寸法）の輪郭の中にすべての機能が収まっている。総面積の小ささに比べて、長い距離の感覚を体験できるような矩形の平面の比例。四メートルの幅は、平面が成り立つギリギリの寸法である。湖の水平線に向かって中央に穿たれた水平の開口と、水平線を強調する窓台とカーテンボックスのふたつの面の流れは、この住宅の内部全体を統合する役目を果たしている。クック邸（一九二七）やガルシュの住宅（一九二七）などにも「近代建築の五つの要点」のひとつである横長の窓は用いられているが、いずれも背後の室内にある程度の奥行きがあり、また内部にオブジェ的な形態要素やシトロアン型の断面を持つなどして、窓は数ある要素のひとつにしかすぎない。母の家の横長窓の背後は単なる浅い直方体の箱である。ここでは窓は支配的な要素となっており、むしろ建築全体が風景を切り取る窓であるかのようだ。しかし、ここにはコルビュジエ特有のある両義的な修辞が仕組まれている。というのは、自然に向かって開かれる、このいわば「窓としての住宅」は周囲に決して溶け込まない内部の強い完結性を前提としているからだ。

配置図

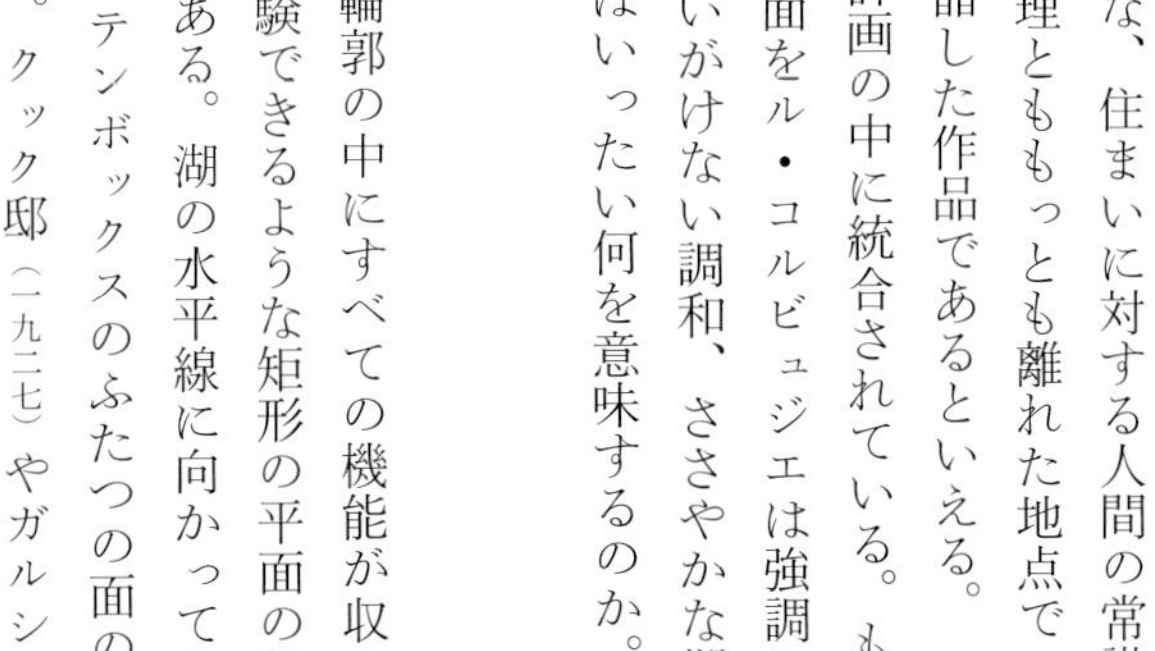

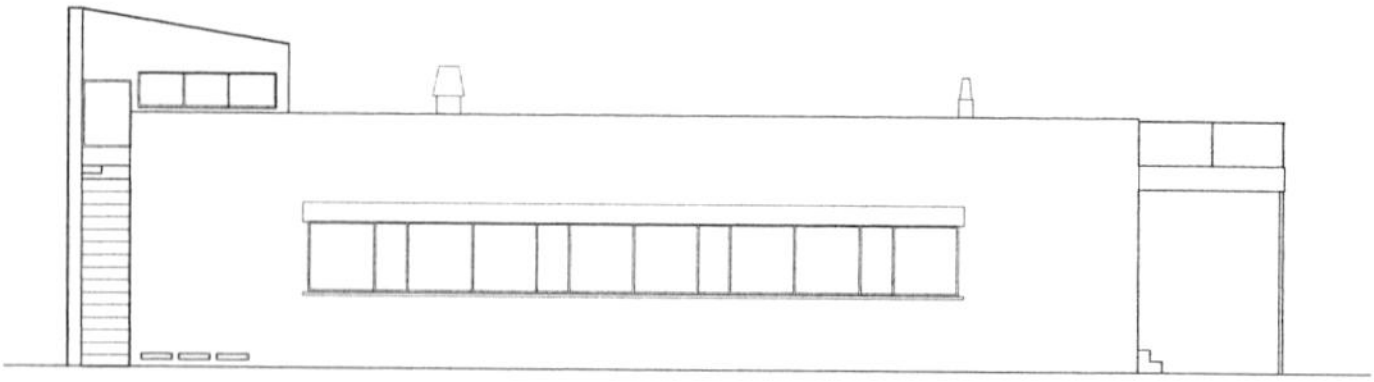

1/250

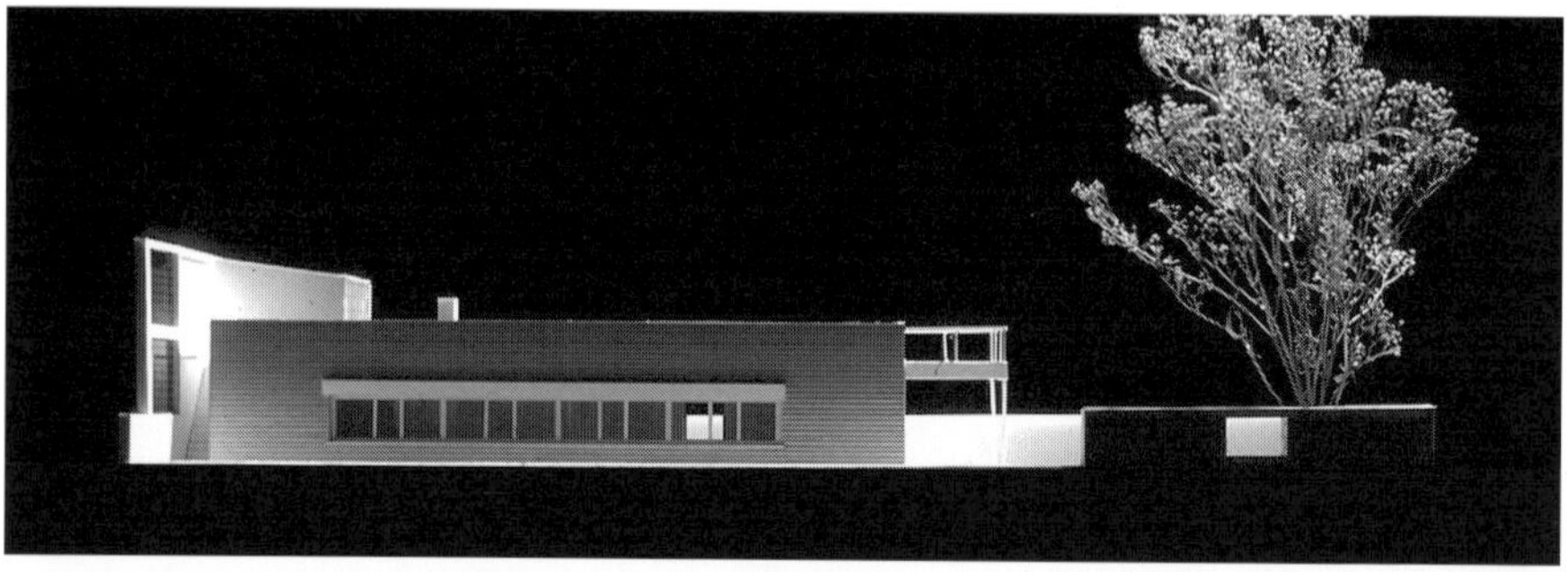

上／南立面図および模型写真
下／北立面図および模型写真

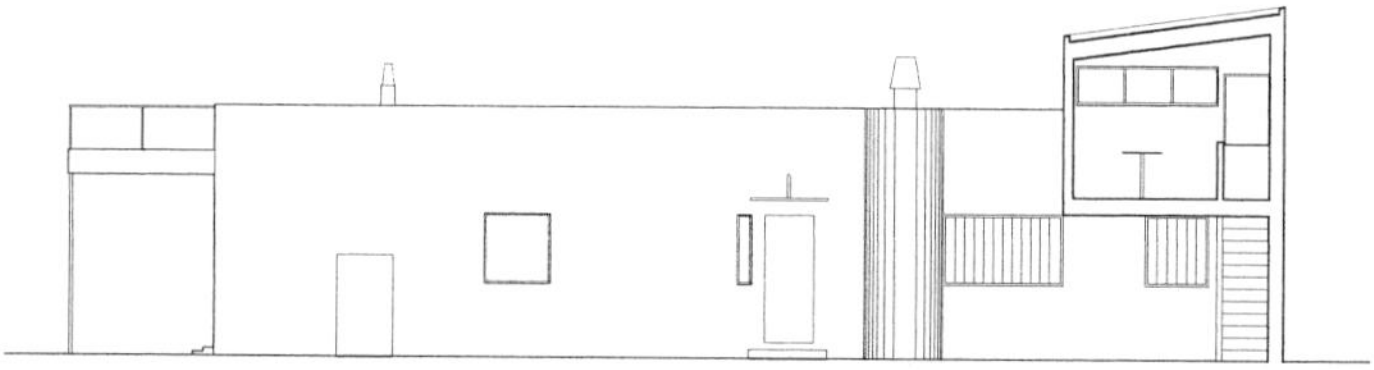

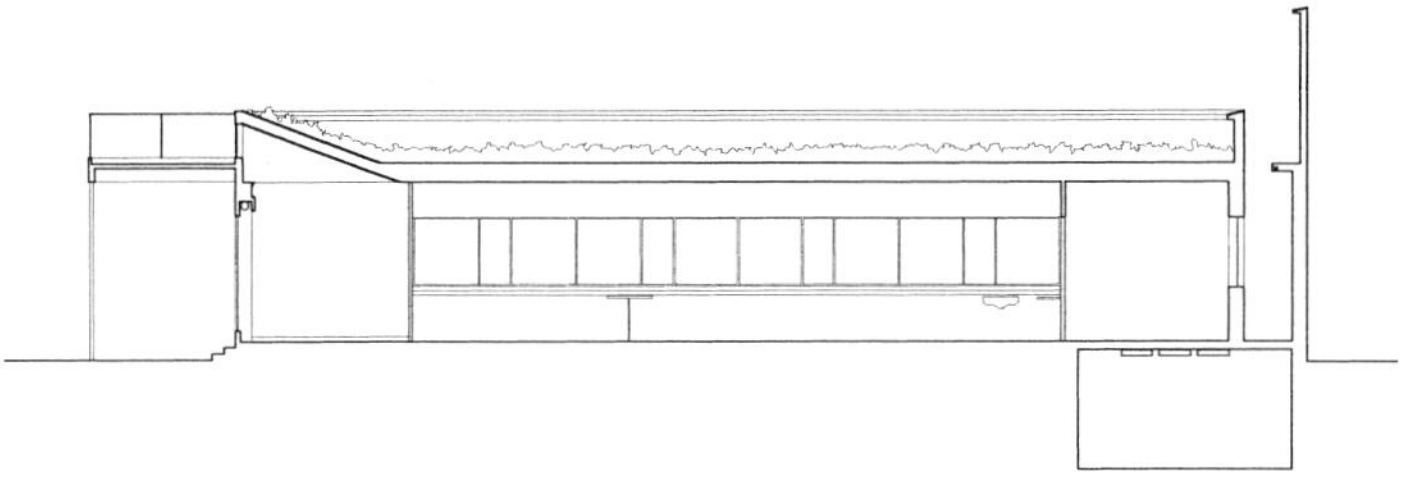

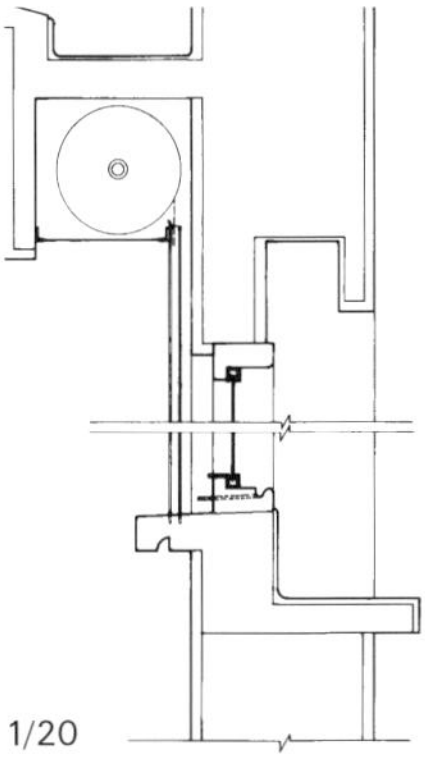

1/20

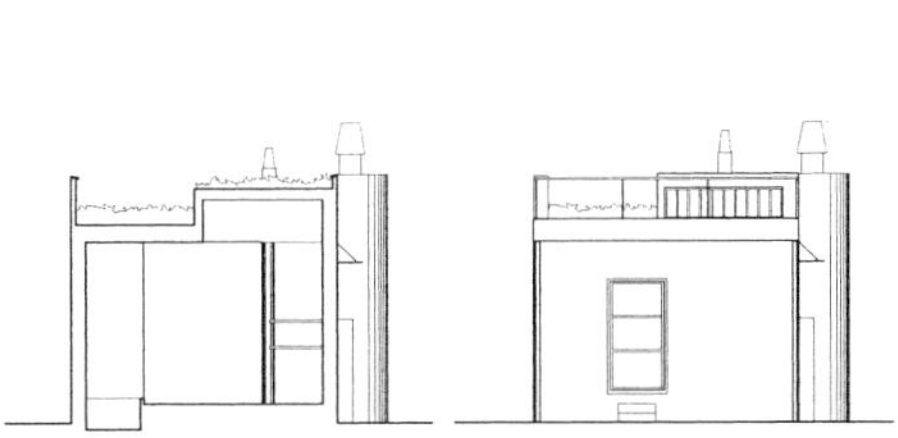

上／断面図
中／窓よりレマン湖を望む
下／東立断面図および窓廻り詳細

風景を取り入れる方法は、日本の住宅の縁側のそれとは異なり、決してそのまま外部と連続するという類のものではない。予備室からテラスに出る扉や階段に見られるように、母の家における内外の動線的な関係は室内から小さなハッチを開けて庭へ「降り立つ」という表現がふさわしい。同じく小規模なサン・クルーの住宅（一九三五）が多様な素材から構成され、ヴォールト屋根を架けることにより建築の輪郭の完結性を弱めているのに対し、母の家は一様に白のプラスター（現在は亜鉛引き鉄板シングル）で仕上げられ、全体は細長い箱という完結性の強い形態となっている。それぞれの住宅の機能を果たす部分の空間は極小に切り詰められ箱の中に収められているが、常に外部の風景〈目の覚めるような……光、空間、この湖と山々〉へと結びつけられ、開かれる。コルビュジエの住宅の中でこれほど窓が決定的な要素となっている作品はないだろう。

　白い箱という形態は必然的に建築と敷地の間に強い対比をつくりだす。周囲に巡らされた塀と建物の間にある庭は、内部と不連続な、それ自身で起伏のあるニュアンスを伴いつつ連続する空間である。湖岸沿いの大きな桐の木の下のテーブルと塀に穿たれた風景を切り取る開口。入口脇の光庭の奥のピロティ下の避難所（アブリ：サヴォア邸二階の屋上庭園の脇にも同じようなものがあった）。北側の道路沿いの斜めの塀と建物の間に生み出される空間、広／狭の場の偏差を操る技巧。犬ののぞき穴。緑の庭を囲い込むような北側の塀のパラペットの扱い。外壁の四メートルの妻壁に面する、覆われたテラス。正面の古い護岸沿いの何もない砂利道と緑の屋上庭園へと至る端部の階段廻り。それぞれに意味づけられた小さな庭の連続は、もうひとつの緑あふれる屋外の居間とも呼べる生活の場である。外部は「もうひとつの居間」であるが決して「内部の居間の延長」ではなく、白い箱の完結性を損なうことはない。この建築と敷地の対比は同じくテルニジアン邸（一九二六）にも見られる。

湖畔に停泊した白い箱。そして南側の開口がなければ全くの閉じた箱になるであろう、この船のような住宅にコルビュジエはレマン湖とアルプスの山々を映す一一メートルの水

上／東側テラス廻り
中／模型写真　敷地に置かれた箱
下／北側エントランス廻り

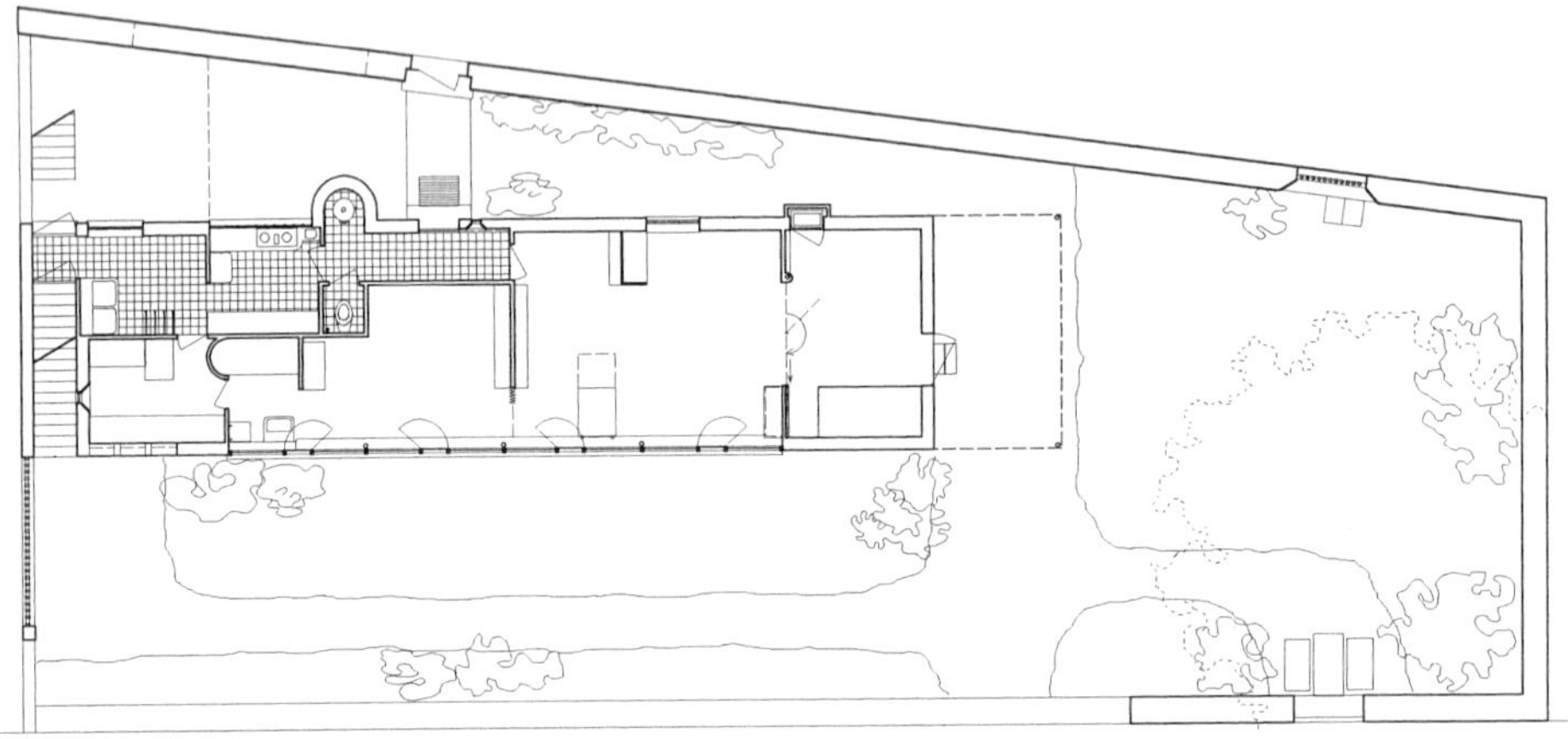

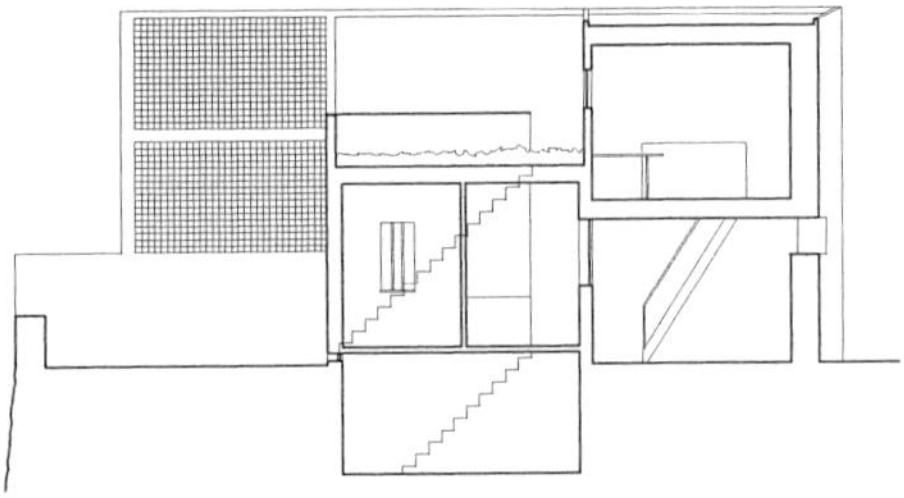

右頁／一階平面図、断面図
左頁／二階平面図、北側擁壁立面図

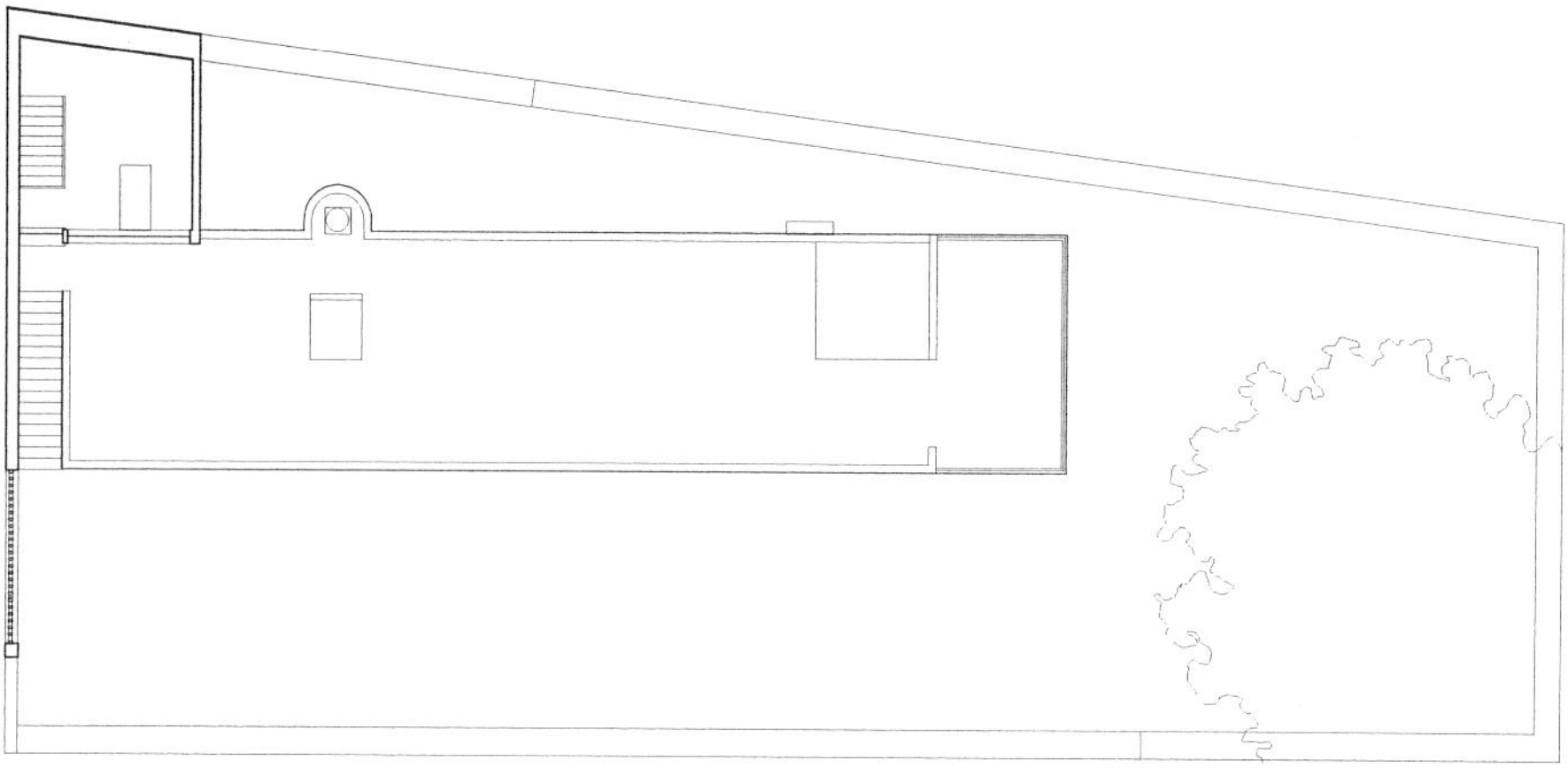

1/250

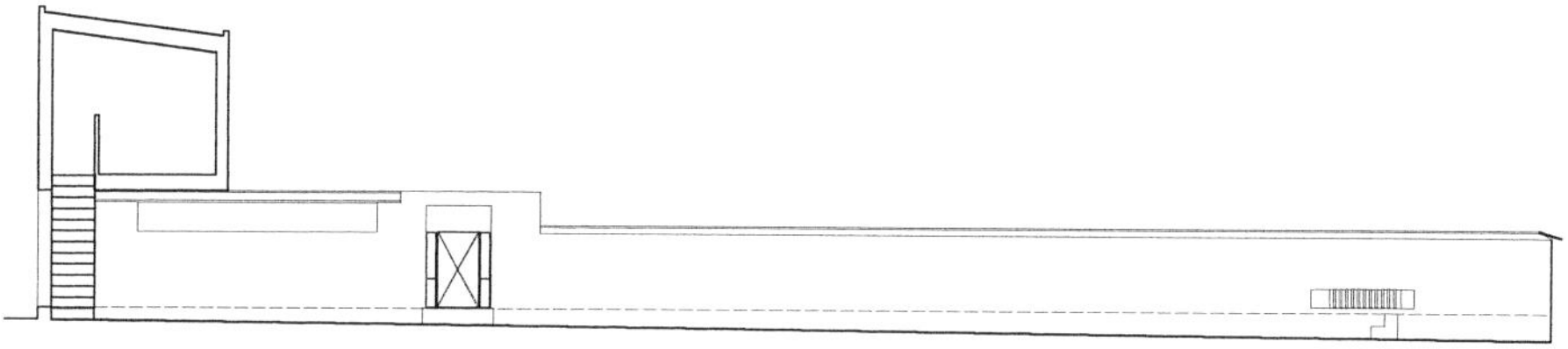

写真／上段右よりアブリ、エントランス、ボイラー煙突、北側擁壁、増築部分内観。下段右より犬ののぞき穴、塀に穿たれた窓とテーブル、屋上庭園、屋上への階段

平の開口を穿つ。レマン湖に面する建築の配置、横長のプロポーション、接地のしかた、閉じた箱としての完結性……あらゆる水準での修辞が、水平の窓を穿つことの効果を最大にすべく収束してゆく。それによって住宅自体が窓となるのだ。〈機械〉というメタファーを考えれば、「カメラ」といった方が適当かもしれない。

## 効率よく作動する〈住宅 - 機械〉

小さな殻の中に保護されながら、外部の広い自然の風景の変化を眺めるというのは、住まいのエロス、住まう根源的な喜びのひとつである。そしてまた、この住まいの内部の寸法は、階段幅にしても通路幅にしても一〇センチ間違うと使えなくなるようなギリギリの人間的尺度が用いられ、そうした喜びとの協和音を響かせている。住宅はあたかも蝸牛《かたつむり》の殻のようにつくられている。人間の動きと結びつき人間の尺度がすべてを決定づけている。最小の面積で最大の空間の広がりを呼び寄せる方法。効率よく作動する〈住宅 - 機械〉。

住宅が機械であること、それは次のようなことではないか。住宅に、さまざまな異なった性質の空間が分布し、組み合わされており、生活する人間によって運転される機械であるということ。内部から外部へ、歩くと気分の抑揚があり、空間のさまざまな表情にふれることができる空間の構成物。

「小さな家」は、ラ・ロッシュ／ジャンヌレ邸（一九二三）やガルシュの住宅（一九二七）と同じ時期に計画されているが、異なった方向性を持っている。ここではキュビズムの美学より、一九一一年の東方旅行の「手帖2」に見られるような、さまざまな場所の異なった民族の住まいの文化がみせる調和や細やかな工夫に関する豊かな記述が参照されたように見える。例えば、次のようなブカレストの村々の家屋の観察[*5]。

*5 『ル・コルビュジエの手帖2』（前掲）p.103

「屋根は迫り出して柱で支えられ、回廊の庇となっている。中央の扉を開けば台所に通じ、その軸線上に石灰乳で真っ白に塗ったパン焼き窯がある。側面のふたつの窓が対に配置され、このファサード全体は、目もくらむほど驚異的な輝きを帯びている。漆喰は輝くばかりに白く……」

村々の住まいの環境が見せるような生活にまつわる空間の多様性を、単純な幾何学構成の中に導きこもうとしている。それはパッラーディオのヴィラ＝〈住宅－宮殿〉ではない。卓越した建築物の文化ではなく、むしろもっと当たり前の平凡な事物の中に見出した発見の数々である。

細やかな具体的な工夫（食堂に朝の光を呼びこむ天窓、窓回り、シャッターやカーテンボックスの詳細等）は、この「小さな家」に数多く盛り込まれている。建設後三〇年も経った一九五四年、ル・コルビュジエは自らこの住宅に関して童話の本のような一冊の書物を出版している*6。近代建築の方法的な実験を繰り返し、その建築の革命の行方を見定めながら、やはりもっと自然に近い世界に引き返そうとした一九五四年というそのときに、機械の美学から離れたこの「小さな家」が〈白の時代〉の住宅の中でクローズアップされてきたのは偶然ではない。

あるところでル・コルビュジエは、住宅は幸福を生む場所であるとも述べている。住宅が機械めいているのではなく、住まいが〈地上の楽園〉であるように、人間によって運転される空間の機械。さまざまな異なった性質の空間の集合体。屋上庭園やピロティといった近代建築の五原則も、ドミノの架構の床面の上に異なった性質の空間を付着させてゆく手法であったのだと思われる。地上の楽園は、この小さな箱の中に心をこめて、もっとも密度高く構成されたように見える。この住宅が最小限の宮殿として、幸福を生む場所となるのは、保護されたなかでそうした空間の多様性を味わうことができるからに違いない。

ブカレストの家屋スケッチ

*6『小さな家』森田一敏訳、集文社、一九八〇

# 2-5

## VILLA À GARCHES 1927

ガルシュの住宅

## 敷地・環境

パリのサン・ラザール駅から乗り換えてサン・クルーに向かう。ガルシュ・マルヌ・ラ・クケットの駅を降りると、草の香りがして風が吹いてくる。パリから二〇キロほど離れ、区画割りされた閑静な高級別荘地が続いている。二〇分ほど歩くと、南北方向に細長い、広大な敷地の中央に建物は配されている。敷地の入口正面に立つと、ちょっと息をのむような美しさがある。奥に見える緑のなかの白い大きな壁面。パッラーディオのヴィラの正面が自然に想起される。

依頼主は、当時フランスの大臣の前夫人であるガブリエル・ドゥ・モンジーと画商と画家のスタイン夫妻であり、二軒の住まいである。日本ではあまり考えられないことだが、アパートメントの伝統があるからだろうか。案の発展を辿ると、二世帯の間の部屋の分割のさまざまな方式の展開、テラスを介しての部屋の陣取りが行われている。玄関ホール、図書室＋リビング、テラスなどは最終的にモンジー夫人の側に移っており、地主でもある彼女が主導する施主であったようだ。ウィリアム・カーティスの著書によると、三人は豪華な郊外の別荘で何度か楽しい夏を過ごした経験を持ち、またスタイン夫妻はフィレンツェ郊外のルネッサンス様式のヴィラに何度も足を運んでいた。ル・コルビュジエは、そうした依頼主の文化的な背景を知っていたのだという。ガルシュの住宅は工費の面でも余裕があったらしく、他のパリの住宅と比べると、ひとまわり大きな寸法が選ばれている。

一九二六年五月のスケッチの出発を見ると、ガレージと庭師の部屋が一階にあり、ピアノ・ノービレ（二階）にサロンや食堂や厨房が、三階に個室が左右対称に配され、四階は屋上庭園のあるふたつのシトロアンモデルの結合であり、明らかに西欧の郊外の独立するヴィラの伝統を引き受け、そこから出発しようとしている。パッラーディオの精神を賞賛しな

次頁上／模型写真　北側立面
次頁中／配置図
次頁右下／アプローチより見る
次頁左下／パッラーディオのラ・マルコンテンタ

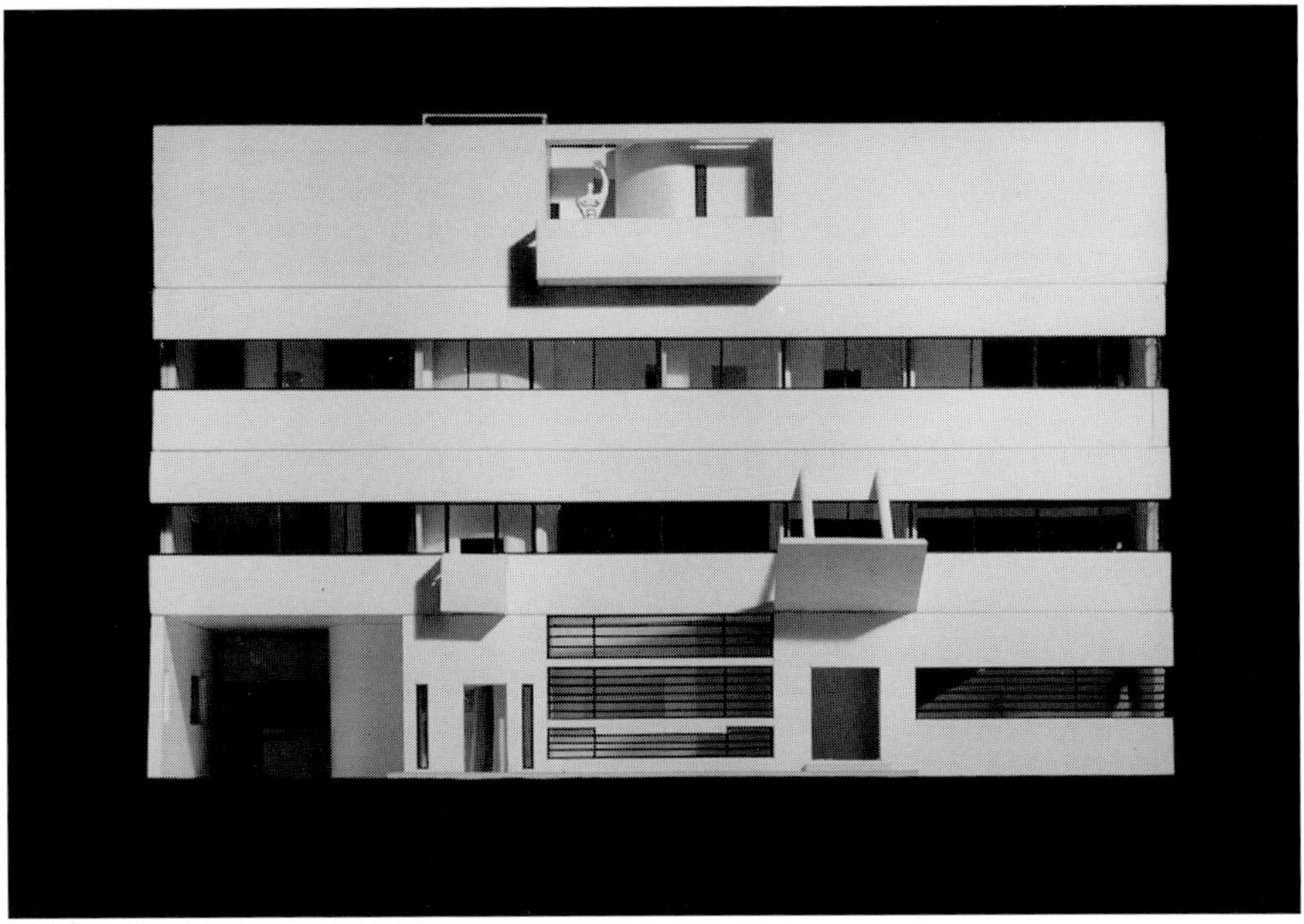

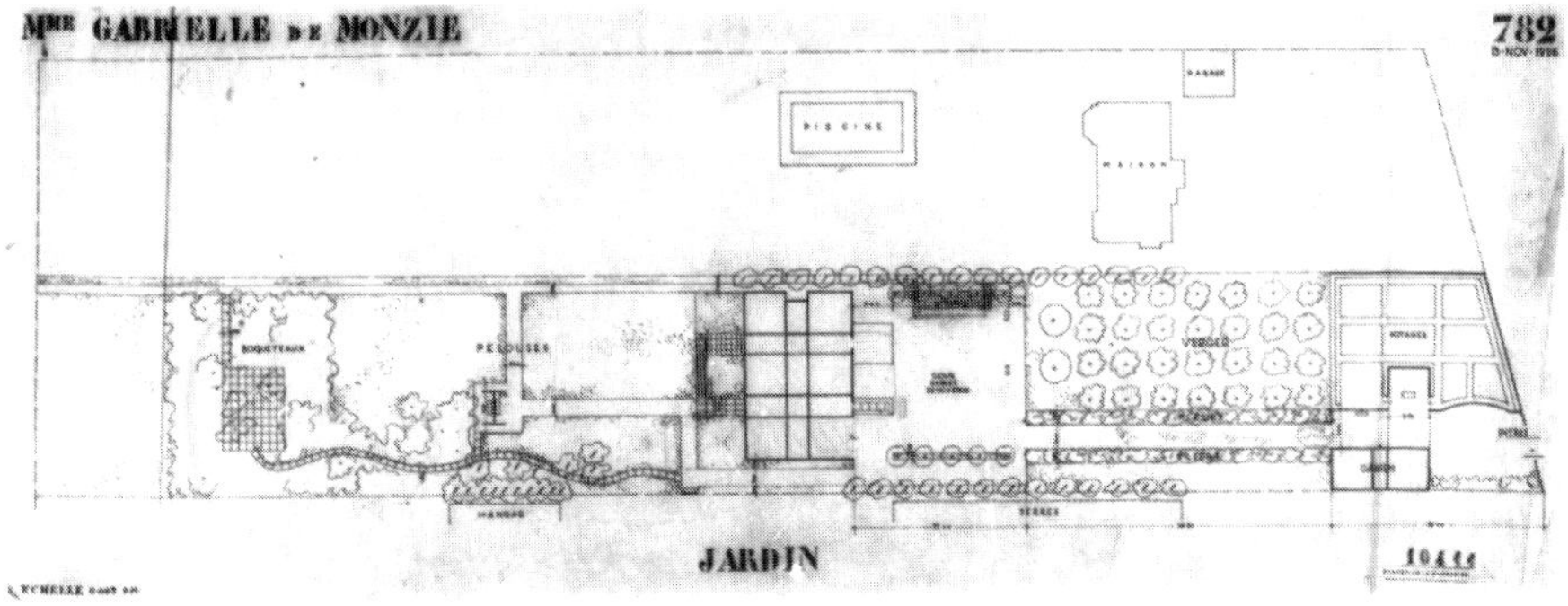
Mme GABRIELLE DE MONZIE
782
PISCINE
MAISON
PELOUSES
VERGER
JARDIN

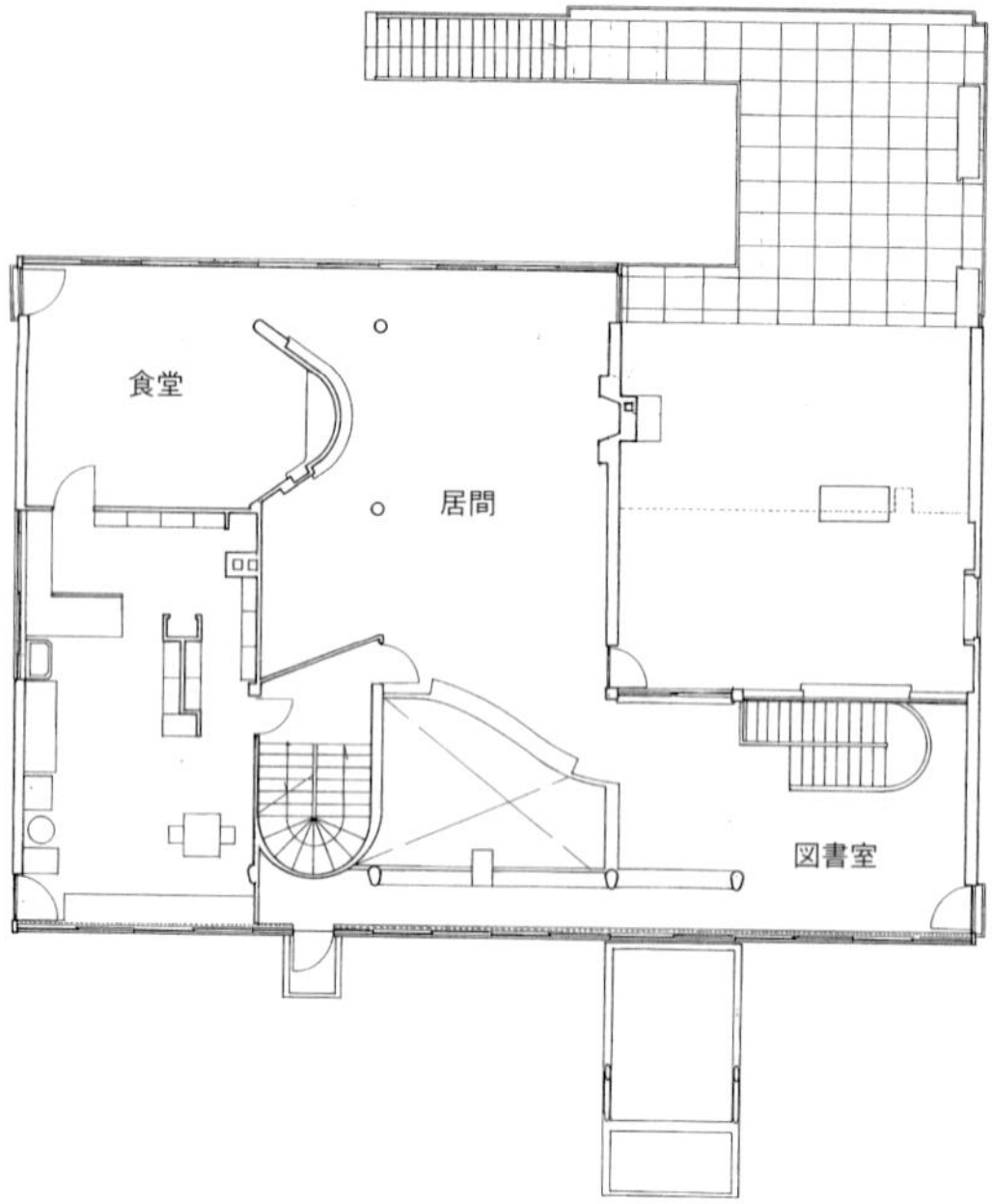


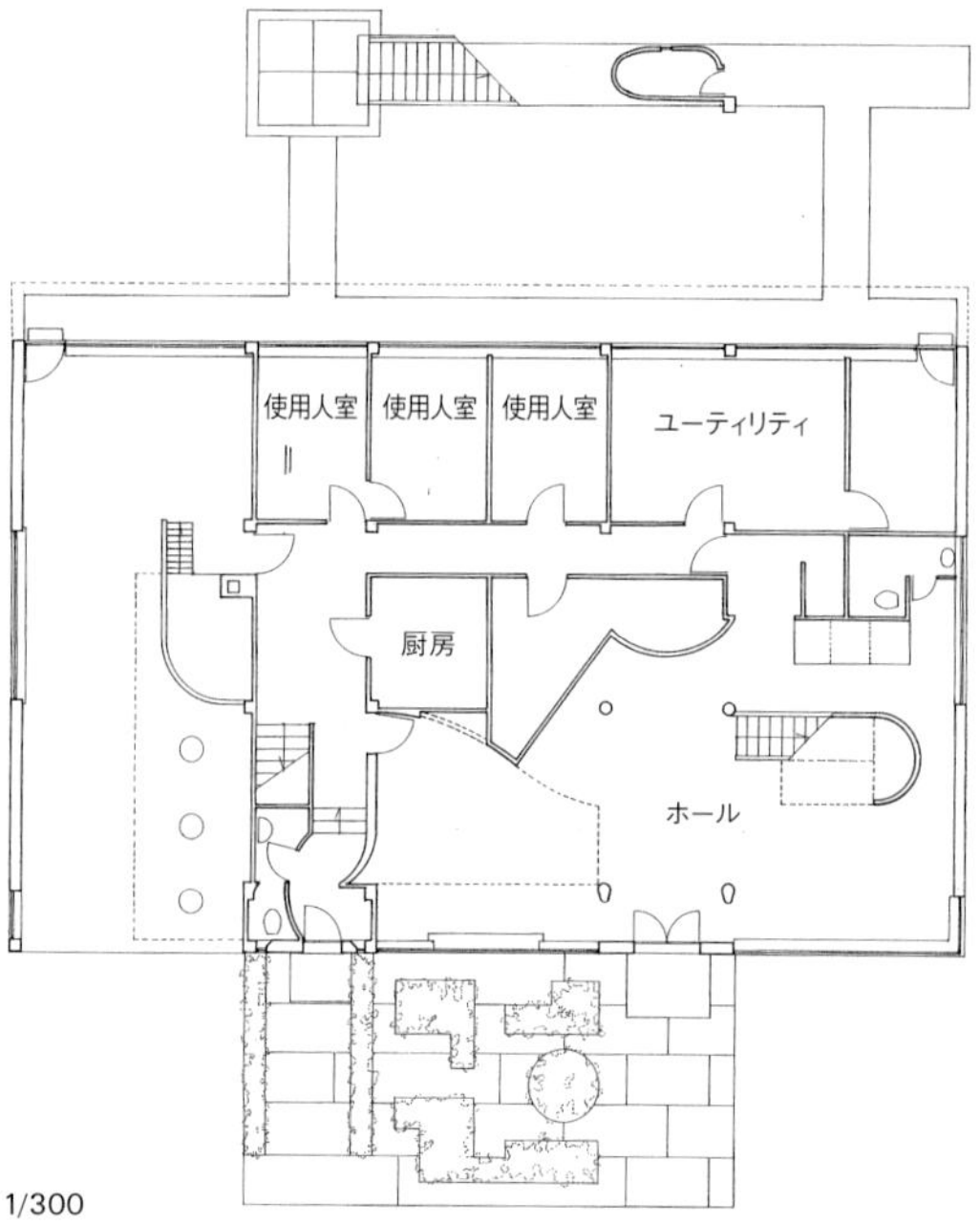


1/300

上／二階平面図
下／一階平面図

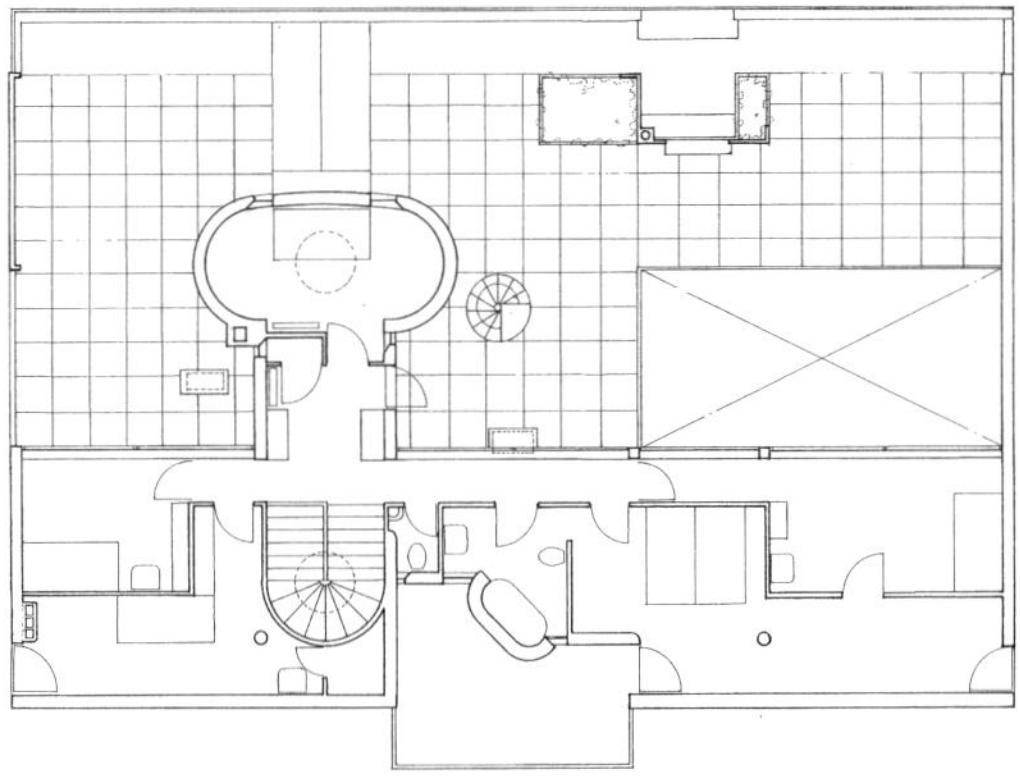

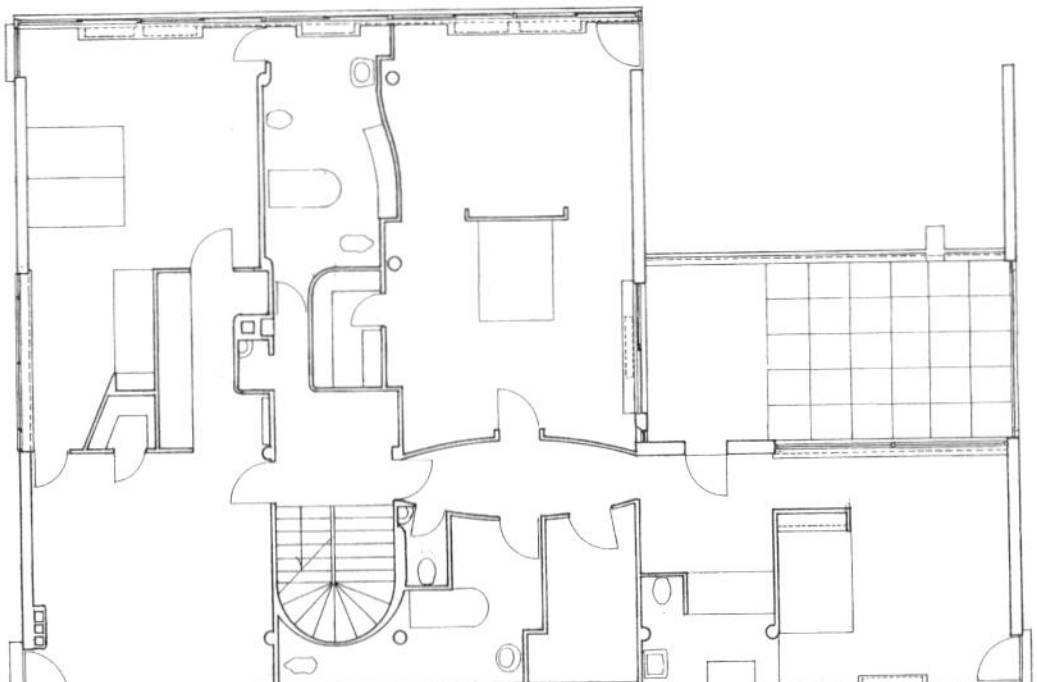

上／模型写真　北西より俯瞰
中／四階平面図
下／三階平面図

がら、それを現代的な感覚によって変形しようとしている。

## 直交軸とヴォリュームの変形

コルビュジエは一九二九年に描かれたスケッチでガルシュの住宅について次のような注釈をつけている。「キューブ構成、純粋直方体（Prisme Pur）、非常に難しい方法（精神的満足）」。

仮にコルビュジエの住宅作品を共通に見るひとつの尺度、論ずる論じ方を探そうとするならば、純粋直方体はその中核の位置を占めるだろう。それはラ・ロッシュ／ジャンヌレ邸（一九二三）の分析でも解明されたように、ほとんど設計作業という一連の思考の操作過程が発生する以前にあったのではないかと思われる。

コルビュジエは、このガルシュで用いられた構成法を〈非常に難しい〉といっている。一九一五年の「ドミノ」型住宅（荷重支持の壁をなくし四周に窓をめぐらしている）に始まり、一九二一年以来のシトロアン型住宅の追求において、そのすべてが乾いた直方体の箱であったにもかかわらず、この住宅の構成が何故〈非常に難し〉かったのか。これは二〇・七メートル×一四メートル×一二・八メートルの純粋直方体とその内部に散乱する断片的な形態要素の検討へと導く。

この平面を支える構造は極めて規則的に分配され直交する軸を形成している[1]。入口から入り、吹抜けによって暗示された二階のメインフロアーに達するまでの道行きにこの格子構造の規則性を裏切るような斜め方向の空間の運動が潜んでいる。例えば一階のエントランスホールは、この住宅のそうした相剋の縮図である。玄関の両脇にあり対をなす二本の柱と奥の二本の柱、この四本の柱は内部へ直進する方向と一致している。しかしそれは他の構成要素によって裏付けられず、四五度方向の壁が侵入する。正面の円弧はその力を

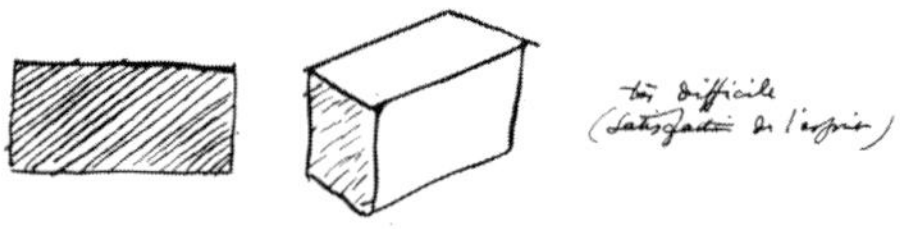

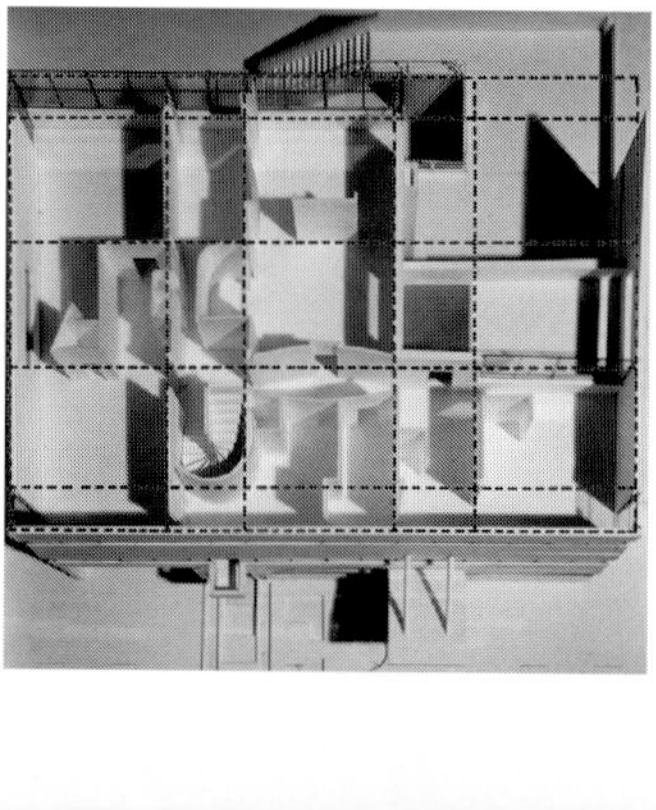

右／第二の構成法　キューブ構成、純粋直方体
左／構造の直交する軸
次頁／柱と曲面、対角方向の動き

受けとめ、はねかえし、曲面にくるまれた折返し階段に乗せる役目を果たす。このホールには三つの使用人室、ユーティリティ、厨房、ガレージ、二階へ上るふたつの階段があり、動線的な接続が集中している。上述した経路はそのうちのひとつにしか過ぎないが、そこにヴォリュームの変形が集中的にあてがわれ、同時に他の経路はヴォリュームの背後に隠される。直交グリッドと斜めの壁および曲面の対比という操作は特定の経路を際立たせるものとして採用されている。

このように動きの方向はこの建築の構造を受け持つ直交の軸と常に分離し、形態はもっぱら運動の方向に従って集められている。二階においては、斜めの動きが〈層状に縦方向にならべられたこの建物の内部空間*2〉を突き抜けてゆく。吹抜け、食堂、サービス階段の曲面はこの斜めの経路に集中的に現れる。コーリン・ロウがガルシュで指摘する〈奥行きのある空間の存在がたえず浅い空間の暗示と対立すること、そして、そこにつくり出された緊迫感〉は、経験的には奥行きとは結びつかない層状の空間が、それゆえに変形操作がほどこされたこの斜めの貫通経路を浮かび上がらせるという両義性を指しているのだろう。二階の居間は食堂、図書室、厨房、テラスに接続するが、一階エントランスホールと同様に動線が集中する場所というよりは変形のほどこされた線状の経路というかたちで現象する。三階平面の廊下から浴室に至るL字型の経路についても同様なことがいえる。

*1 コーリン・ロウはこの分配の規則をパッラーディオのラ・マルコンテンタと比較して、そのプラン構成上の類似点を詳細に論じている。(The Mathematics of the Ideal Villa: Palladio and Le Corbusier Compared, AR101, March 1947, pp101-4)

*2 Transparency: PERSPECTA No.8 Colin Rowe

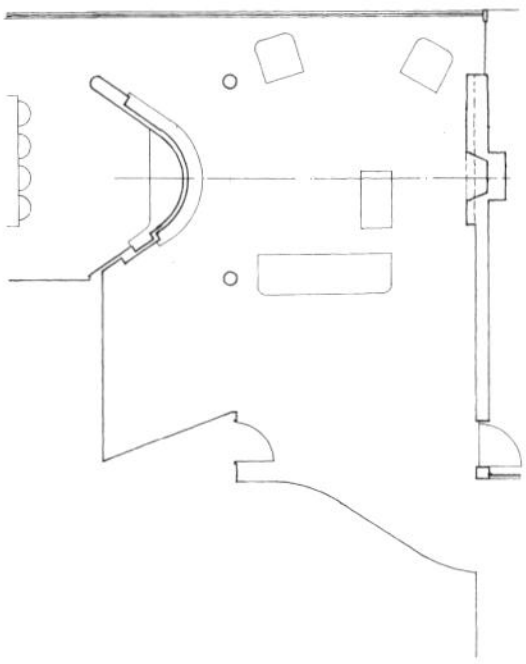

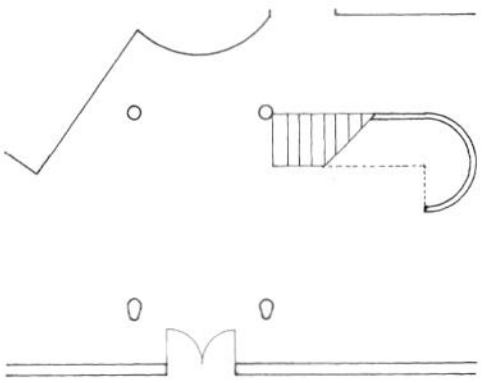

1/300

上／東西断面図
下／模型写真　南立面
次頁上／バルコニー部分断面図
次頁中／エントランス側より見上げる
次頁下／エントランスホール吹抜け部分断面図

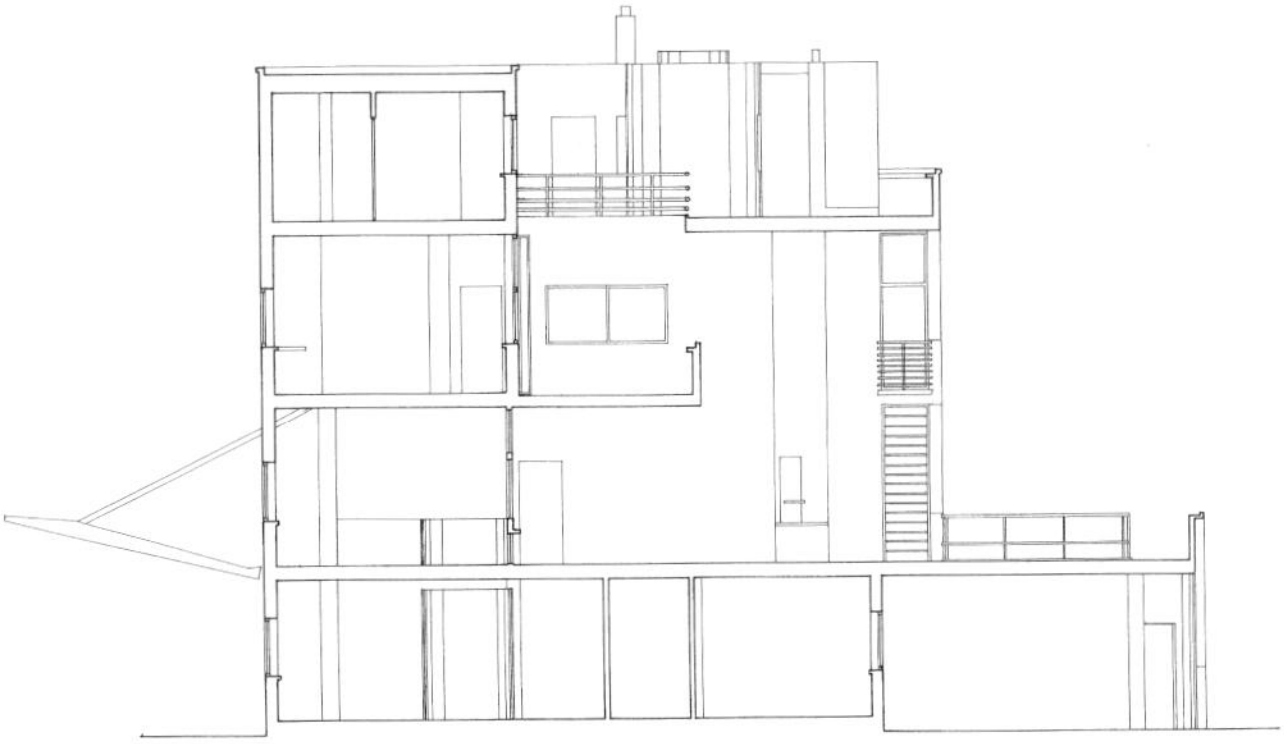

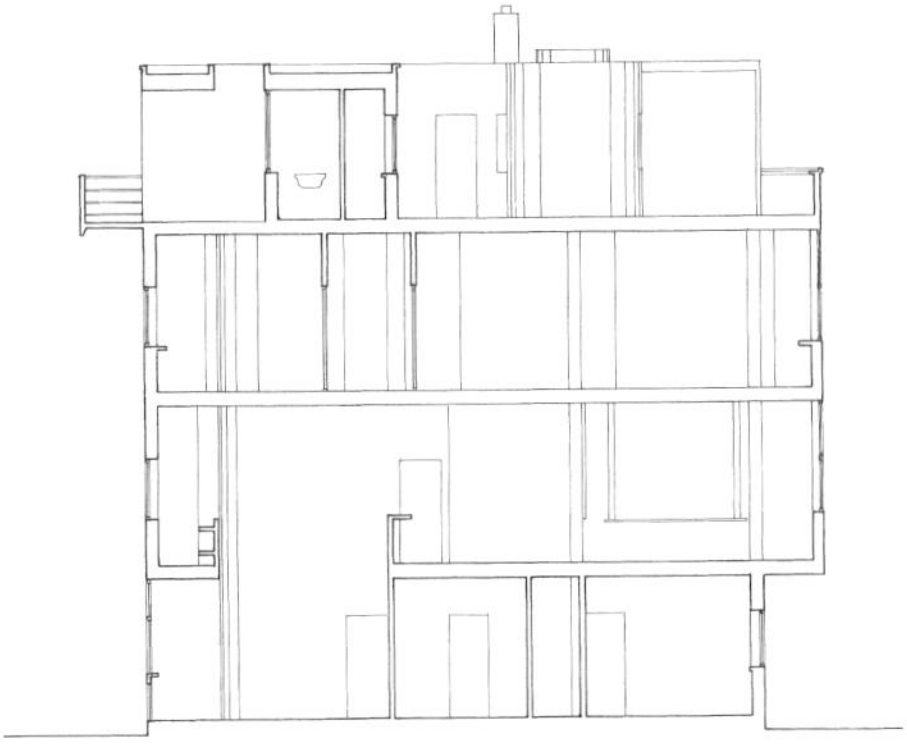

## 平面の幾何学的秩序

ここまでガルシュの住宅にみられる対比表現について述べてきたが、では強調される経路以外の各室を含む全体はどのように構成されているのか。ラ・ロッシュ／ジャンヌレ邸において個々の操作をつなぐ幾何学的な秩序について述べたが、ガルシュにおいても建築全体にゆきわたる秩序は機能的な要求にも現象的な対比効果にも直結しない幾何学的な比例である。試みに一、二階平面図に長方形の対角線を引いてみると、主要な部屋、主要な点はそれと直角に交わるいくつかの直線によって定められていることを発見する。黄金分割比に近い（16:10）。立面を指標線によって構成したとコルビュジエは説明しているが、平面においても、ひそかに設計の過程でこの斜線が導入され、それをたよりに決断していたのではないか。この矩形の内部でいくつもの相似三角形ができるような平面形の選択とそれらの精妙な分割にそれは起因しているのだが、それにしても一六：一一（約3:2）のこのキューブの縦横の平面形の比例が、すべての部屋、すべての決定に浸透し、貫徹しているのは驚くべきことに思われる。つまりこの住宅の内部には見えない対角線の構成原理が存在し、各形態までもそれに従って集められていることがわかる。

見えない対角線によって各室の比例を決定し、部分的にその対角線に沿うようにヴォリュームを変形する。動線的な中心はそうして矩形の輪郭を崩され、ソリッドとヴォイドの交代として各形態要素の関係性が漲る線的な経路となる。一見、人の移動経路のみに従属して置かれたような形態要素は平面を覆う比例の秩序との整合性が執拗に追求されている。それがこの構成を〈非常に難しい〉と書かせた理由ではないかと思われる。コーリン・ロウはラ・マルコンテンタでは垂直方向の自由度（free section）、ガルシュでは水平方向の自由度（free plan）によってキューブが課す内部空間の決定的な制約を調整したと述べているが、

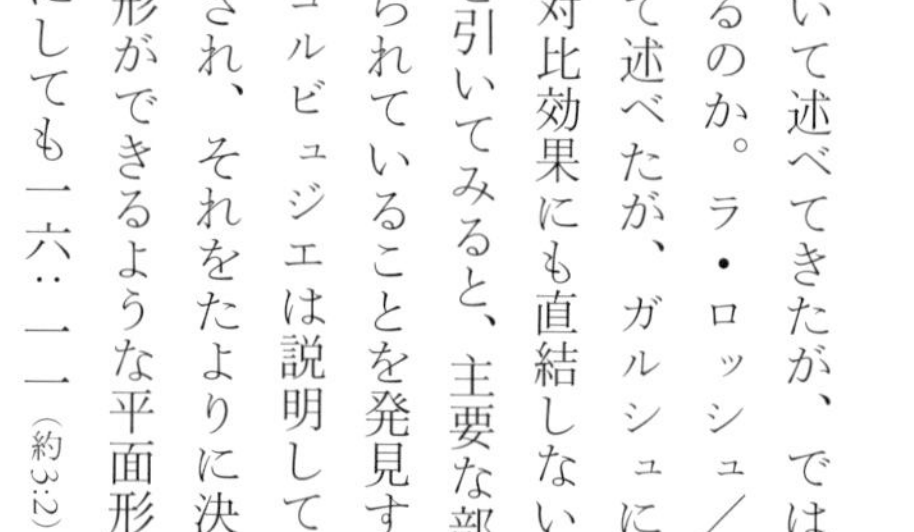


右／立面の指標線
次頁上／二階平面の指標線
次頁下／一階平面の指標線

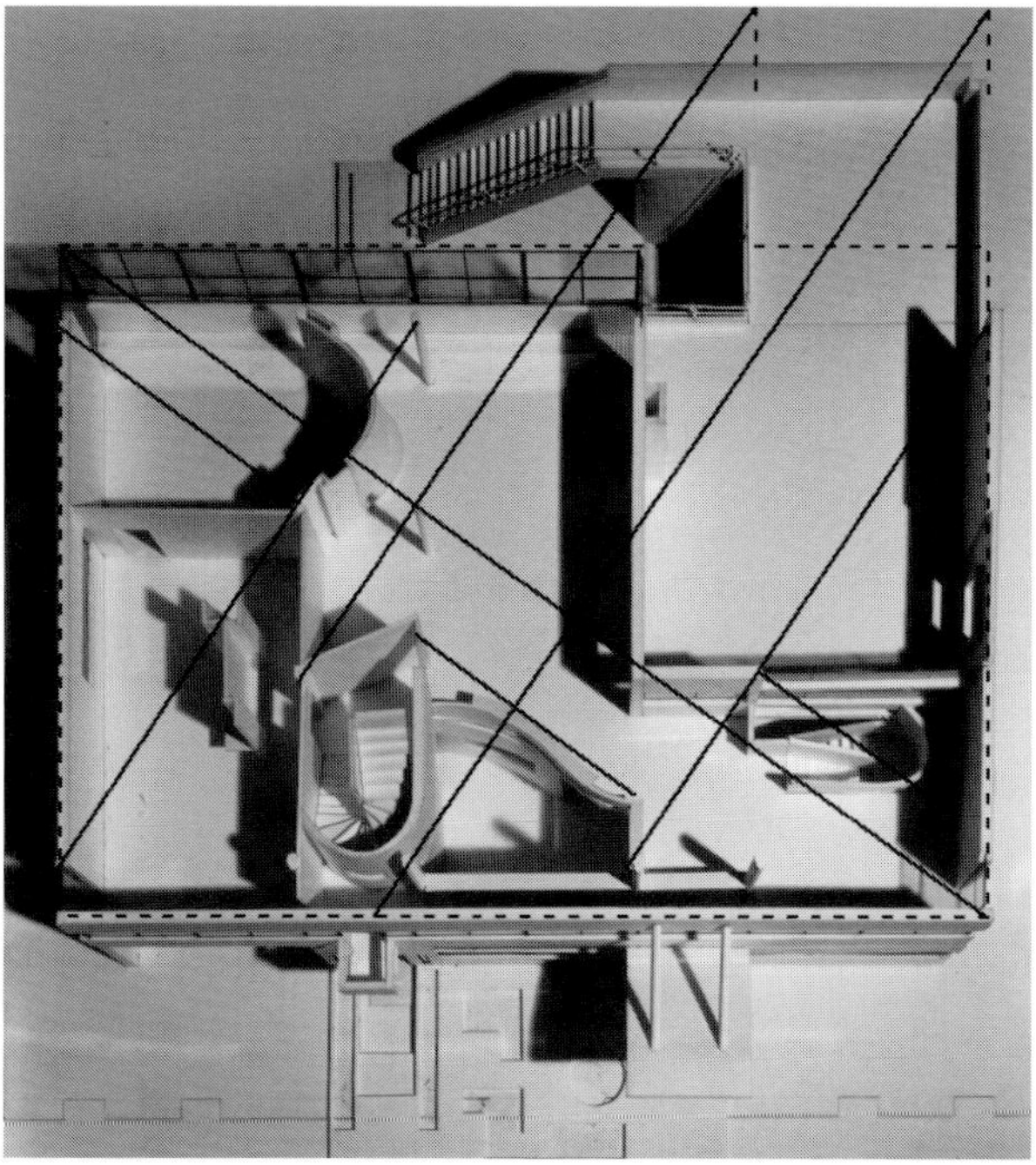

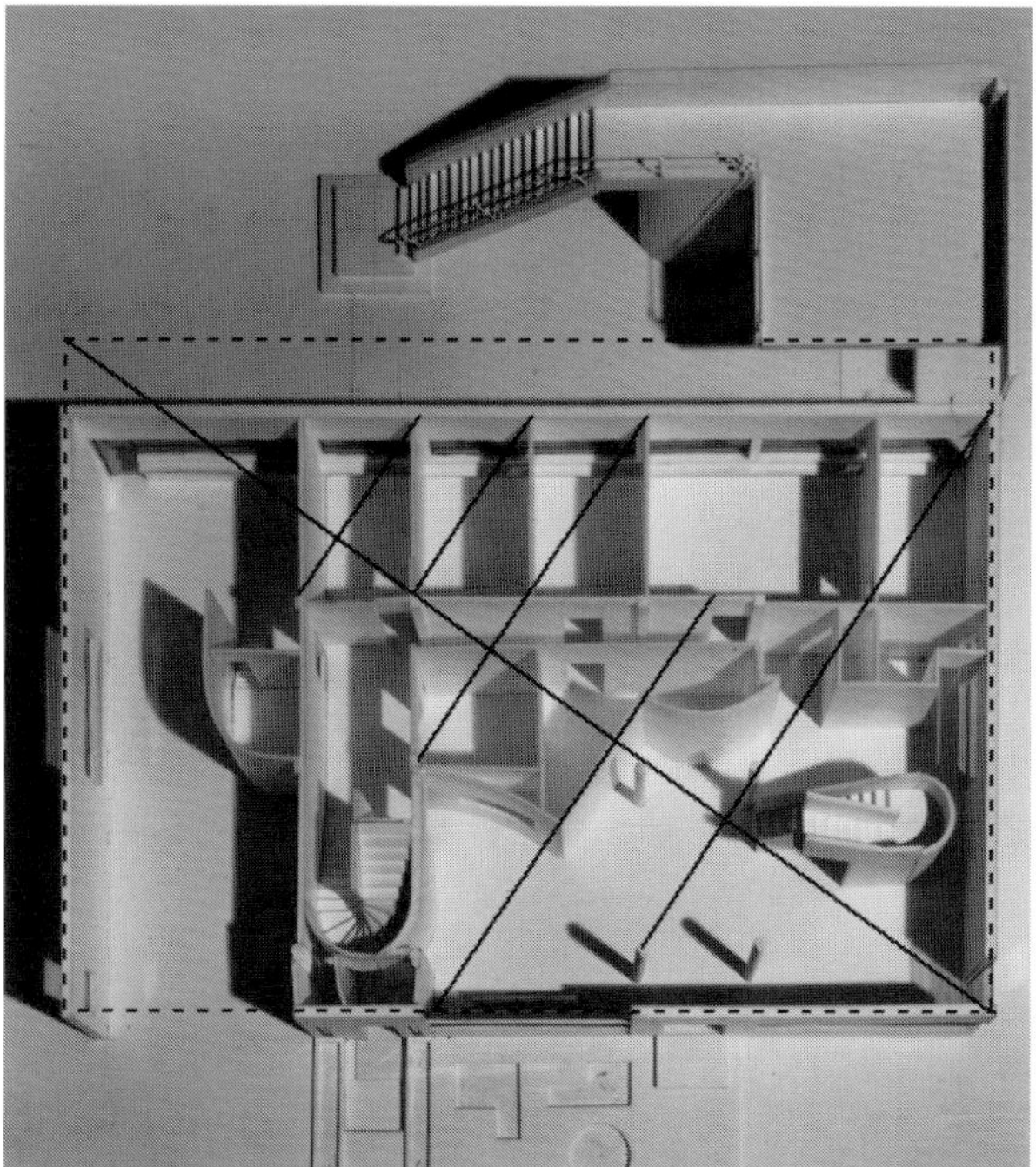

この指摘は興味深い[*1]。

　一九二六年七月には、変化のある〈建築的散策路《プロムナード》〉に対するもっと放恣な欲求が定着された案が途中でスタディされている。敷地を前庭とプライベートな後庭に分ける正面のファサードの構成は、やはり伝統的なヴィラに則って同じであるが、前庭を囲むL型の配置をなし、一階から屋上に至る外部の大胆な建築的プロムナードが計画されている。内部は均等のグリッドの配分で生彩を欠くが、全作品集にも同時にスケッチが掲載されている。施主からクレームがついて、現案のような簡潔な静まり返ったファサードの中に複雑な動きは閉じ込められたのである。

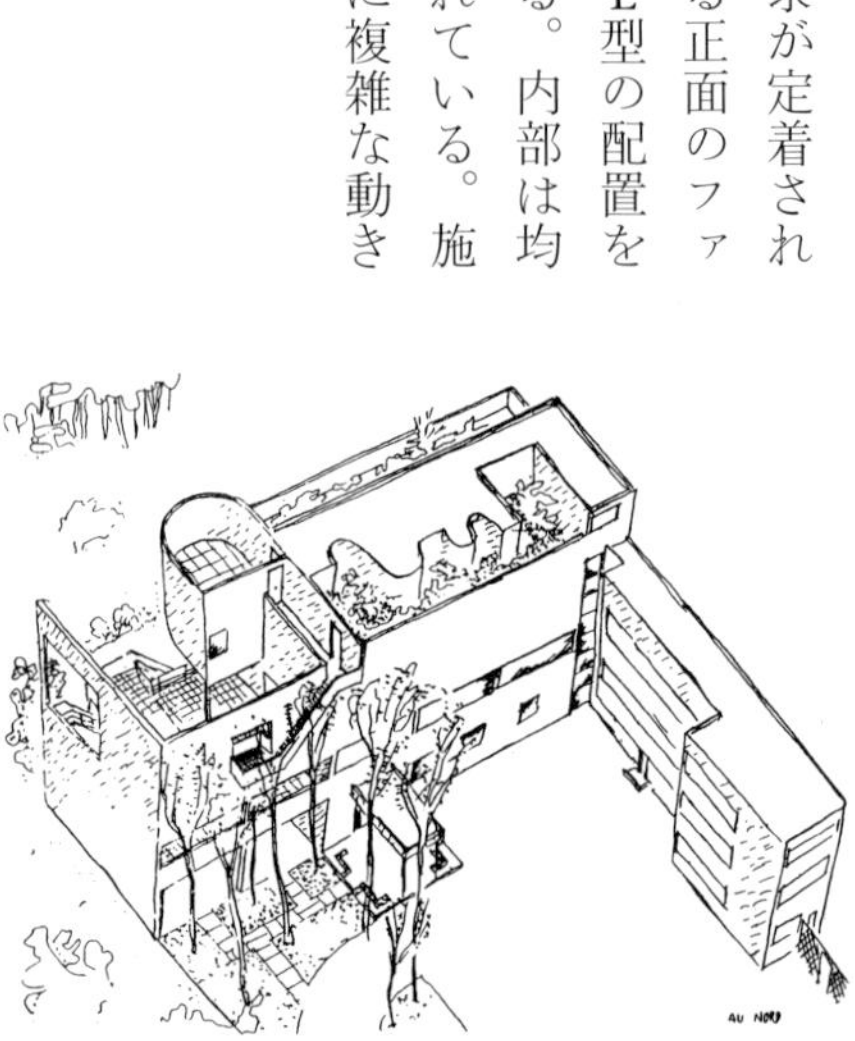

一九二六年の初期スケッチ

# 2-6

## WEISSENHOF À STUTTGART 1927

シュツットガルトの住宅

シュツットガルトの住宅は、一九二〇年のプロジェクトに始まり、一九二二年の第二案を経て、一連の展開をみせるシトロアン住宅が具体的に実現されたものである。一九二七年のドイツ工作連盟の第二回展覧会に提案されたという性格上、〈標準〉として、住み手の特殊な条件は排除され、コルビュジエの住宅に対する考え方が極めて概念的な形で結晶したものである。

このヴァイゼンホーフ・ジードルングでコルビュジエはこのほかに全く異なったタイプの住宅を提案している。それは主要な部屋をすべて二階に持つもので、必要に応じて可動間仕切りによって分割され、ある時は居間に、ある時は寝室になるというアイデアに基づくものであった[*1]。それはドミノの原理の特質である床による強い水平面の強制を受けいれたうえで、生活の諸相にさまざまな仕切の機構上の工夫によって応えたものである。

一方このシトロアン型の住宅は、コルビュジエ特有のもので、ドミノの原理から派生しながら、その水平の層構成を打ち破り、垂直の運動を導入することによって、機能上要求される各部屋を建築として一体化し、そこに居住空間の原型として定着させようとしたものである。

この建築的構成は、コルビュジエにとってふたつの初源的な形態構造といえる純粋直方体(Prisme Pur)とドミノの原理を結合したものである。そこに生まれたシトロアン型の構成はコルビュジエの建築にみられる二次的な形態構造であり、変形操作を受け、あるいは複雑に組み合わされ、あるものはスケールを増幅することによって、ほとんどすべての作品のなかに潜在することになるのである。

ここではシュツットガルトの住宅作品をつうじて、そうした形態構造の特質を一九二〇年の第一案、一九二二年の第二案を参照しながら検討することにする。

*1　このアイデアはルシェールの住宅(一九二九)、農地の再組織(一九三四)などの最小限住宅のプロジェクトに受け継がれてゆくが、同じくこの展覧会に建てられたミースの考え方にむしろ接近しているというべきであろう。

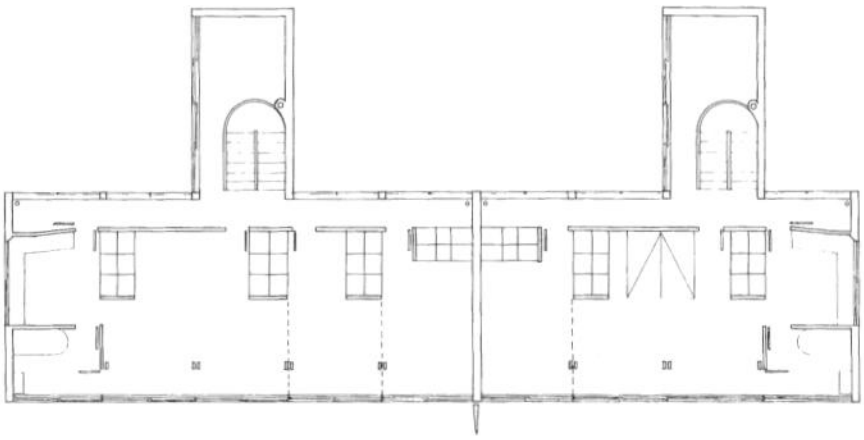

左/可動間仕切りを持つタイプの二階平面図および外観写真

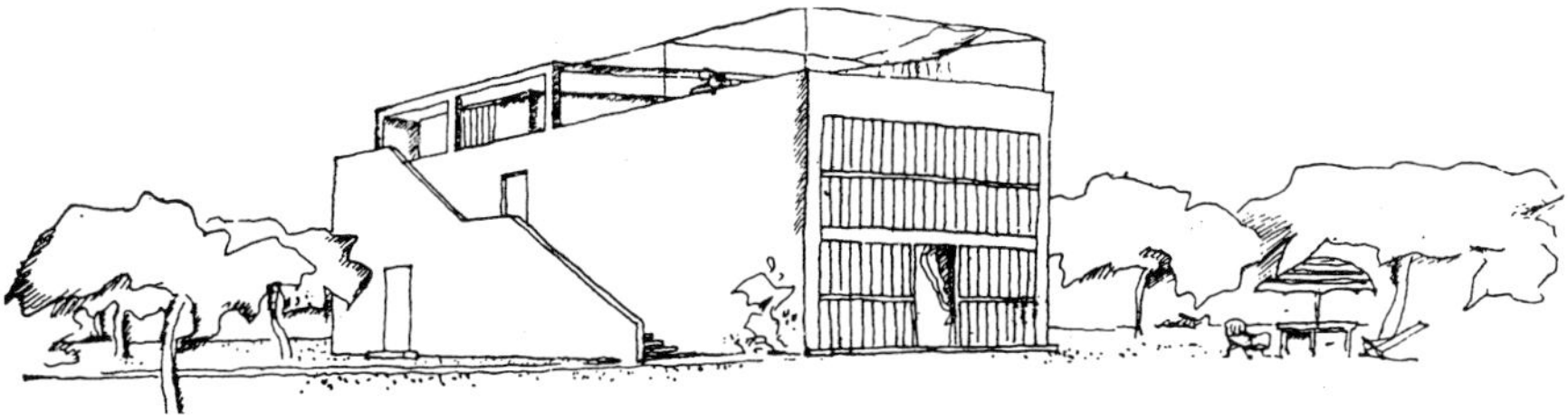

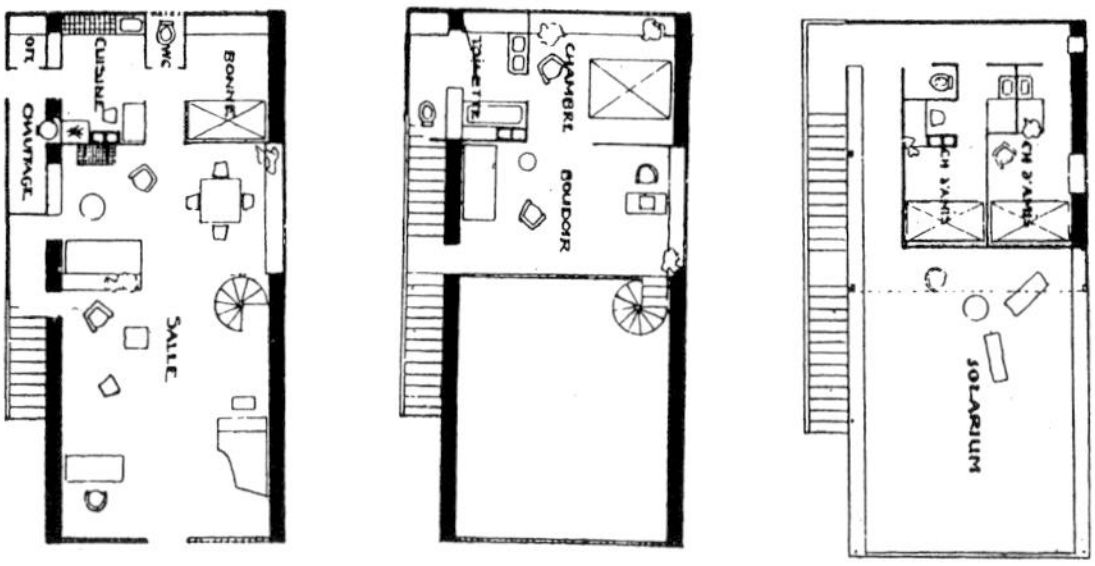


上／シトロアン型住宅第一案（一九二〇）
パースおよび各階平面図
下／シトロアン型住宅第二案（一九二二）
模型写真および各階平面図

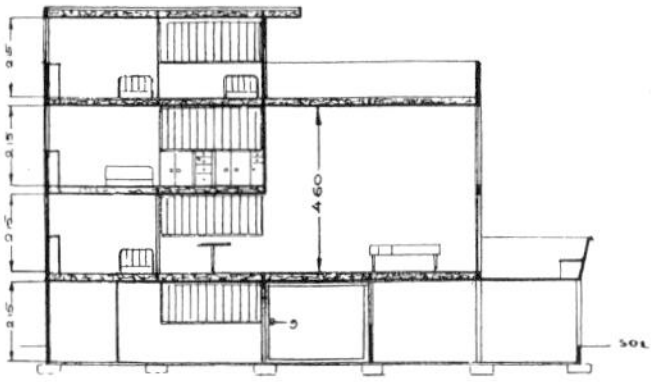


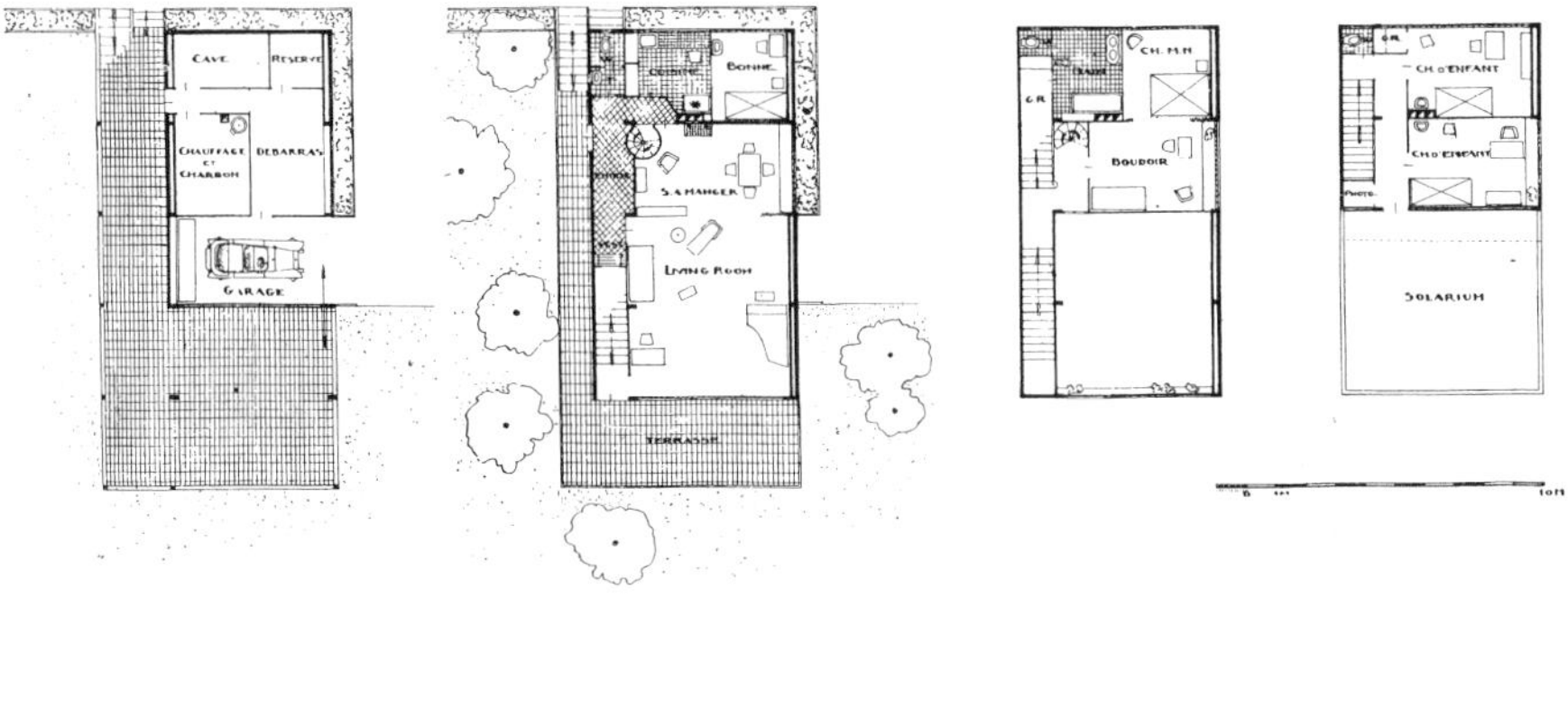

シュツットガルト住宅の構成上の特徴は次のふたつに要約される。

（a）住宅の外殻が箱—純粋直方体（Prisme Pur）として構想されている。

（b）箱内部のドミノの床は打ち抜かれ、それによって低く落ちついた部分から開けた空間への移動が構成の主題となっている。

（a）住宅の外殻が箱—純粋直方体（Prisme Pur）として構想されている。

一九二〇年の第一案から一九二二年の第二案を経て一九二七年の実現案に至る過程は、ドミノの床が純粋直方体（Prisme Pur）に統合してゆく過程として辿ることができる。まず第一の段階（一九二〇‐二二）では、直方体の外部に付加し、建物内部の動きを表示していた階段が内部にとりこまれたが、それによって、必然的に地上に置かれた全くの閉鎖的な箱となってしまう印象を避けるために、直方体全体は一階分持ちあげられプラットフォームの上に載り、外部の動きをうけいれる。

第二段階（一九二二‐二七）では、それは屋上庭園の処理に表れる。箱の上に突き出した異物は水平の枠を回すことによって純粋直方体（Prisme Pur）の輪郭の中に消去される。また前面のプラットフォームを取り除くことによって空中に持ち上げられた箱としての印象を強調する。屋上の突出は平面からみると第一案では、箱の内部の動線から隔離され子供部屋としてドミノのフレームのなかにおずおずと付加されているが、第二案では断面に示されるように一辺五メートルの立方体として、五メートル×五メートル×一〇メートルの箱に貫入した様相を示している。実現案をみるとそれは、全体の直方体の囲いのなかに隠されてしまっているが、一九二八年のカルタージュの住宅の第一案[*2]では同一の断面形式の上に垂直の囲いに代わって水平の屋根板を架けることにより全体の輪郭を保ちながら、相互の

*2　2-7 カルタージュの住宅を参照

外観写真

貫入を明瞭に表現している*3。

　南北方向の開放面と東西方向の閉鎖面の極端な対比、レンガで積まれた独立壁を示すように穿たれた北面の端部のスリット、一階のピロティ、それと全く無縁な曲面の壁、それらはこの作品初期案に見られる純粋直方体構成の鈍重さを除去している。高さ七・八メートル、六・八メートル×一一・二五メートルというほぼ黄金比の平面による約六〇〇立方メートルがこの居住空間の容量である。南面の開口からサッシュ寸法に至るまでが直交線（トラセディアゴナル）によって決定したとコルビュジエ自身述べているが、そうした数学の支配を受けながらこのシュツットガルトの住宅は敷地から独立し、いかなる土地にも適応できる〈標準〉としての普遍性が提示されている*4。その純粋直方体（Prisme Pur）は組み合わされ、エスプリ・ヌーヴォー館（一九二五）を経て、ユニテ・ダビダシオンに結実する集合住居の一住居単位の原型をなしている。

　次に箱の断面に目を移すと、その内部は箱の印象をそこなういかなる固定的な壁も取り払われていることに気付く。二階の居間と食堂のつながりをみても、また三階の夫婦寝室、居間、浴室を仕切る壁が天井まで届いていないことからも、これは基本的に一室空間であり、機能のとらえ方は極めてルーズである。ヴァイゼンホーフ・ジードルングの当時の他の機能主義者、例えばJ・J・P・アウトやヴァルター・グロピウスのプランと比較するとその相違は明瞭である。後者の住宅は一部屋－一機能の対応が厳密であり、専用部分を広くとるために共用部分を切り詰めているが、コルビュジエの場合は共用部分の比率が極めて高く、各部屋は箱のなかに溶解している。他の機能主義者が部屋の段階の同一性（アイデンティティ）を強調し、全体の形態をゆるく許容する時、コルビュジエは純粋直方体によって一住宅の段階での同一性を強調しながら、部屋での分断を弱めるといった方策をとるのであ

*3　こうした純粋直方体（Prisme Pur）の徹底した追求は、ロースの住宅、例えばルーファー邸等にも見られるところだが、コルビュジエの場合は内部の建築的ヴォリュームを確保するだけの軽快な被膜として扱われている。

*4　実際のヴァイゼンホーフジードルングの敷地の中では東西の完全な閉鎖面が不自然に見えたとしても、それがコートダジュールの海辺（左図）やパリの郊外に配置される時、理解されるのである。

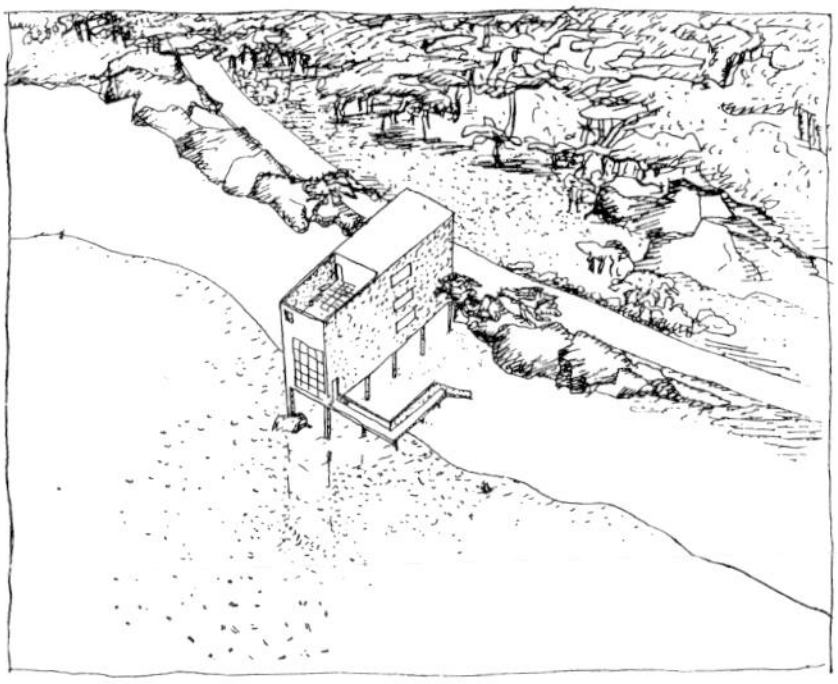

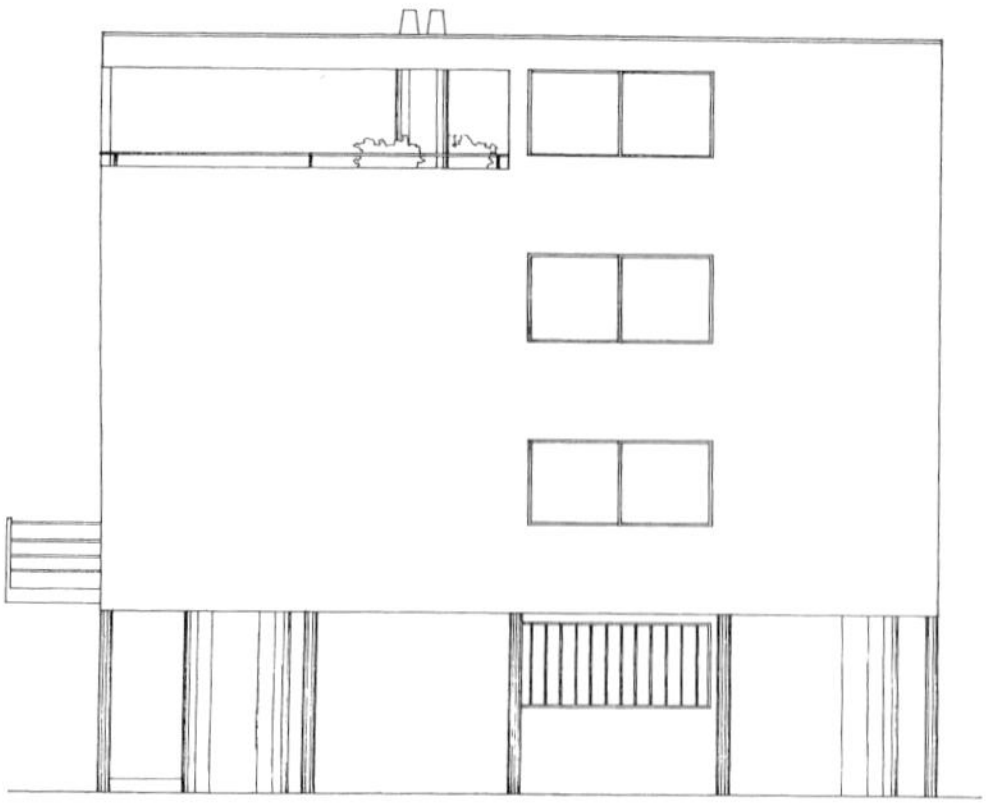

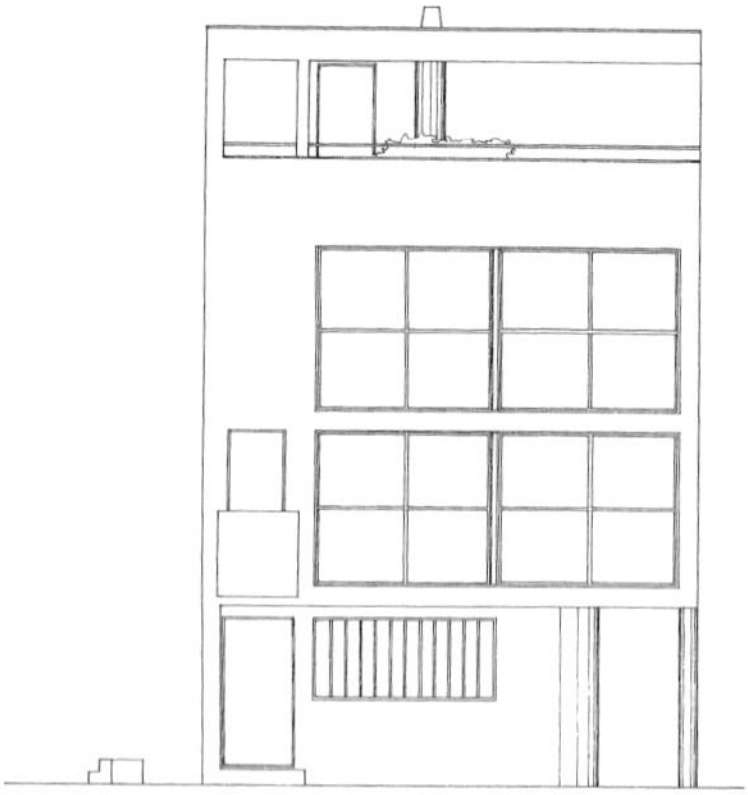

1/200

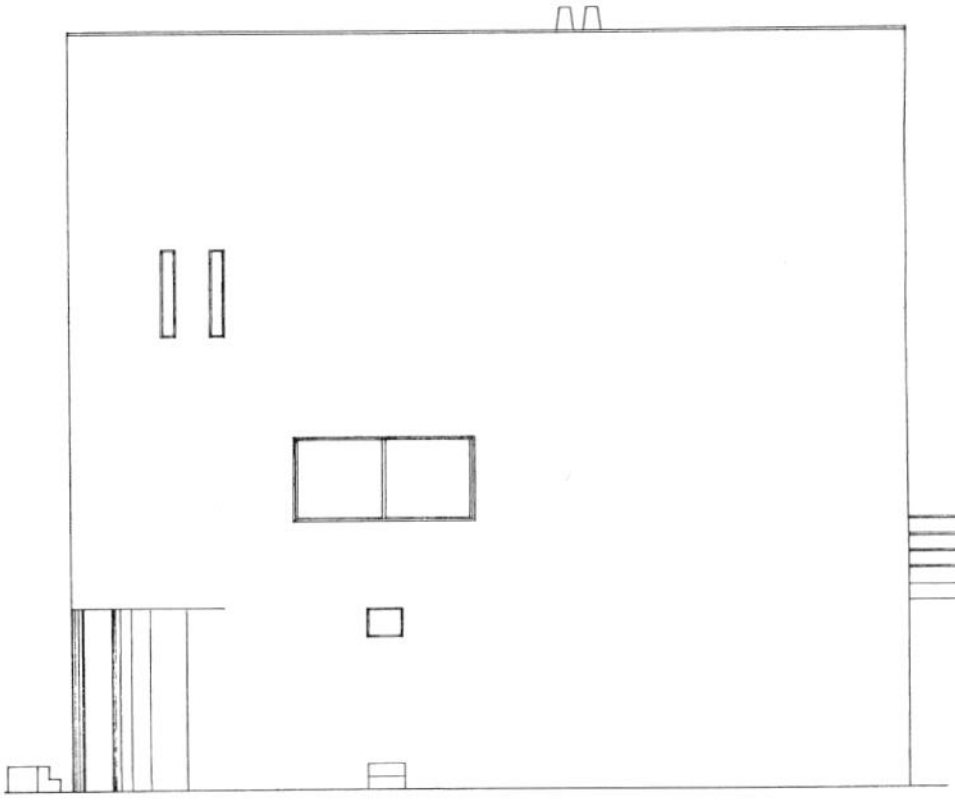

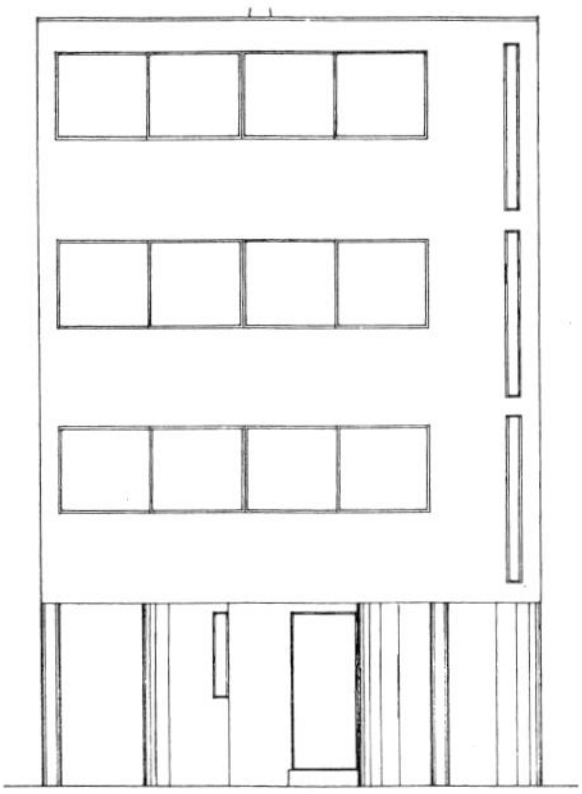

上段／（右より）南、東、北、西立面図
下段／模型写真

る。そこには住宅の〈機能〉に対するふたつの根深い対立が潜んでいる[*5]。

シトロアン住宅を例にあげ、それが〈住むための機械〉であるという時も、住宅をひとつの建築的構成と見立て、そこに形態要素の複合としての純粋な関係性の表出を読み取ろうとする。その構成はそれを手段とするならひとつの緊密な功利的道具のようにもみえるだろう。しかし住宅のように内部の空間の構成そのものが目的とされるとき、住むための機械は関係自体の明晰な表現をとることになる。

（b）箱内部のドミノの床は打ち抜かれ、それによって低く落ちついた部分から開けた空間への移動が構成の主題となっている。

シュツットガルトの住宅のプランは主室部分と付属部分のふたつに領域が明確に分けられている。主室部分はドミノの柱によって構成され、居間、食堂、個室であり、付属部分は階段、浴室、便所、収納等である。〈標準〉の設計として間口が制限され、プランの自由性が抑制されたため、他の住宅作品に見られる内部のこみいった運動をここに見ることはできないが、一生コルビュジエを引きつけてやまなかった空間の構成が直截に表されている。

この箱の内部の従属ゾーンを指示するように直方体の外部にバルコニーが突出している。その下の玄関を入り、二階踊り場の西面の採光をたよりに暗い階段を昇る。昇りきり、曲面の壁に従って向きを変え、極めて低い天井高（二・二メートル）の部分から居間に進入すると、明るくひらけたこの建築内部の主要な空間に出会う。居間をめぐり、次に二階、屋上へ続く非常に暗い連階段を昇りつめて向きを変えると、また屋外の光のなかに投げだされる。コルビュジエは、箱の内部を通過してゆく主要な経路に沿った空間の経験を、建築的構成を決定するための重要な因子とみなしていたが、シトロアン住宅においても第一案、第二

*5　コルビュジエは〈四、五人の家族がなんとかうまく住める空間を設計したのであって、四つの個室を設計したのではない〉とここで言っているかのようである。

案、実現案のスタディを通して、それを執拗に追求していた形跡がみられる。われわれが通常室内から戸外に出る時感じるあの明るくひらける伸びやかな移行の経験が基礎になっているが、ここでは明▼暗▼明▼暗▼明と繰り返している。それは空間の開放▼閉鎖と同調することによって一層その感覚を強める。一九二〇年の第一案では、背面の脇の入口からはいり居間へとぬける明▼暗▼明がすべてであり、上階とは吹抜け内部の螺旋階段によって繋がっている。第二案では実現案に近いが、二階のテラスの側面に設けられた玄関の位置はこの建物内部のふたつの領域を明確に伝えていない。実現案では重層する階段によって緊密に構成されたが、同時に南北方向のスパンは三・〇メートルから二・五メートルへと規模が縮小され、それは三階の吹抜けに面したスラブの斜線を誘発している。

コルビュジエは人間を本能的に魅きつけてくるそうした空間のあり方を主要な経路に沿って並べ替えながら、同時に数学的な緊密な構成をねらっていた。シトロアンの〈標準〉は純粋直方体（Prisme Pur）とドミノの原理を変形し人間化した形態の構造である。それはコルビュジエも主張しようとしたように工業生産の面での〈標準〉であったが、何にもまして〈人間の事象〉を示す粘着力のある空間が埋めこまれた純粋直方体（Prisme Pur）によって居住空間の〈標準〉であった。

そうしたシトロアンの形態構造は、箱の内部にいくつかの形態要素が散置される枠組みであり、各形態要素に自立した部分としての表現を与えることによって、それらの関係性が漲る乾いた場を現出させようとする。吹抜けに直立する煙突のシャフトを中心に、その下の暖炉と方形の石貼りの床、食堂との仕切壁、三階の手摺に取り付く矩形のテーブル、角柱と丸柱、動きを指示する曲面の壁、それらがこの箱の内部での簡素な道具立ての一切である。人間化された空間の構造と数学的な乾いた物質の扱いの同居はコルビュジエの白

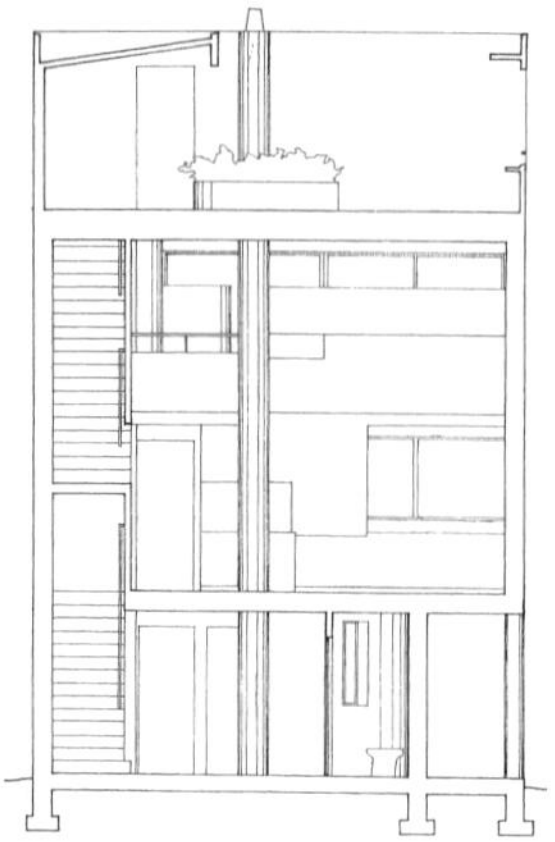

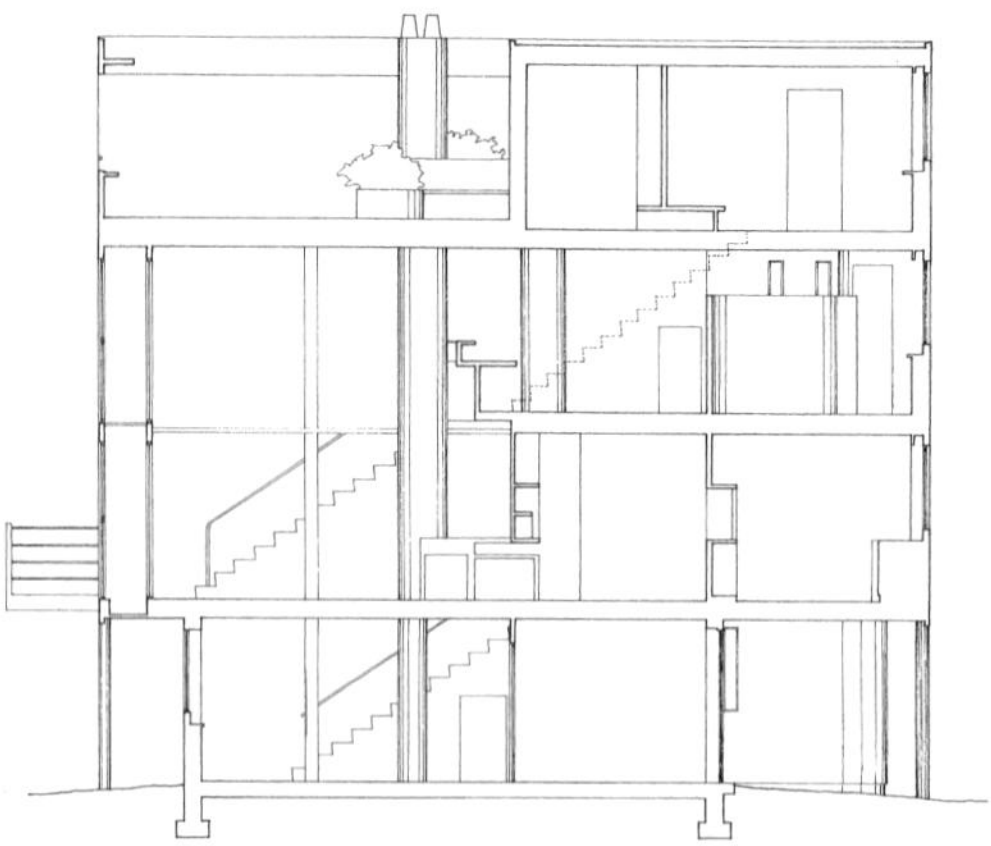

1/200

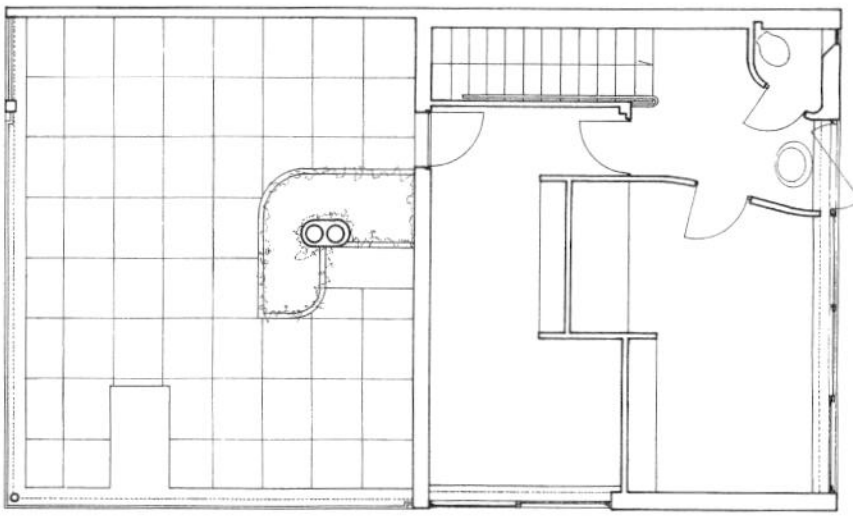

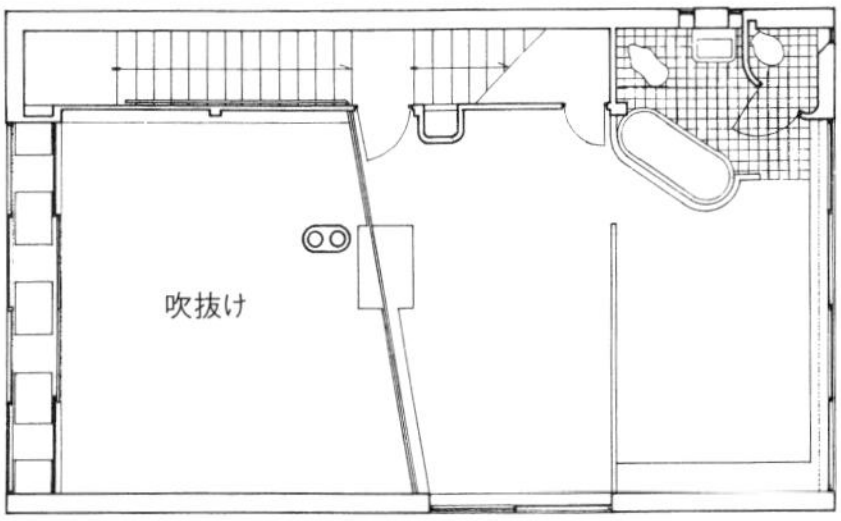


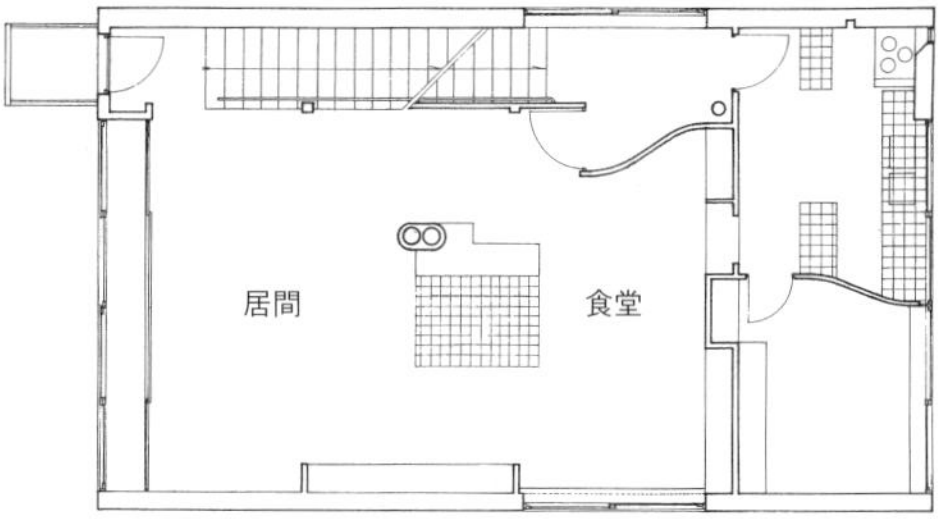


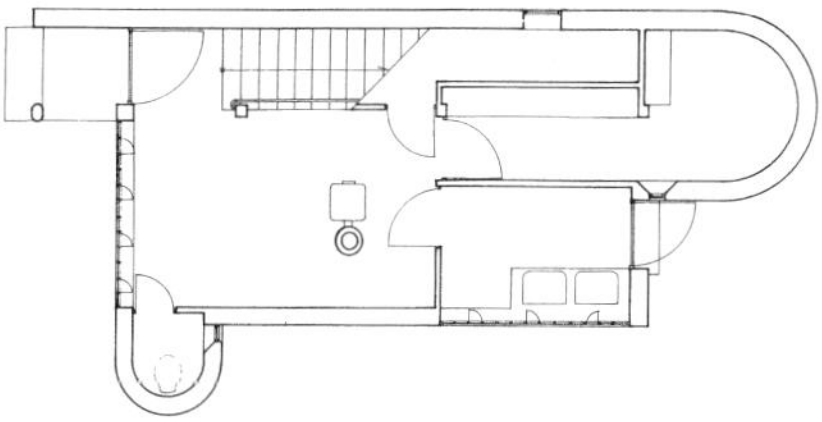

0 0 0 0 0 1/200

前頁上／断面図
前頁下、本頁上／模型写真
左／（下より）一、二、三、四階平面図

の時代の住宅の特徴であるが、その物質を扱う態度はチリのエラズリスの住宅（一九三〇）のプロジェクトを皮切りに自然の材料を導入し、陸屋根を崩すことによって大きく変化してゆく。例えばシュツットガルトの住宅の二層の吹抜けの下で、固着した島のようであった暖炉があたかも住宅の原初が火をおこす場であるということの記号的表現とみなされるとすれば、一九三〇年以降暖炉は生活を大地に強く結びつける役割を果たすことになる。住宅においてはドミノ以外の原型の展開が始まり、純粋直方体（Prisme Pur）は大きな変形をみせるのである。

しかし、〈近代建築の五つの要点〉の手本のようなヴァイゼンホーフ・ジードルングの集合は、明らかに南方の形態を想起させる[*6]。それが当時「アラブ村」と呼ばれた。近代建築の形態的な運動が、屋根を持つ北方の様式と対抗するのに、屋根のない地方、地中海・北アフリカの建築をイメージの源泉としたため、これは明らかに用語上の矛盾ではあるが、国際様式の中に南方の形態が含有されたということは歴史的に無視しえない事実と思われる。

*6　V・スカーリーは〈シトロアンタイプの背景は本質的にミュケナイのメガラであり、ル・コルビュジエはシュツットガルトに一九二七年彼のメガロンをピロティの上にのせ立たせた〉と述べている。『近代建築』SD選書 p.146

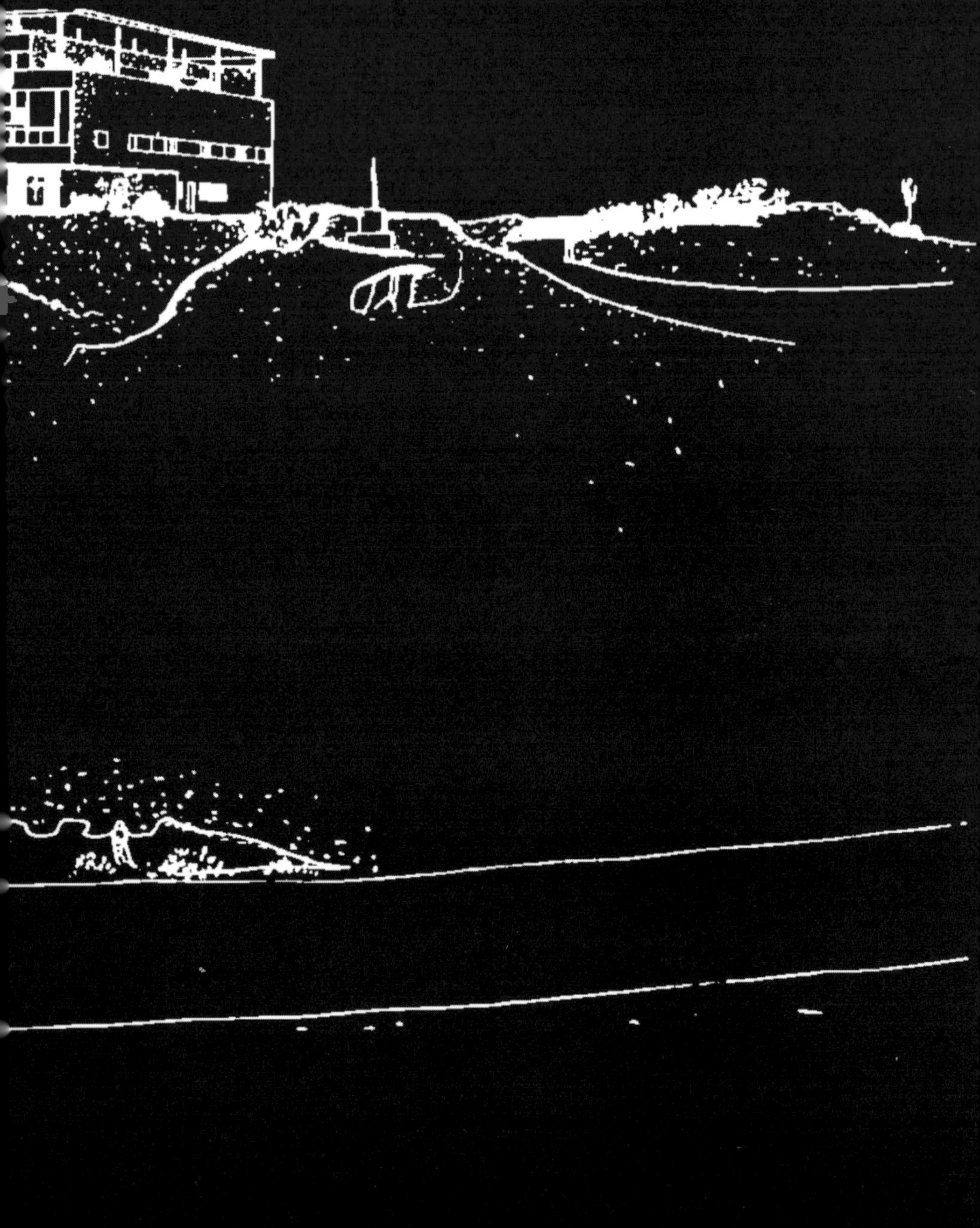

# 2-7

# VILLA À CARTHAGE 1928

カルタージュの住宅

「課題は、太陽を避けること、家のなかに常に通風があるようにすることだった。断面がこれにいろいろの回答をもたらした。建物の上に傘があって全体に蔭をつくっている。地上階から最上階まで部屋の空気はつながっていて、常に通風があるようにした。この計画は実施されなかった。計画2（工事中）、断面には前の面白さはない」

ル・コルビュジエ[*1]

## 敷地、環境

カルタージュの住宅（ベゾー邸、Villa Baizeau）は地中海に面した北アフリカ、現在チュニジア共和国の首都チュニスの北東一五キロメートルの海辺に建っている。海岸線は風光明媚な土地であり、熱帯性の温和な気候に恵まれ、この計画がなされた頃は仏領でもあり多くのヨーロッパ人の夏の別荘地ともなっていた。雨期は十月から四月まで続き、夏は乾燥し、風は北東から吹く。敷地は海辺に向かった東側を斜辺とする約二〇〇〇平方メートル（六〇〇坪）の台形の敷地で、北側に坂になった道路がある。

## 設計プロセス

この住宅はル・コルビュジエの設計のひとつの典型的な過程を示している。設計の依頼がある前にすでにひとつの建築的なアイデアが明確にありそれを現実の与条件にあてはめてゆく場合である。初期の住宅ではクック邸（一九二七）がそうであり、シトロアン型住宅が現実化したシュツットガルトの住宅（一九二七）のデザインプロセスがそれにあたる。カルタージュの住宅では、完全に分離され重層したふたつの階段（レオナルド・ダ・ヴィンチの二重階段）を中央に据え、それを介してメインとサービスの動線を仕分け、しかもシトロアン型の断面が上

〈計画1〉外観パース

*1 Oeuvre Compléte 1910-29

下に互い違いに組み合わされている。地上階から最上階まで部屋がつながるこの断面はコルビュジエを魅惑し、この住宅の設計に向かう際のひとつのはっきりした建築的なアイデアといえるものになっていた。最初にまとめられた案〈計画1〉は純粋な、完成度の高い建築である。ここでは設計の生成過程というよりも、この〈計画1〉の全容を紹介することに主力を注ぎ、またそれが崩されてゆく過程を追跡してみたい。おそらくこの時期からデ・スティル[*2]の建築作品から受けた衝撃を梃子にして、閉じた白い箱を開放してゆくのだが、〈計画1〉はそれが最初に結晶した緊密な作品である。

しかし〈計画1〉は規模、依頼主の要求、実用的な面で問題を多く持っていたようだ。規模の縮減、動線の自由度、通風、眺望などを求めて四つのヴァリエーション〈計画1-a〜d〉が残されている。結局断面はそのままに、浮上する直方体の長手をただ縮小したかたちで〈計画1'〉が一式の図面としてまとめられる。当時の建築雑誌 L'Architecture Vivante（一九二九年春・夏号）には『Villas, Carthage 1927』として〈計画1'〉の図面が掲載されているが、外観や内観の透視図は〈計画1〉をもとにして描かれている。

しかしこれが掲載された時点で既に一九二八年五月頃から全く別の計画が進められ、一九三〇年三月頃までに一式の図面がまとめられ、実施に移される。それが〈計画2〉である。コルビュジエはここで一周半で一階あがる階段を芯にして、ドミノの原理にまで戻って、床面の上に自由な平面、部屋の配列の変化を追求してみせる[*3]。寝室ばかりが多い平面を見ても、夫婦連れがヴァカンスに利用する海辺のペンションといった性格の夏の住宅であったらしい。おそらく依頼主の側からそれぞれの部屋の満たすべき性能（広さ、眺望、収納の量や設備）に関する細かな要求があり、だから部屋の配列を堅く決定づけてしまう断面の〈計画1〉の躯体の枠組みは不適当だったに違いない。〈計画2〉の床面のなかで平面は自

*2　この時期にコルビュジエがリートフェルトの作品、特にシュレーダー邸と出会った事実に関係があるとする説がある。
"Le Corbusier's Changing Attitude Toward Form", Journal of the Society of Architectural Historians, March 1965

*3　〈計画2〉も部屋の数や配置、方位をめぐって、主階である二階平面がまとめられた後も、一階と三階は最終まで変更が検討され続けている。

〈計画2〉写真

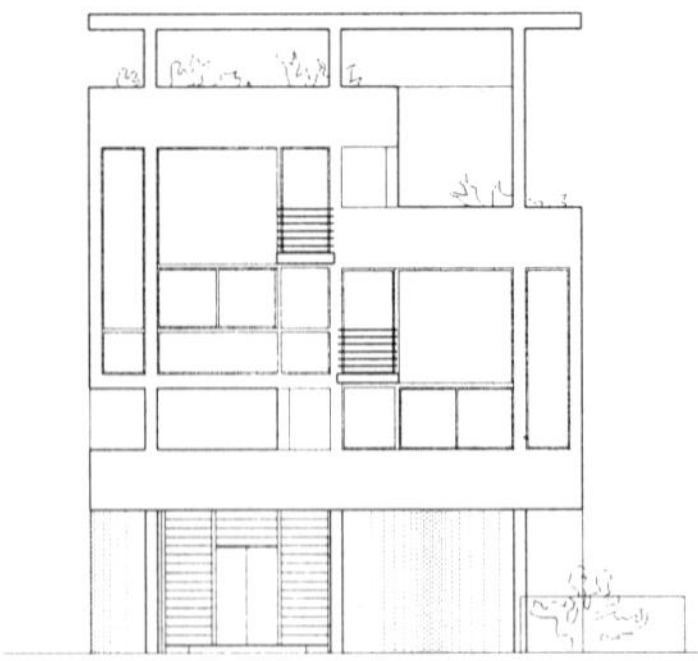

1/300

由に展開する。

しかし、コルビュジエはカルタージュの住宅の発表に際して、これ以後も〈計画1〉の断面を添え、当初の鮮明な建築的アイデアを喚起しようとするのである。

## 計画1
## 重ね合わされたシトロアン型断面、レオナルドの二重階段

興味深い案がまずまとめられている。砂丘の上に立ちあがる純粋直方体の単純な箱の内部には入り組んだ複雑な空間の組織が隠されている。矩形平面は二〇・八メートル×一〇・五メートル（二一八平方メートル）、基準階高二・四メートルで五層の構成である。柱割りは長手方向がa'-a-a-a'（a＝五メートル、a'＝五・四メートル）、短手方向がb-bで両端にb/3ずつの幅の床のはね出しがある（b＝三・八七五メートル）。二階以上の床面は短手b-bの中心軸をはさんで互い違いに重ね合わされている。それらの床面は一五段（蹴上一六〇ミリ）の直階段が交互に吹抜けを介しながら連結されていくのだが、興味深いことはこの住宅のなかにメインとサービスの完全に分離されたふたつのルートが用意されており、重層した階段を通して各階が連結されていることである。同じ時期に計画されたブラッセルのX氏の住宅計画（一九二九）においても、サービスの階段をとりまいてメインの階段があり、ふたつの動きが分離されている。それを介して単純な平面のなかで、移動にともなって抑揚のある空間の展開が計画されてい

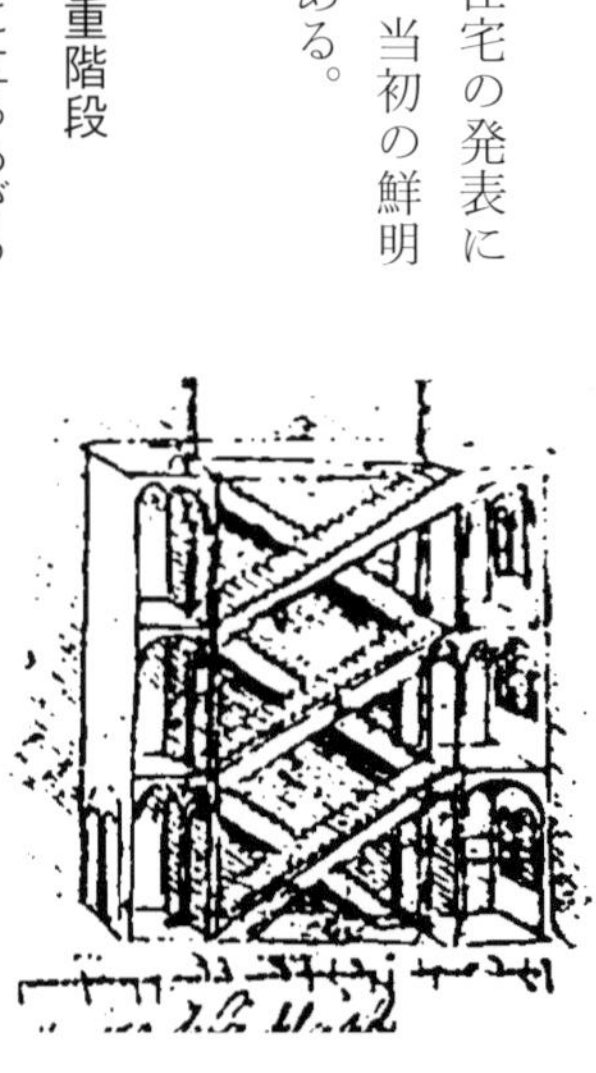

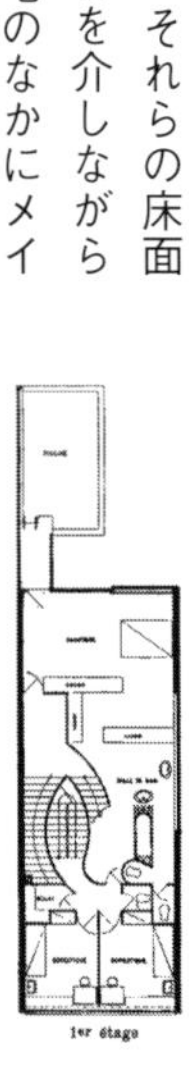


右／レオナルドの二重階段
右中／ブラッセルのX氏の住宅計画
次頁下／〈計画1〉アクソメ
右上／〈計画1〉東立面図
次頁上／〈計画1〉北立面図

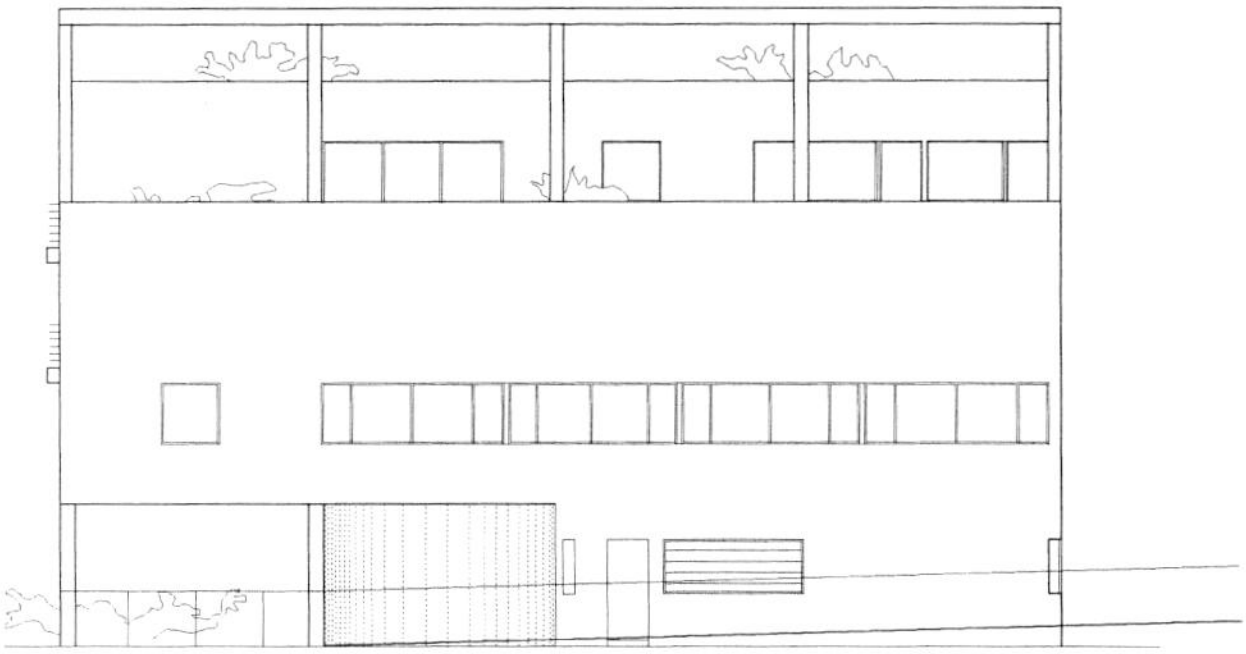

る。

地上階は人と車の動きが研究される。北側の坂道からピロティ下の曲壁に沿って人は東側の主玄関に誘導され、車はさらに廻り込んでガレージへ至る。その脇にサービスの入口があり裏階段が始まっており、玄関ホールの前にひらけた表階段と相対して噛み合って昇る。玄関ホールはふたつの交錯する階段下をくぐり抜け横切って裏手に通じ、西側に固められた使用人の寝室（三室）と連絡している。二階から上の吹抜けを介してジグザグに流動する室内は、パースのスケッチによって具体的にイメージされている。例えば空間は食堂からは上部に居間の床面が中間層として見え、居間にのぼると今度はテラスの床面を中間層として見ることができる。このように室内空間は上下に関係づけられているが、パースではむしろ水平方向の抜けが強く表現されている。三階の三つの個室は二層分吹抜けており、上部に屋根裏をそれぞれ持ち、テラスにつながっている。立面も各側面ごとに多彩であり、魅力に富んでいる。南、西は壁で堅く閉じられ、北、東は海側に開けている。箱状の輪郭にズレた断面のシステムが表出され、面と線に分解されることによって、動きのある表情が生まれている。

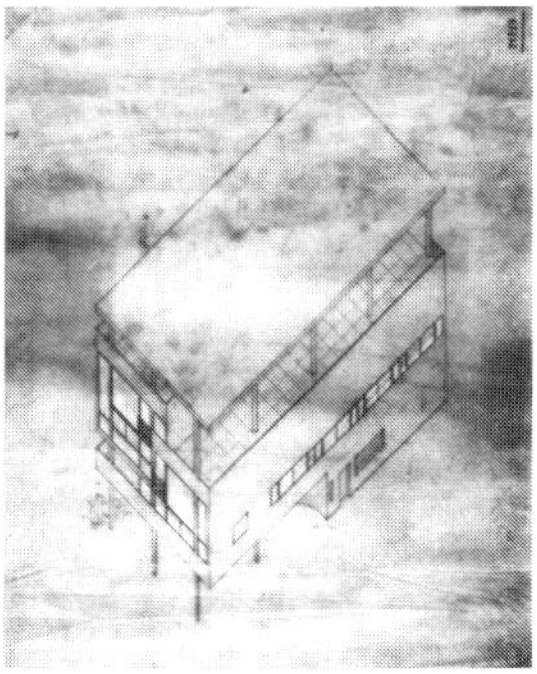

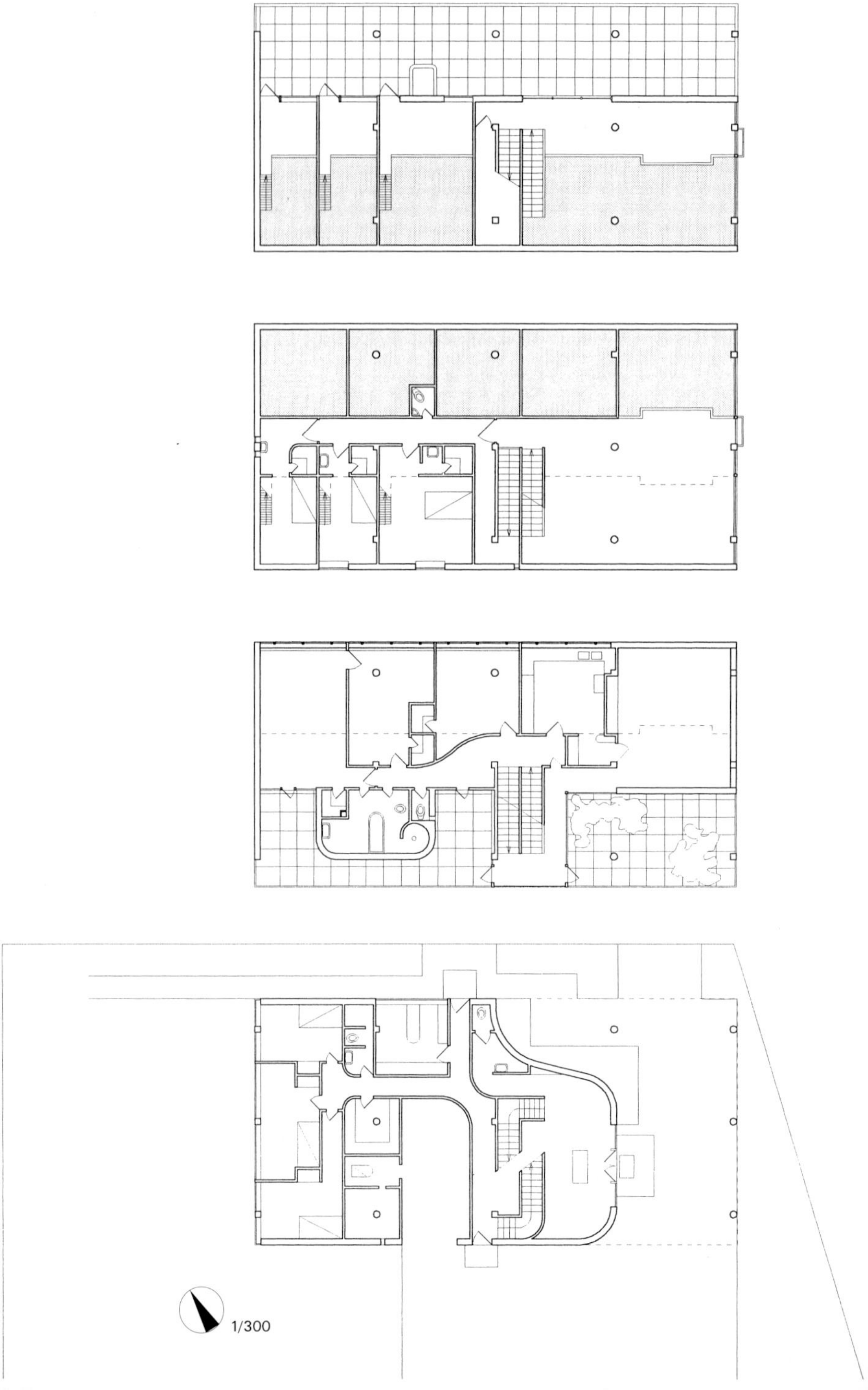
1/300

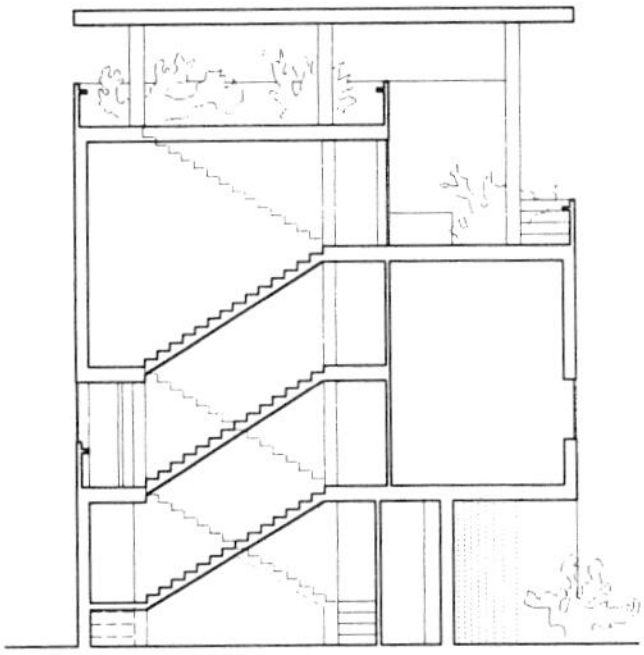

1/300

右／〈計画1〉(下より)一、二、三、四階平面図
左上／内観パース、三階居間から海の方を見る
左中／南北方向断面図
左下／東西方向断面図

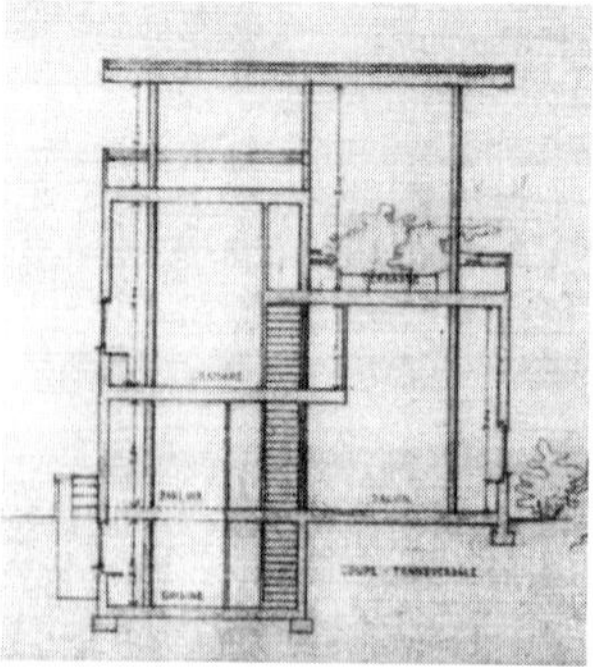

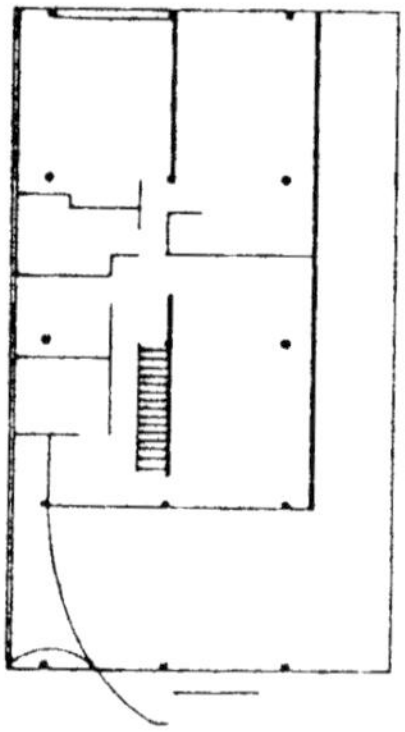

## 四つのヴァリエーション

全体規模の縮小、部屋構成の変更のスタディは、それぞれが整ったひとつの案としてまとめられたわけではないが、四つある。

計画1-a　柱割り構成をまったく変えず、浮上する直方体を地上に降ろし、五層を四層にし、一部地下にする。床面積は一割削減。動線を単純化し、階段は長手方向に直階段一ヶ所としメインとサービスの分離はなくなる。すべての部屋は中廊下に面して、二階は六寝室が細かく割り振られている。三階のテラスは屋外階段を通じてつながっているだけであり、これでは外形やプロポーションは〈計画1〉と同様であるものの単に天井高の高い部屋が連ねて配列されているに過ぎない。一階に居間と食堂が降りてきて、玄関前の前庭に、断面の上でのズレを利用した丈の高い吹抜けが設けられ、そこへ曲壁へ導かれるといった演出をうける。部屋の条件を同様にし、実用上の辻褄は合わせられ、単純化されてはいるが、内部の緊密な構成は崩れている。厨房は地階にありダムウェーターと廊下で食堂と連絡している。南側にドライエリアがとられている。

計画1-b　〈計画1〉から柱割り構成が変化し、長手方向がa-a-a/2-aとなりa/2だけ縮小し、(二、三階レベルで)その両端の対角方向にa/3だけ張り出している。a/2は階段+廊下の幅に合わせられる。突き出した部分は一階ピロティの二本の壁柱で支持され、ズレて組み合わされたキューブは強調される。端部のパー

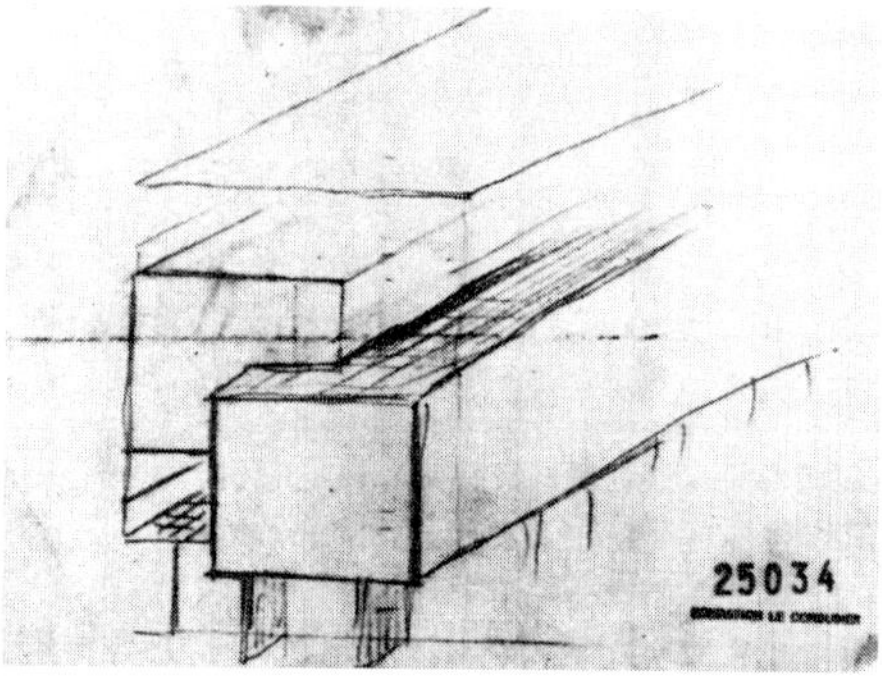


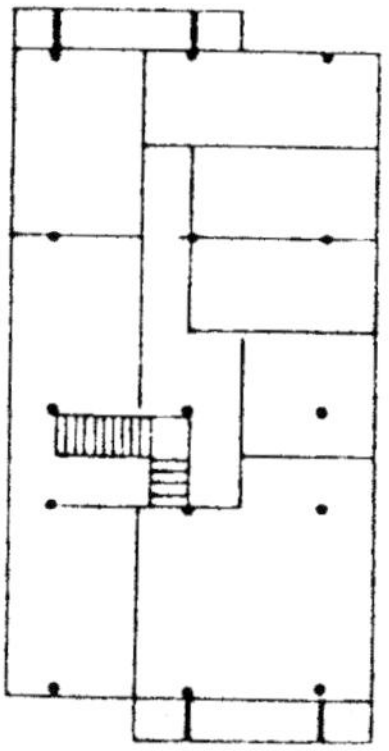

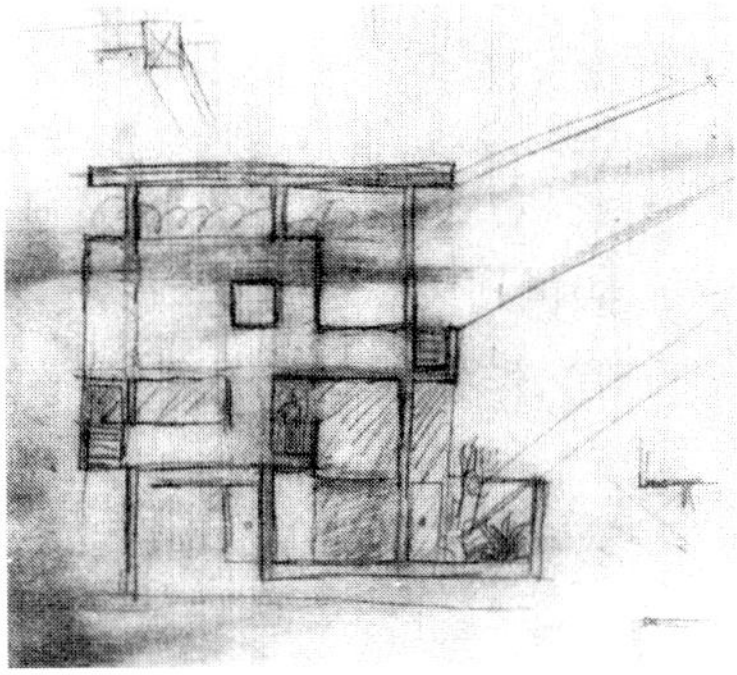

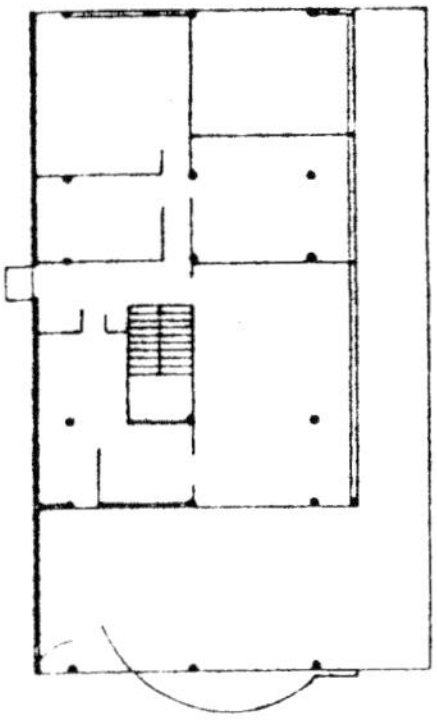

スのスケッチがある。柱を避けて部屋を雁行させてとった平面の可能性も考えられているが、うまくまとまらない。

　計画1-c　柱割りはさらに変更され、短手はそのままに長手方向がa-a/2-a-a/2-aとなる（同時期のガルシュの住宅一九二七の柱割りとの類似）。部屋配置は〈計画1-a〉とほぼ同様であるが、地下はなくなり厨房配膳室は階段の隣にでてくる。階段は折り返し式となり廊下の面積が削減される。二階の寝室群は五室となり（各室とも洗面・シャワー付き）そのうち三室は〈計画1〉と同じく上部に屋根裏を持ちテラスへとつながっている。断面的なズレを表出する東側立面の表情がスタディされる。

　計画1-d　規模は大幅に縮小され、柱割りは変化する。a-a-aの正方形で長手方向の両端にa/3ずつ付加された構成である。正方形平面の中央に階段室を持ってくるようなコアプランも検討されている。階段を芯として海側に部屋が開くような新たなゾーニングが模索されているが、これは〈計画2〉の原型となるものと考えうる。

**計画1'**

全体規模の縮小、部屋構成の変更のスタディ

　さまざまな試み〈計画1-a～d　四つのヴァリエーション〉を経て、結局〈計画1〉の内容を基本として規模の縮小案がまとめられる。柱割りは長手方向がa'-a-a'（a=五・三五メートル、a'=二・三五メートル）、短手方向がb-bで両端にb'のはね出しがある（b=三・九七五メートル、b'=一・一五五メートル）。全体の平面形は一三・

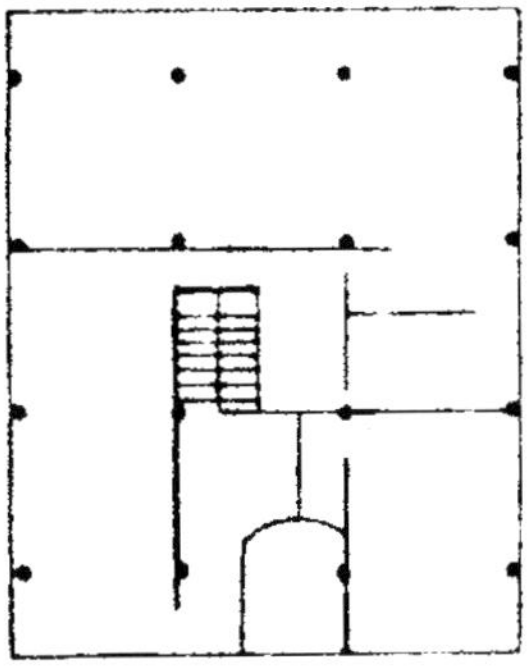

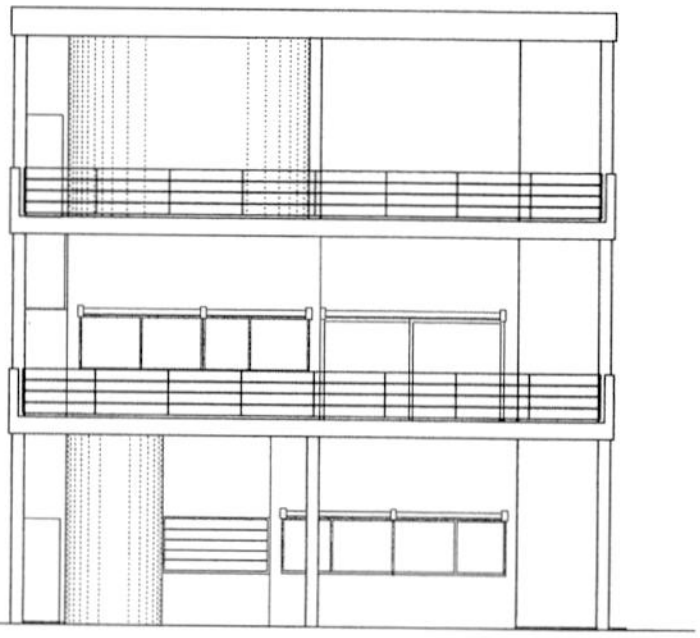

1/300

〇五メートル×一〇・二六メートル（一三四平方メートル）となり〈計画1〉の六割まで縮小されている。サニタリー設備が不十分であり、室数と室面積が削減されるが、Z型に上下に流れる劇的な断面は〈計画1〉と同様であり、メインとサービスが分離された空間の構図も同様である。しかしほぼ正方形に近い平面になってしまったため、東西に走る水平の方向性は消失している。

## 計画2

### 三層のドミノ住宅の床面・自由な間取り

〈計画1〉の断面とは全く異なるスタディが一九二八年五月頃から始められ、スケッチの日付を追っていくと一九三〇年三月頃まで継続しそれが建設されている。〈計画1'〉が現実化することを阻む要因をすでに見透かしていたにちがいない。しかし〈計画2〉の出発点も〈計画1〉のヴァリエーションのひとつ〈計画1-d〉の柱割りを遺伝子のように受け継ぎ、階段を芯としてそれぞれ部屋がとりまく構成である。〈計画2〉のスケッチのいくつかには日付が記されてある。

柱割りは当初長手方向がa-a-a、両端にa/5の片持ちと、短手方向a-a（a=六・〇メートル）から成り、二〇・四メートル×一二・〇メートル（二四四・八平方メートル）の床板で考えられていたが、最終案では長手が短縮されてb-b-b、両端にb/3の片持ち（b=五メートル）となる。全体矩形は一八メートル×一二メートル=二一六平方メートルとなる。そうした規則的な柱割りの三層の床面の上に七つの寝室と居間・食堂がそれぞれ異なった

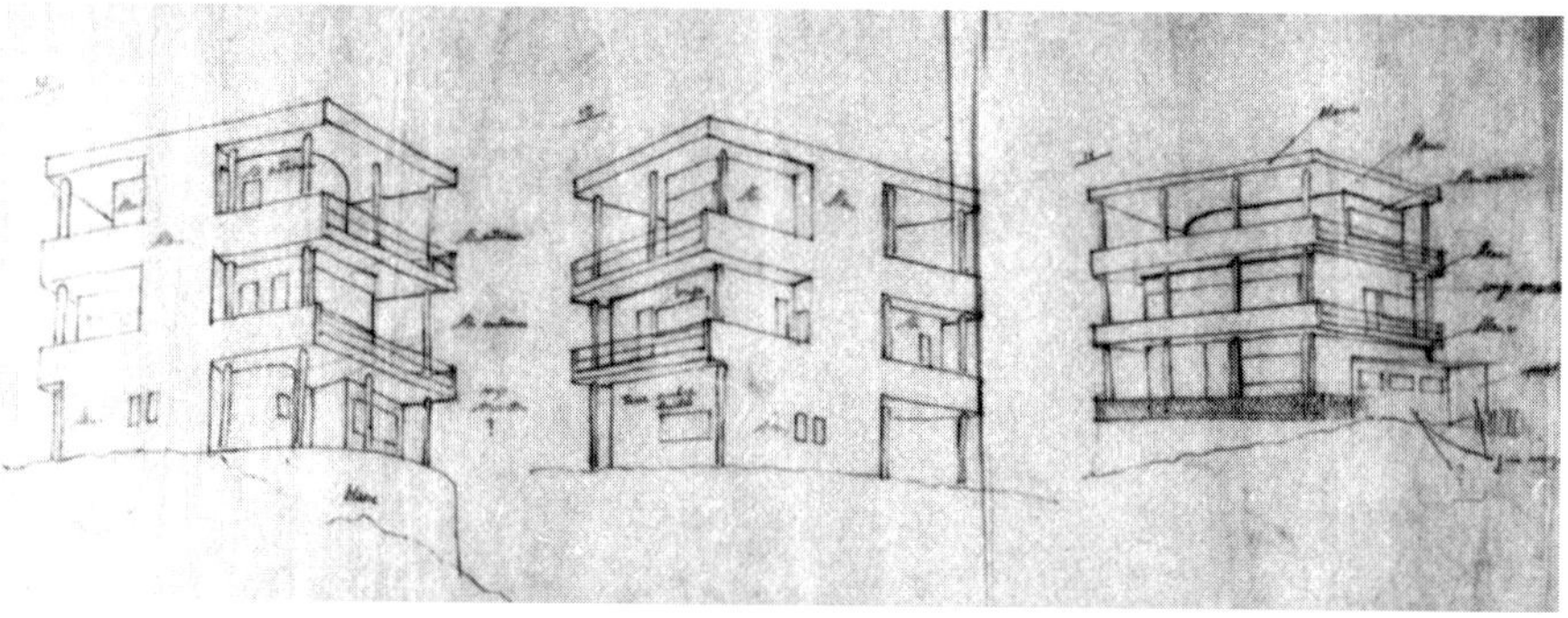

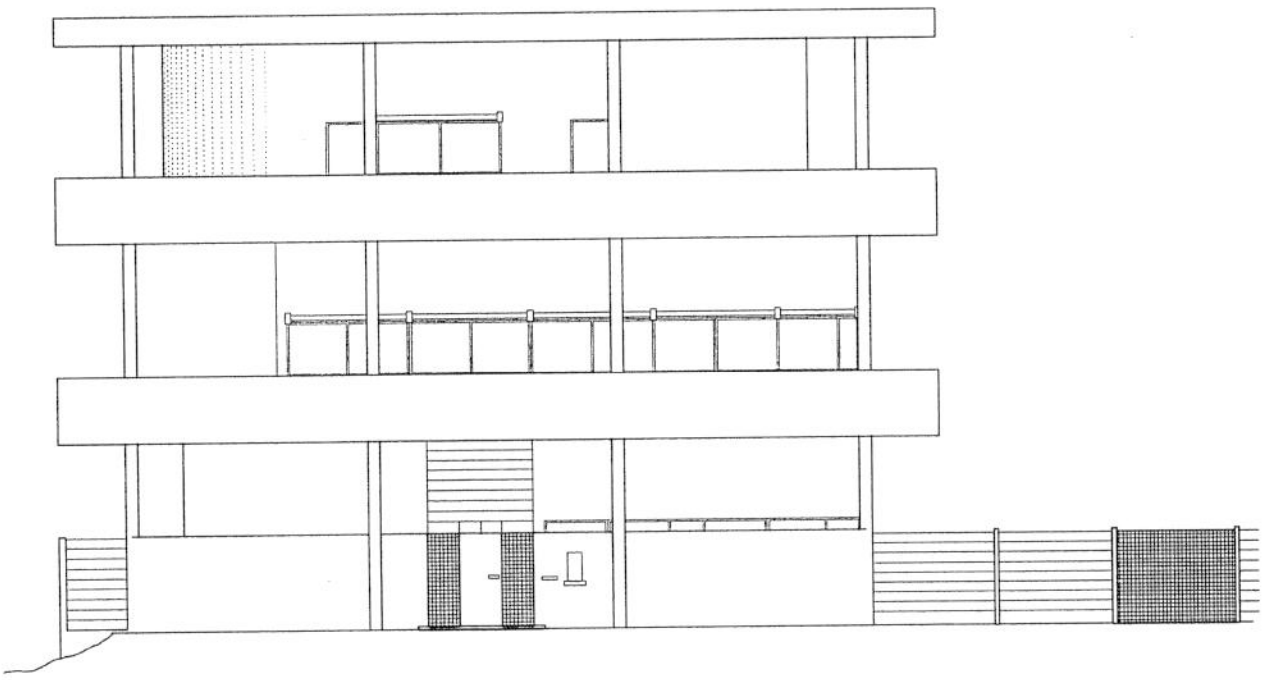

形態と必要な大きさで挿入され、ドミノ住宅の原理どおり家具によって仕切られている。最終案では階段に発見があり、一周半で一階分（四メートル）を上る階段を介して故意に平面の自由度が追求されたように見える。階段、ガレージを裏面にとったため、各部屋は明るく、海に向かっての眺望がひらける。〈計画1〉の内部の自立した空間の組織は失われ、外に向かっている。長手方向中央の格間に折り返し階段を配し、それを挟んで、堅い左右対称から部屋の配列のスタディは始まるのであるが、最終案では、階段の中心性は玄関両脇の柱と腰壁で強調されながら、内部の部屋の対称性は崩れていく。三階の海側に円弧状の壁の部屋がとられているが、それはスタディの過程であらわれる三階の弾丸形の平面（寝室＋望楼）の名残である。またその曲壁が一階の倉庫の壁の曲壁を呼びおこす。三階の西側二室が使用人用とされ、一階の二寝室が客人に当てられることになっているが、丘の上の住宅であり、一階で充分眺望がひらけたからであろう。一時地階に倉庫と機械室を置いているが実施案では地上三階となっている。立面は基本的に均等に立ち並ぶ柱と床板により構成されるが、手摺の壁面を扱うことによって、空間の方向性を演出しようとしている。柱と床板の線でできた格子の立面のうえに腰壁を模様のように配し、海側を手摺でふさいだり、開いたりしている。白の時代の他の住宅と同じく色彩建築が考えられていたらしく、外観や内部の面を展開したパースによる色彩計画が残されている。

前頁下／〈計画2〉スケッチ
下／模型写真
前頁上／東立面図
上／北立面図

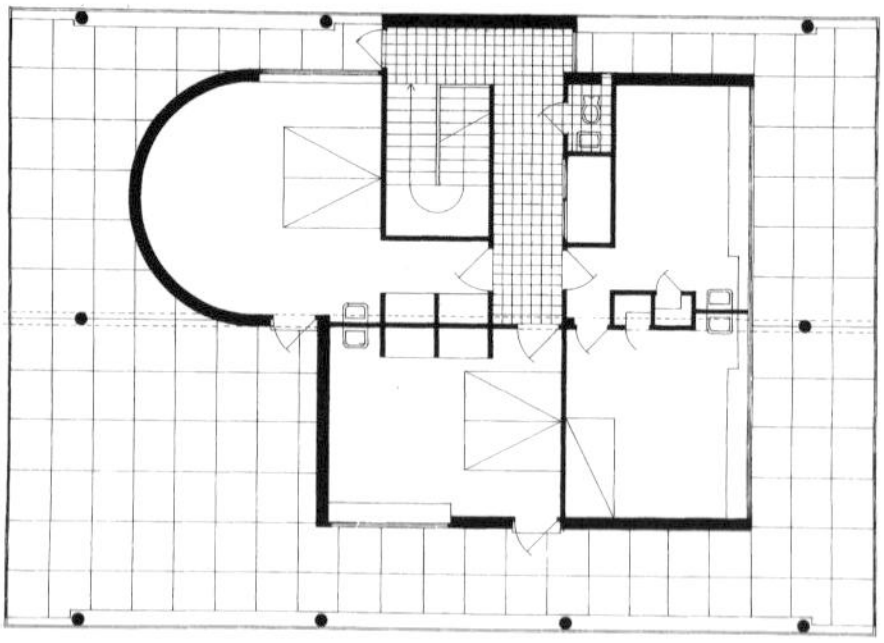

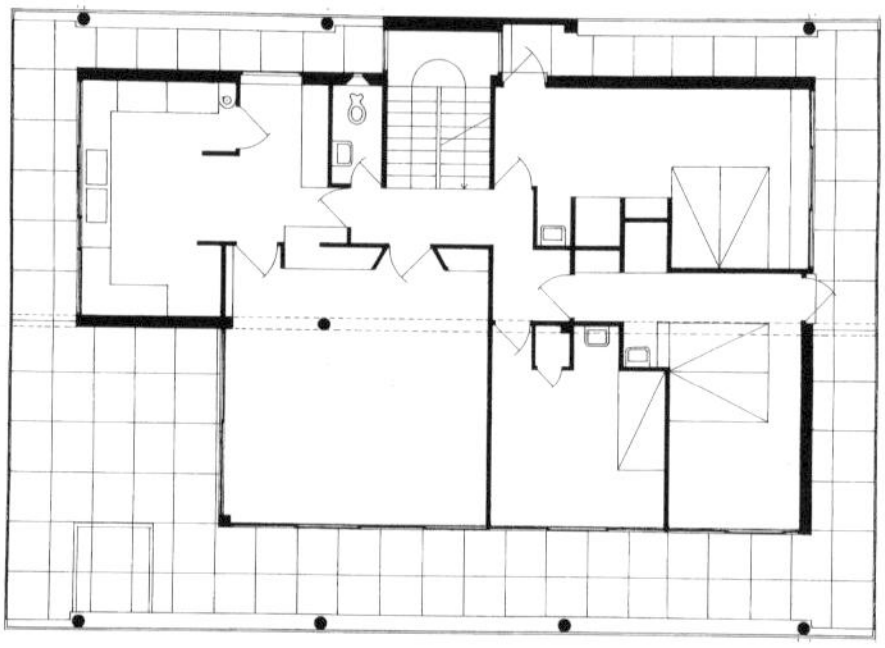

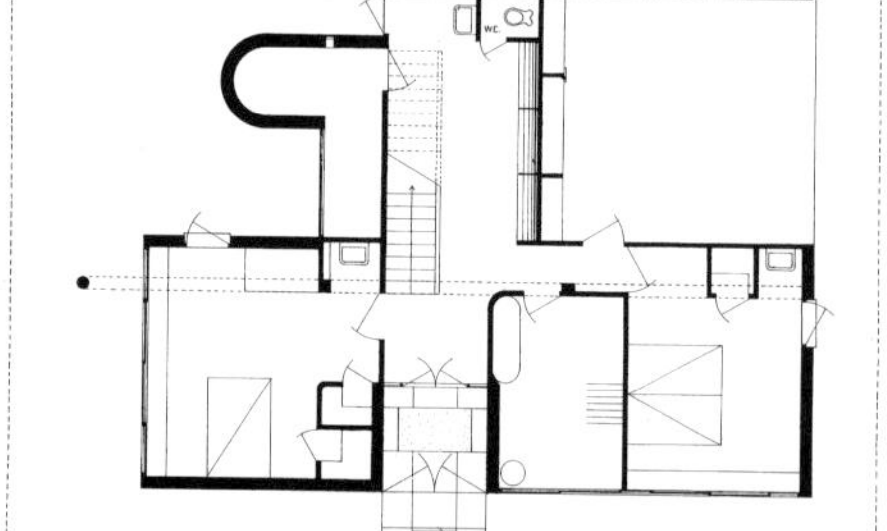

1/300

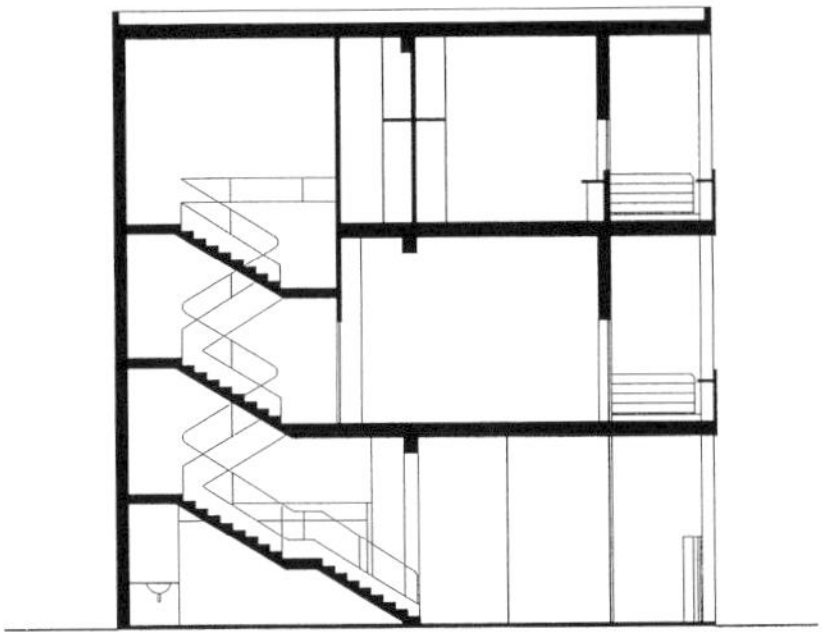

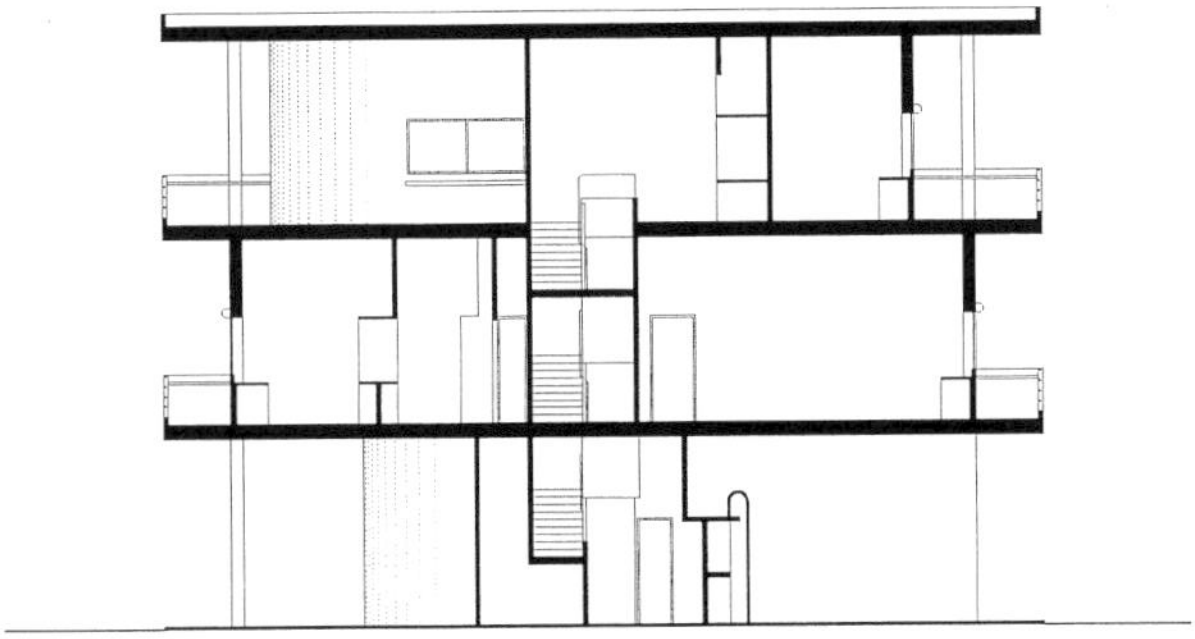

前頁／〈計画2〉(下より)一、二、三階平面図
上／模型写真
中／南北方向断面図
下／東西方向断面図

## 空間構成　基本構造としてのドミノ

　方法的に極めて純化された作品が常に傑作であるとは限らない。このカルタージュの住宅は一九一八年に〈計画1〉が完成し、そのスケッチや図面は多くのコルビュジエの作品集、研究書にしばしば見かける。しかし一九三〇年に実現されたこの〈計画2〉は自作に対して潔癖な作者自身に嫌われ、作品集に収録されたのは図面のみであり、実現された作品目録の小さなわずかの写真によってのみ、実現されたことがわかる。

　しかしある建築をつくった当の作者自身によって特に嫌われる作品というものには、むしろはっきりとその作家の諸特質やその後の発展を占うある重要な契機が隠されていることが、多いのではないだろうか。コルビュジエはこの住宅の構成法を次のように述べる。「キューブ構成、純粋直方体（Prisme Pur）、非常に容易であり、手段の豊富な方法」であると。純粋直方体の「外側に現れた骨組みによりつくられた明快な、まるでヘヤーネットのような透明な外皮」[*4]が表面を覆っている。そしてこれは一九一四年のドミノ住宅の原理[*5]を視覚的にまさに完璧なまでに移しかえた唯一の作品といえるのである。しかし、そのあらゆる面で完全な具体化である実現案〈計画2〉に作者は「この断面は少しの興味も惹かぬ」と注釈をつける。その言葉はおのずとドミノがコルビュジエの建築のなかで占めていた位置をあきらかにしているように思われる。

〈計画1〉が拒否された理由は各室を海の方向に向け、それぞれにテラスを取ることができなかったことによると思われる。実現案〈計画2〉はそれに比べて三層の床によって外部を受けいれ、内部の空間は周囲に拡散している。強烈な日差しを遮るための深いテラスの張り出し、それによってうっとうしくなりがちな室内の天井高を三・七メートルに保ち、同時に風を呼び込むこと。確かに、コルビュジエも説明するチュニジアという気候の特殊

*4 『プレシジョン』（前掲）p.134

*5 コルビュジエ自身はこの原理をフランドル地方の古い住宅がガラスの表面からなっていることに触発されて考案したと語っている。

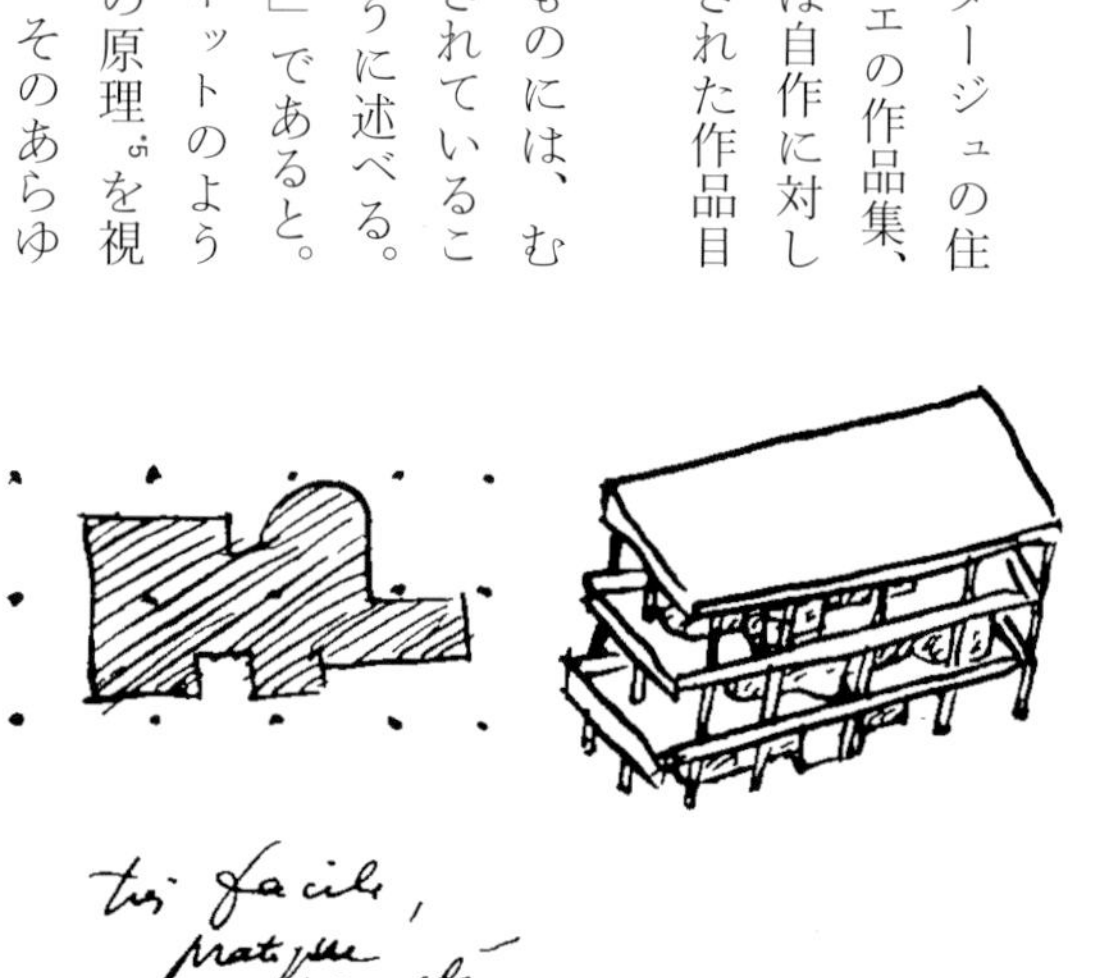

右／四つの構成法の「第三の構成」として例示されたカルタージュの住宅　Oeuvre Complète 1910-29
次頁上／〈計画2〉模型　北立面
次頁下／〈計画2〉模型　南立面

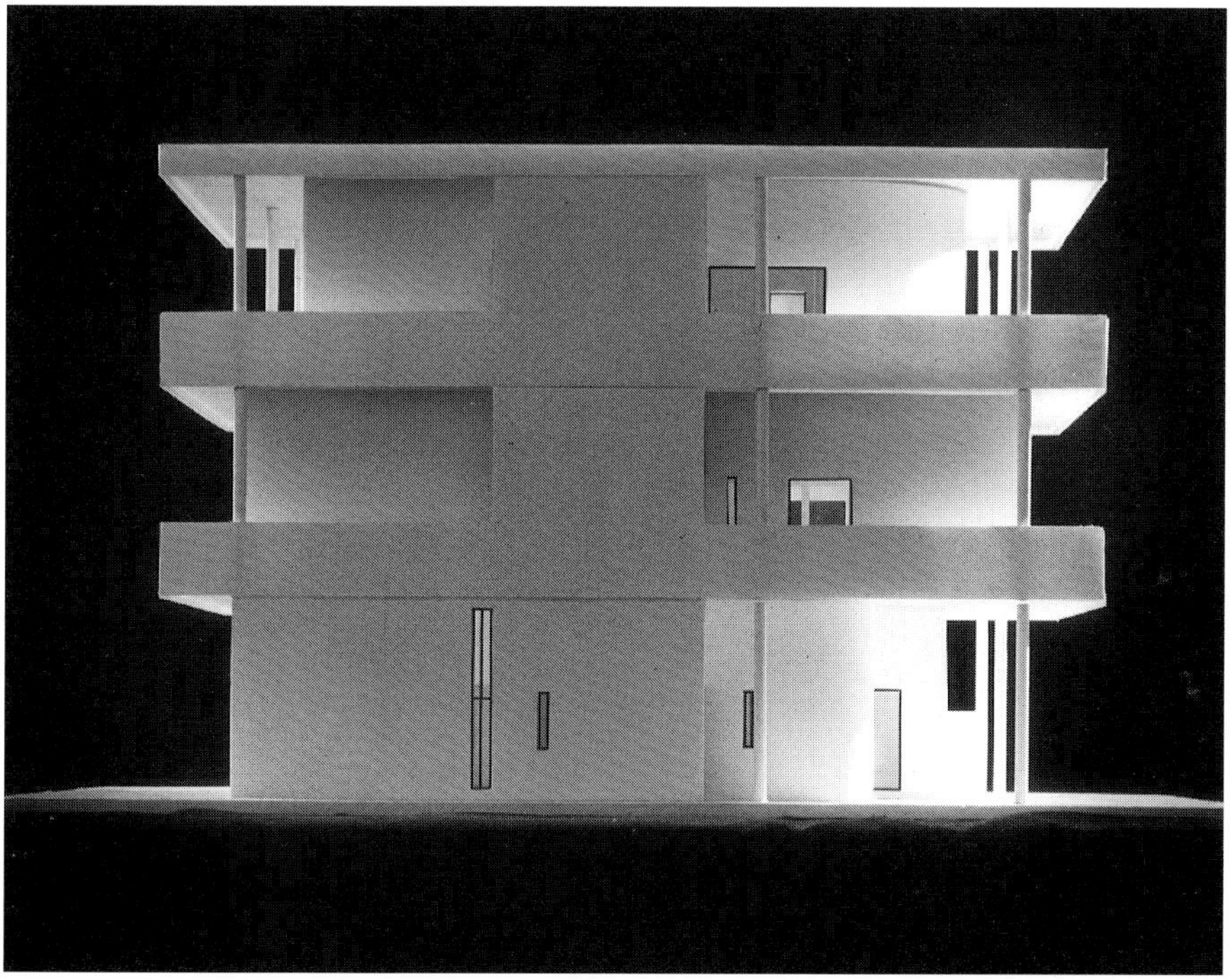

条件と別荘であるということを考慮に入れれば実用的にはほとんど申し分のない解答になっているだろう。しかしこの構成法の容易さ、普遍性にもかかわらず、コルビュジエの住宅に顕著な、上下に吹抜ける中空体を中心に異なったレベル間の視覚的つながりを保持する空間をそこに見出すことができない。建築内部の動きを表現し、全体を一体のものとして組織づける垂直方向の空間の運動は全く失われている。むしろコルビュジエはここで、一周半で一階あがる階段を介して故意に平面の自由性、部屋の配列の最大限の変化を追求した形跡がみられる[*6]。例えば一階で南北方向に横断する中央の入口のゾーンは支配的であるが、二階では無視され、三階では二階と異なった位置に階段ホールがとられる。

また純粋直方体（Prisme Pur）とドミノの関わり合いについてもそれは同様なことがいい得るのではないか。この形態は単純な比例に制御された立体一八メートル×一二メートル×一二メートル（3:2:2）の輪郭にすっぽりおさまっている。南北面の手摺の面的な処理と南側の立面、北側の一階の塀、柱列による暗示、それらは純粋直方体（Prisme Pur）の垂直の面を感じさせはするものの、それにもまして、三つの床面の水平性が著しく強く浮かび上がり、ガルシュの住宅などに見られたその純粋直方体の構成特有の両者の平衡――「直角の詩」は崩され、わずかにそれは南側立面に見られるに過ぎない[*7]。

ドミノの原理はそれだけならば本来、強い水平平面の強制と弱い垂直平面の暗示から成り立っている。建築内部に自立した空間の組織を発生させようとするならば、それに拮抗する垂直の空間の運動を導入しなければならず、それは明らかにむやみな平面の自由性と背反するものなのである。実現案〈計画2〉は三つの床面がつくり出す平面の自由、形態的な水平性を極限まで純化させたという点で、一九一四年のドミノの原理をその図式どおりに実現させたものだといえる。しかし、この水平性の優位がコルビュジエ自身のこの住宅

*6　p.142の各階平面図を参照

*7　南面の写真のみが見られるのは偶然ではないと思われる。

次頁／〈計画1〉アクソメ

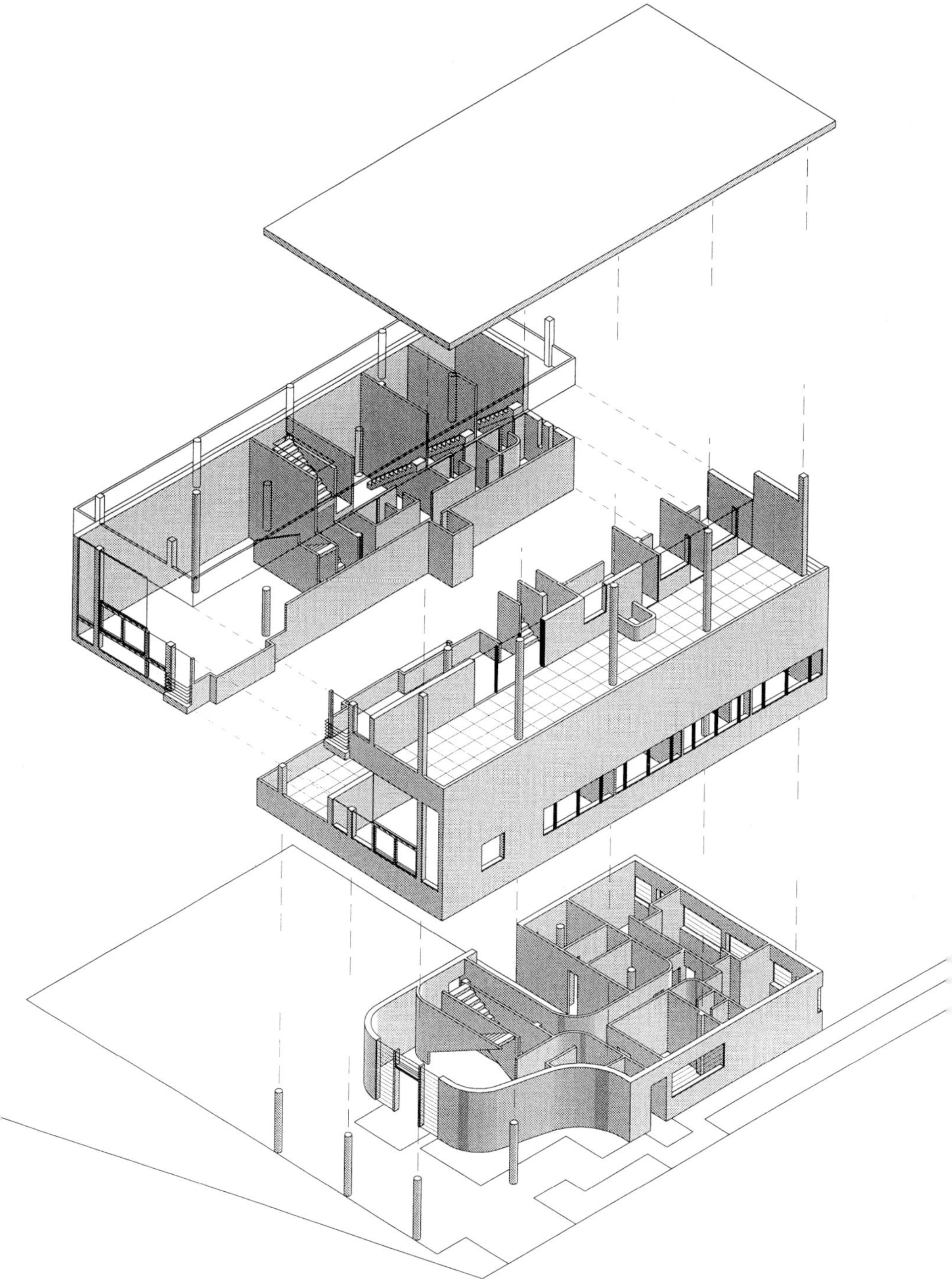

に対する評価を決定づけ、以降の作品におけるドミノの展開を方向付ける契機となったのではないか。

つまりコルビュジエの住宅においてドミノは形態的な基本構造であり、その発展の様相は二種の垂直方向の要素を導入する過程として辿ることができる。ひとつは、外部への水平の拡散を制御する方法であり、ひとつは建築内部の上下方向の空間のさまざまな運動をつくる方法の開発である。前者は、純粋直方体(Prisme Pur)によって建築的輪郭を明確にしょうとする外部からの力であり、後者は、そのなかで人間が動きまわり空間を認識する時、その建築の空間組織を一体のものとして感じようとする内部からの力である。

コルビュジエが最後まで固執した〈計画1〉には、ドミノシステムを通して求めていたものが明瞭に読みとれる。その断面は上下にずらして組合わされた直方体がドミノに挿入され、それによって日陰のテラスが設定され、異なったレベルの床が相互に関連づけられている。正確な正方形の断面を意識したピロティの上に載る純粋直方体の効果は実現案よりはるかに強められ、しかもドミノの原理は視覚的にも明確に保存されている。閉じた箱のなかでのシトロアン型住宅を打ち破る次の段階へ向けての新鮮な展開であり、その断面形を操作しながら建築要素を面と線に分解し、そこで外部と内部の空間の相互貫入、部屋どうしの空間の流動が生み出されている。つまりドミノシステムの水平性は、それ自身が純化されることにより成立するものではなく、対比的に拮抗する垂直性によってその優位が排され、建築に全体的な均衡を与えるべく用意されたものだといえる。

ここで開発された構成法は二〇年後、同じような気候風土のなかで実現定着し、コルビュジエの後期の作品の基礎的な原理となった。例えばブエノスアイレスのクルチェット邸(一九四九)ではふたつのドミノの床は狭い中庭を介してスロープによってつながられ、そこ

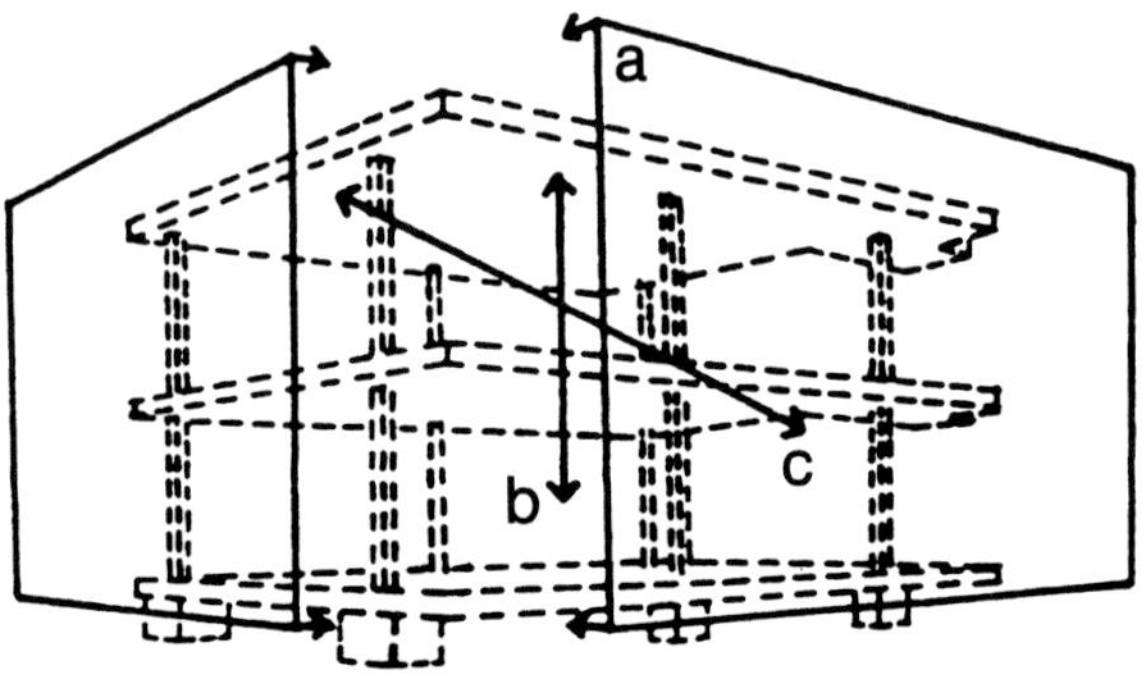


ドミノの架構と対立する空間の運動

に各種の形態が挿入される。その外壁にみられる外部への水平的拡散を制御する方法は、ショーダン邸（一九五六）で発展し、完璧な直方体のなかで奥行きのある垂直面として自立し、同時に内部にあっては上下の床はさまざまな形態にくり抜かれ、入り組んだ垂直の空間の運動がドミノの原理特有の水平面の力の優位を排し、両者は純粋直方体（Prisme Pur）のなかで厳密な均衡を保つことになるのである。

# 2-8
## VILLA SAVOYE 1929
## サヴォア邸

## ポアッシーの白い箱

一九二八年に設計が開始され、一九三〇年二月に現在目にする住宅の実施設計が完了し、一九三一年春に竣工したサヴォア邸。七〇数年を経た現在、この住宅を辿りなおしてみるときに感じるのは、それがはたして、「二〇世紀の生活を代表する典型的な住宅作品」だったのか、ということである。

「水晶のように純粋で、効率的で、健康で、気品があり、清澄なひとつの道具*1」という、近代の住まいの精神をストレートに具体化したものでありながら、二一世紀初頭のこの時点においても、それはなお〈来るべき建築〉であるように感じる。

サヴォア邸は半世紀以上もの間、そこを訪れる人にさまざまなメッセージを投げかけ、また、受け取る人の体験に沿って、さまざまな解釈をも許してきた。記述として思いつくものだけでも次の六つほどの異なったレベルの感想を挙げることができよう。

一　近代建築の性格を代表する作品であること。特に、一九二六年にル・コルビュジエが定式化した〈近代建築の五つの要点〉＝一：ピロティ　二：屋上庭園　三：自由な平面《プラン》構成　四：横長窓　五：奔放な立面《ファサード》、がすべてこの住宅に揃っていて、特徴を形作っている。

二　船をイメージさせる住むための機械であること。H・ゼーデルマイヤーはその印象を著書『中心の喪失』（一九四八）の中で「地上に舞い降りた宇宙船」と表現した。

三　ギリシャの白い集落を思わせるような風景が内部に展開し、地中海のメガロン型のヴァナキュラーな住まいの現代版であること。

四　抽象的幾何学的立体の構成であり、空間ヴォリュームの内部、外部の相互貫入が見

北西にある中学校より俯瞰する

*1　ル・コルビュジエ『デコラティヴ・アート』誌、一九三〇、『スタジオ年鑑』彦坂裕訳所収

られること。

五　『空間・時間・建築』*2の体現であり、それは建築における時間概念の導入があること。

六　古典の伝統と結びついて立面に三部構成が採用されているし、イタリアのヴィチェンツァ郊外の似たような敷地条件の中で建てられたパッラーディオのヴィラ「ラ・ロトンダ」（一五六七）を思わせること。ヴィラの伝統、田園生活の夢さえそこには示されていること*3。

ポアッシーの地に地上から離れて固定された白い箱が、訪れた数知れない人々に、よくもこれほど、さまざまな方向性の異なった感慨を与え続けてきたものだ。その多彩な印象のいずれも、二〇〇三年の現在も変わらず感受しうるのである。近代建築の代表作品のようにいわれることが多いこの住宅だが、むしろこの住宅のほんとうの意味は、多くの人々によって語られ続け、なお新しいものを発信し続けている稀な近代建築、ということのなかにあるのではないか。

## 映画的手法

サヴォア邸は、パリのロイズ海上保険会社に勤めるサヴォア夫妻の週末住宅として計画された。地上階の平面形は、自動車の回転するU字型のカーブが描き出されている。サヴォア夫妻がパリのアパートから自動車でそのまま建築の中心部まで乗りつける、という設定である。

こうした人間の動きの形象化は二階の屋上庭園のある居間へと導く斜路とも呼応した、計画された途切れることのない一連の体験の流れなのである。地上階の玄関正面に斜路と

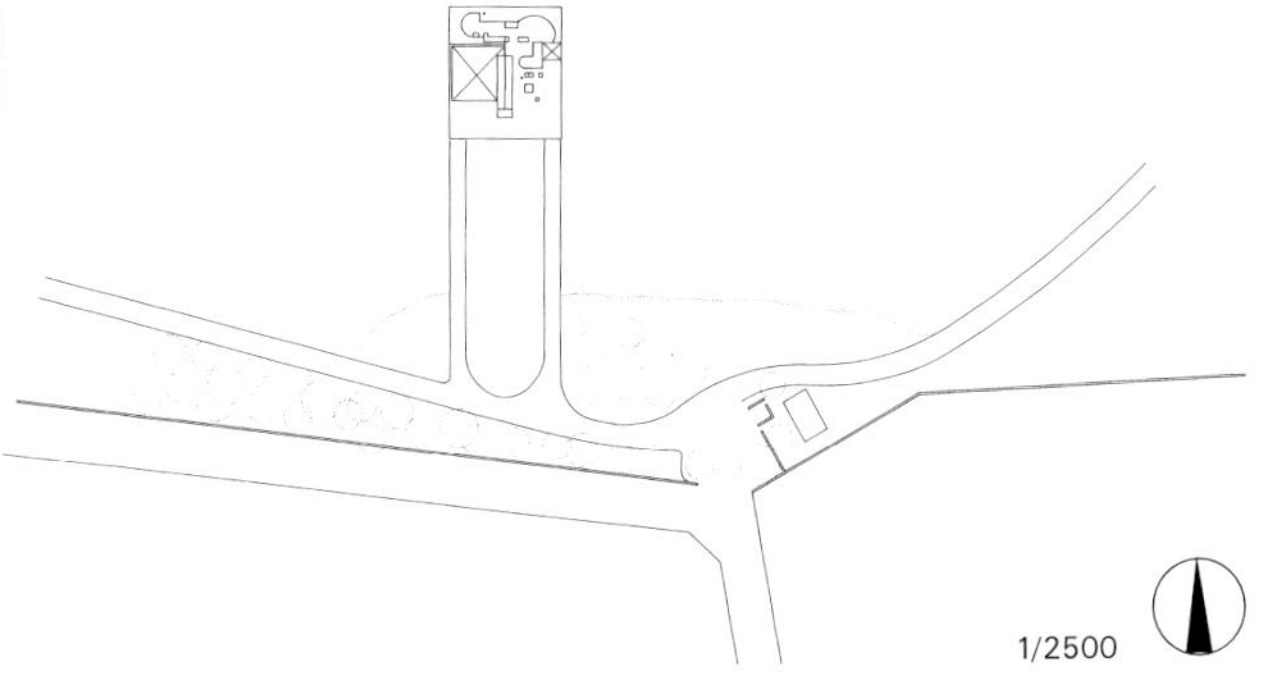
1/2500

配置図

*2　G・ギーディオン著、一九四一

*3　『理想的ヴィラの数学』C・ロウ

直交して配置されたU字形階段を経て二階の床面へと上昇する経路の設計についても同様である。

「すべての建築芸術は目標と進路というふたつの契機を媒介とする空間形成である。民家だろうと神殿だろうと、すべて建物というものは構築的に形成された進路である。すなわち、そこでは入口をまたいで中にはいると、構築的な形成作用によってつくり上げられ、広がりと奥行きへの動きに従って統一された空間が、順を追って現れることになり、かくしてそこにある一定の空間が体験せられることになるのである。しかも同時に建物というものは周囲の空間の関係から見れば、ひとつの身体的形式としての目標なのであり、我々がそれに向かって歩み寄ったり、あるいはそこから出ていったりするものなのである[*4]。」サヴォア邸の魅力をなす中心の質を捉えようとするとき、このD・フライの「統一された空間が順を追って現れ、空間が体験せられる」という建築芸術を規定する一般的概念は示唆に富む。ル・コルビュジエ自身もまた、方法的に整理してはいないが、「構築的に形成された進路」を〈建築的散策路〉と述べている。

私はこれを〈映画的手法〉と呼びたい。この〈映画的手法〉を徹底して体現したところにサヴォア邸の新しさがあり、二一世紀初頭の現在においてもそれが〈来るべき建築〉であるように感じられるからである。

## 歩きながら観賞すること

建築の現象は、人が動くことによって、時間の経過とともに現れてくる。客観的な三次元空間として一挙に知覚されるものではない。

これは当然の事柄であるように思えるが、実は、二〇世紀初頭に発見されたアインシュ

*4　『比較芸術学』ダゴベルト・フライ著、吉岡健二郎訳、創文社、一九四九、p.6

次頁上／模型写真　北東より俯瞰
次頁下／模型写真　南西より見る

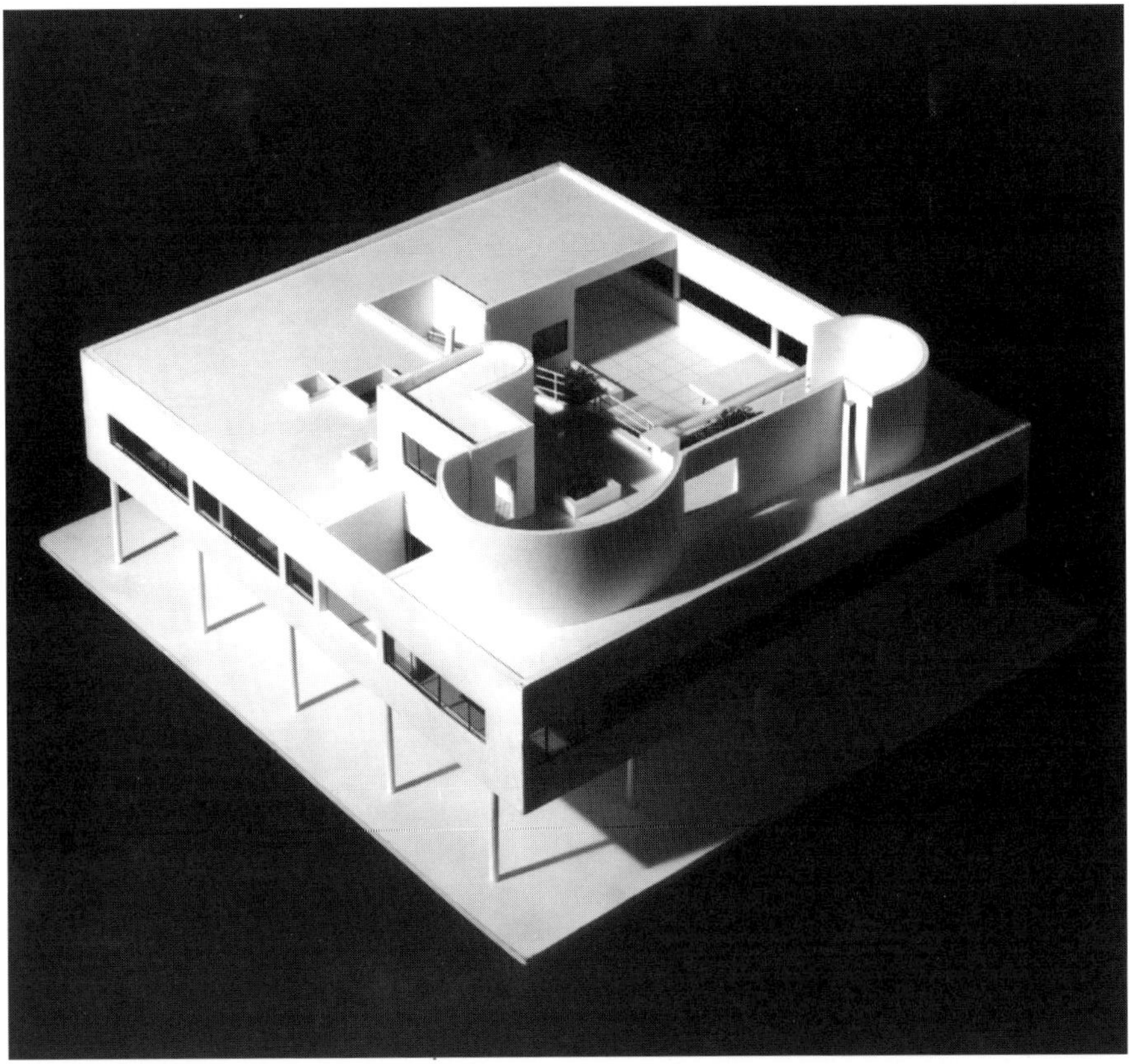

タインをはじめとする科学、ベルグゾンに代表される哲学の達成と呼応した空間の概念なのである。このことは設計する建築家の側からすれば〈建築の枠組みとは、人間の動きを制御する機構〉そのものとなり、それを意識化したところに、サヴォア邸の魅力の中心があると私は考えている。

サヴォア邸には、前述したように、人の動きが形象化された進路がある。それを中心として住宅が構成されている。D・フライに倣うと、統一された空間（場面や光景）が、順を追って（連鎖と共に）現れ、建築（映像）が体験させられるのである。映画館において椅子に座って一方向に目を凝らしている身体は、建築では現実に働きかける。画面が動くのではなく、三次元的な空間の中を身体が移動する。

「しかし散歩を続けるのだ。庭から上階へ、斜路によって家の屋上にあがり、そこに日光浴場がある。アラビア建築は貴重な教訓を与えてくれる。歩きながら観賞することだ。歩くことで、移動することで、建築のつくられ方が展開していく。これはバロックの建築と反対の原理だ。そちらは紙のうえで構想され、理論的な固定点をめぐってつくられる。私はアラブの建築の教訓の方を選びたい。この家の場合、ほんとうに建築的な散歩によって、次々と変わった、予期しない、時に驚くべき姿を呈するのだ。例えば構造的には柱梁の絶対的な規格を持ちながら、そこにこれだけの変化が得られるというのが面白い。構造は等間隔の柱でできていて、受台がついていて、それに規則的な等しい梁が架せられる。骨組みは独立していて、間取りは自由だ。[*5]」

## 進路に沿って刻々と変化する映像

「建物というものは周囲の空間の関係から見れば、ひとつの身体的形式としての目標であ

*5　Oeuvre Compléte 1929-34

る」——背の高い樹木の間を歩いてゆくと、視界は一挙に開け、北に向かってなだらかに傾斜する緑の草地の上部に、予想以上に大きな白い箱が地上から離れて固定されている。左側は、今では中学校の不似合いなカーテンウォールの壁が立ち塞いでいるが、右方はセーヌの渓谷とポアッシー市を見渡す丘への景観が開かれている。眺望は北に開け、太陽の方向とは逆である。目にしているのは南側の立面である。ピロティの下を車で回り込めば、北側の正面玄関に達することになる。

細かい砂利が敷かれた車寄せに沿って歩き、北側の正面に出て草地から見上げる。フレーム越しに二階にも中空な空間があることが見える。中空に横切る横長のファインダーのなかにもまた、周囲の森や空が連続している。充実していない量塊、空洞をあけられた直方体。「入口をまたいでなかに入ると、構築的な形成作用によってつくり上げられ、広がりと奥行きへの動きに従って統一された空間が、順を追って現れることになり、かくてそこにある一定の空間が体験せられることになる」。中央にスロープを据えた一階の玄関ホールは、実に不思議な場所である。〈来るべき空間〉を暗示するような新鮮さがあるのだ。現代の建築家はここに最もひきつけられるのではないか。この他のル・コルビュジエの作品で、こうした現代性を強く感じる場所として、「ラ・トゥーレット修道院」(一九五三 - 五九)の中庭がある。オブジェが分布し、散漫なように見えるが、決して退屈ではなく、人が動くことによって読み切れないような豊かさを提示する場所である。

斜路の斜めの線、その脇にある階段の上方の明るさに向かって螺旋状にめくれ上がる白い腰壁、曲面ガラス越しの歪曲された風景、柱にとり付けられた水平板や自立する洗面台、光を流し込んでいる床の水平面。それらを人の移動に沿って刻々とカドラージュ(画面構成)して、視界を分割しながら見せてゆく垂直の柱の基準線。異質なショットを配列して結び

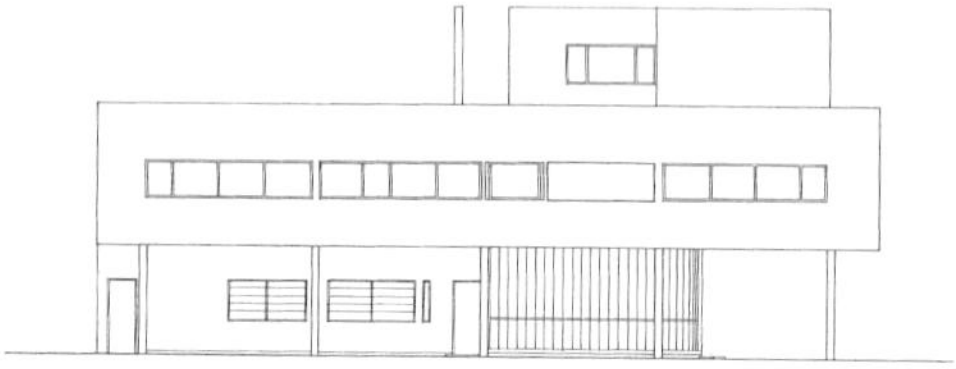
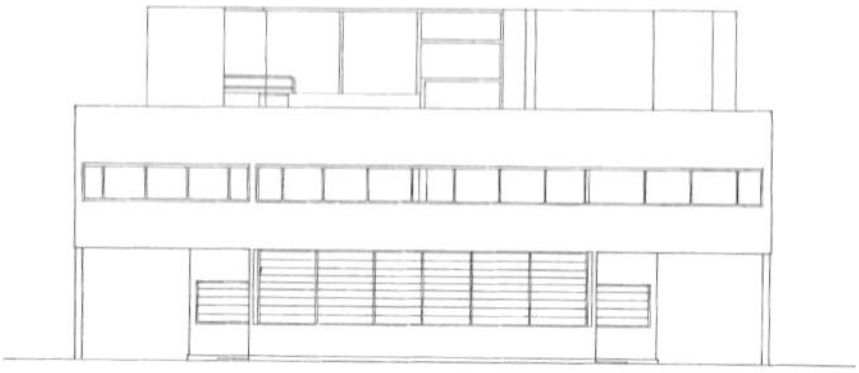
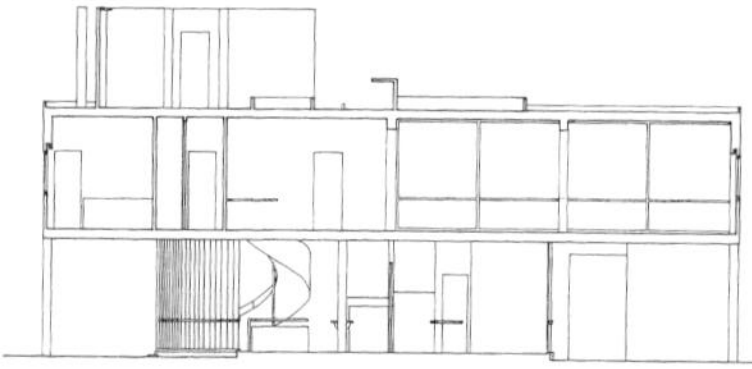
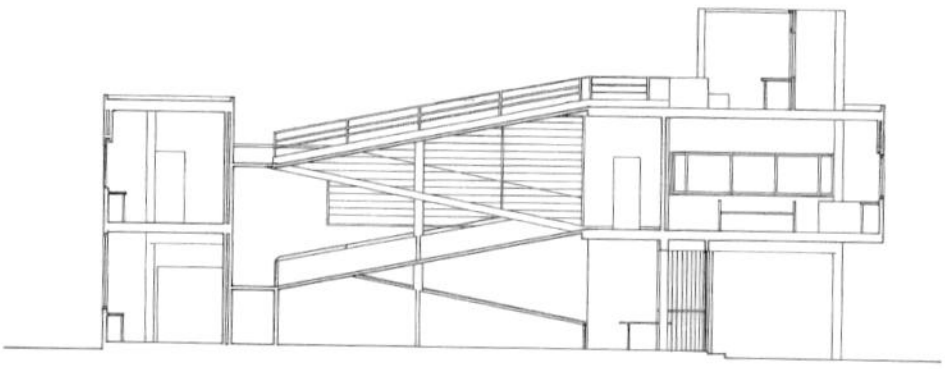

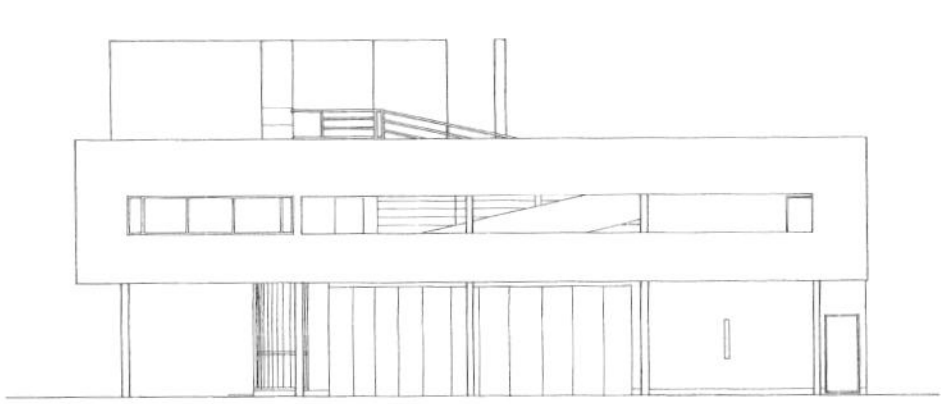
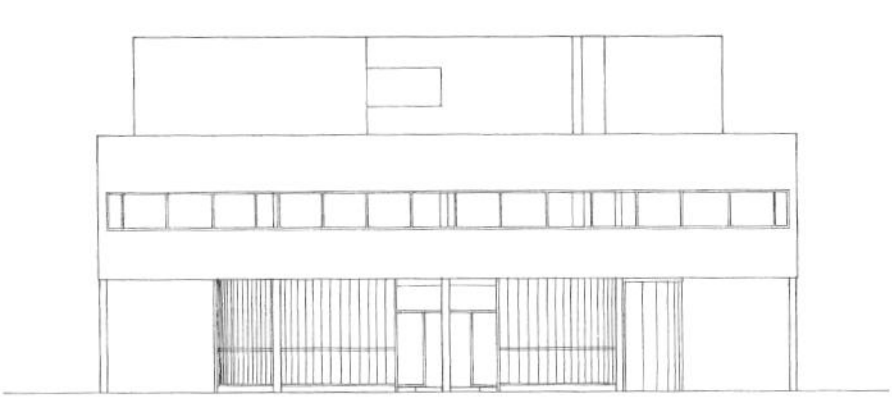

図面／上段右より南、東、北、西立面図。下段右よりスロープ部分、居室部分、屋上庭園部分断面図

写真／上段右より南側外観、北側外観、横長のスリット、ピロティ、玄関廻り。下段右より玄関ホール、折り返し階段、スロープ、二階広間、二階屋上庭園、三階屋上庭園

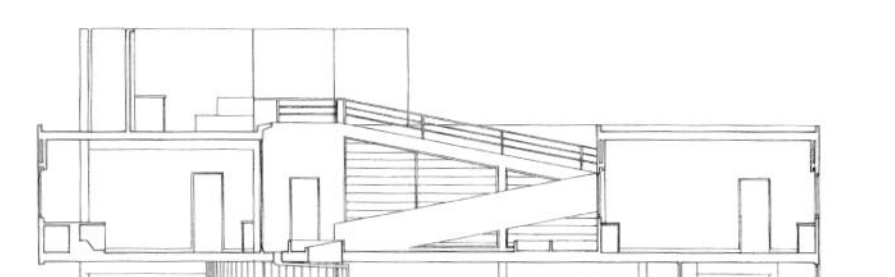

1/400

つける映画でいうデクパージュ（decoupage）の技法を思わせる。垂直線は視界を枠取り〈建築的時間〉を刻みつける重要な役割を持っている。

スロープを登るに従って、視界は刻々と上昇し、新しい視界が奥行き方向に開け、屋上庭園の広がりと光、屋外の景色が人を誘惑してゆく。ル・コルビュジエの建築的進路の変わらぬ目標は、戸外の自然の大気へと開放されてゆく運動であり、人間の家が自然の中で全方向に開かれてゆくという感覚、自らの身体の重さを失って、外気の中へと開かれてゆく浮遊感である。

サヴォア邸にアプローチし屋上へ至る進路は、ピロティ下を回り込んで建物に入る、スロープの踊り場で折り返す、二階の居間に入り反転してテラスに出るというように、長い距離を折り返しながら建物を貫いてゆく。ル・コルビュジエは、作品集に載った断面図に注をつけて次のようにいっている。

「ピロティから斜路で緩やかに上がる。それは段々からなる階段が与える印象とは全く違った印象である。階段はひとつの階を他の階を切り離し、斜路は結びつける」

刻々と視点の高さ、視線の向きを変えながら映像の展開を連続的にする装置を住宅の中央に据え付けたこと、その散策路に沿って場面や光景を集結していったこと、これがまさに〈映画的手法〉なのである。

住まいが、壁を立て、中心に立て籠り、一箇所へ定着させる場を確保するというものではなく、採光された床面のなかにさまざまな異なった性質の場を分布させ、動きのなかに差異が刻々と生じていくような持続としてあること。そうして設定された人工的な一連の場の集合が、人間にとって、自然の環境に見られるような豊かな多様性を帯びてくるとき、あるいはそれが上空に設置され、宇宙の秩序に浸され、光と影、昼と夜とを刻みつけ、大気

右／一階部分模型写真
次頁右／二階部分模型写真
次頁左／屋上庭園の避難所（アブリ）

や緑の風景へと手を差し出すとき、「住宅は幸福を生む場所になり〈地上の楽園〉になる」とル・コルビュジエはいう。

## モンタージュの技法

　中央に据えつけられた映像装置としての〈斜路〉は、部屋と部屋の機能的連絡や、力学的な秩序を受け持つドミノの架構の秩序にとっては、実は厄介な代物であった。斜路は機能的にも、力学的にも中央の連絡を分断する。この住宅の平面は、力学的合理性を前提とする規則的な秩序と、箱の中央に侵入した〈建築的散策路《プロムナード》〉、斜路を中心とする人間の映像的な秩序の重ね合わせとして初めて理解されるようなものだ。このふたつの秩序が重ね合わされ、折り合いをつけて、ひとつの作品が構成されている。〈近代建築の五つの要点〉によって形成された外側の均一な被膜は、そうした内部の出来事を包み隠す仮面である。立面から暗示される全体の単一な秩序は、内部では大きく変形されている。整然たる枠組みの中に納められた内部を辿るとき、この建築の尽きせぬ魅力の原因が、きわめて明晰な部分と曖昧な部分のせめぎあい、その相互の関係にあることを感じる。

　この住宅の内部にはシトロアン型の断面がない。カルタージュの住宅（一九二八）の実施案についてコルビュジエ自身が「この断面は少しの興味も惹かぬ」と述べ、作品集に組み合わされた吹抜けを持つ計画案の図面をあえて添えたことに代表されるように、ドミノの層を打ち破り上下の階を一体化するという修辞は彼の住宅とは切り離せないものであった。空間を一体化し純粋直方体の強い輪郭を内部においても現象させる。多様な形態要素やそこを巡る動線は常にそうした強い全体との対比によって浮かび上がってくるように仕組まれていた。

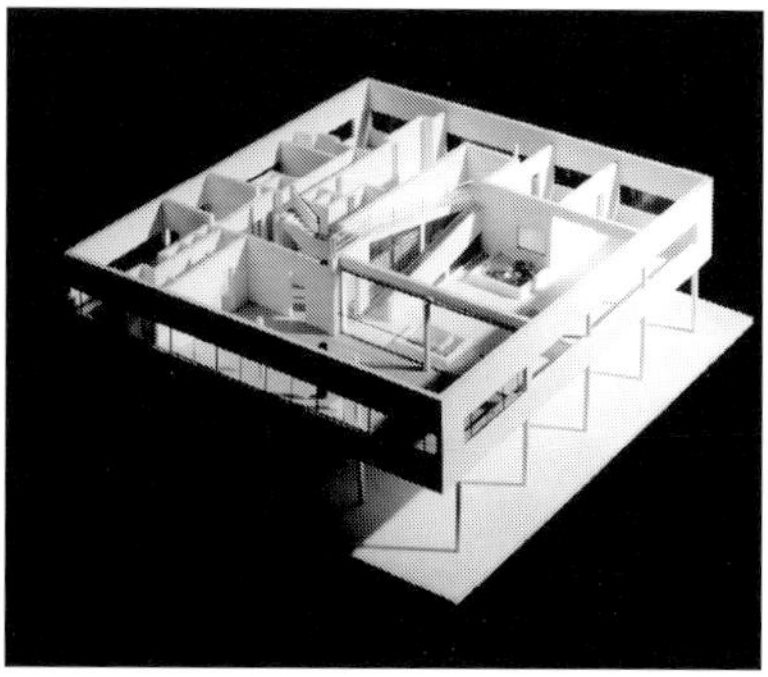

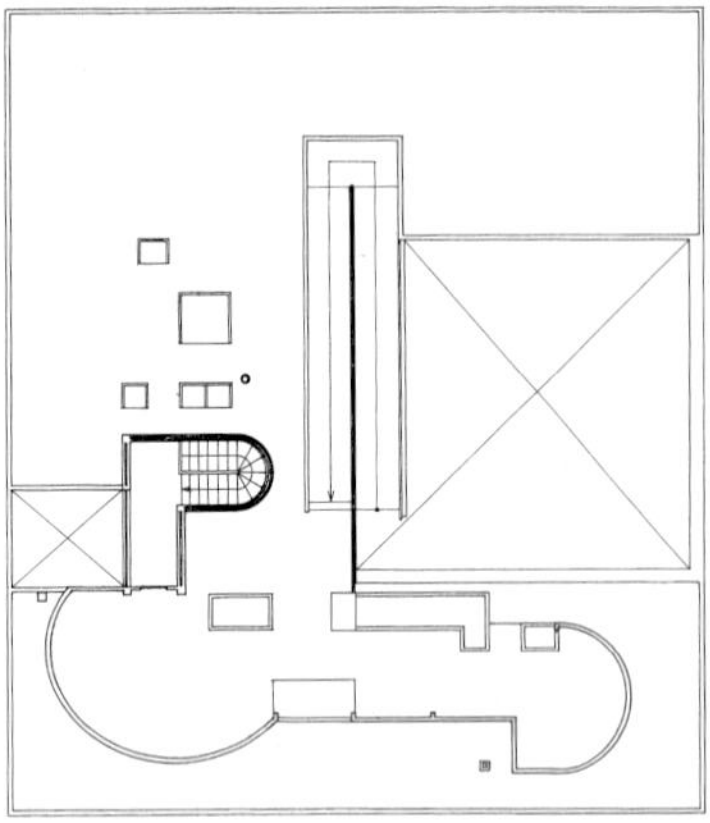

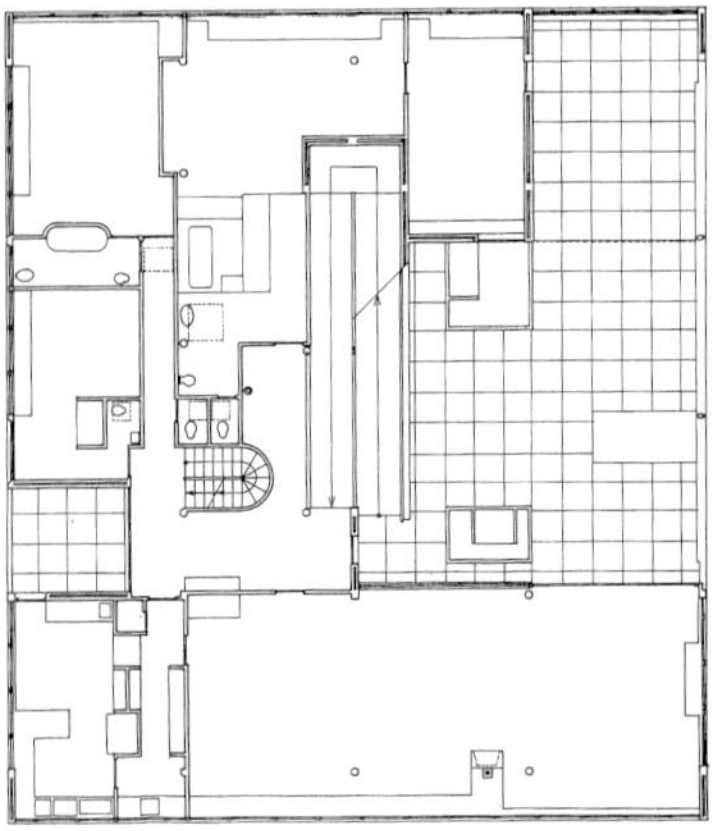

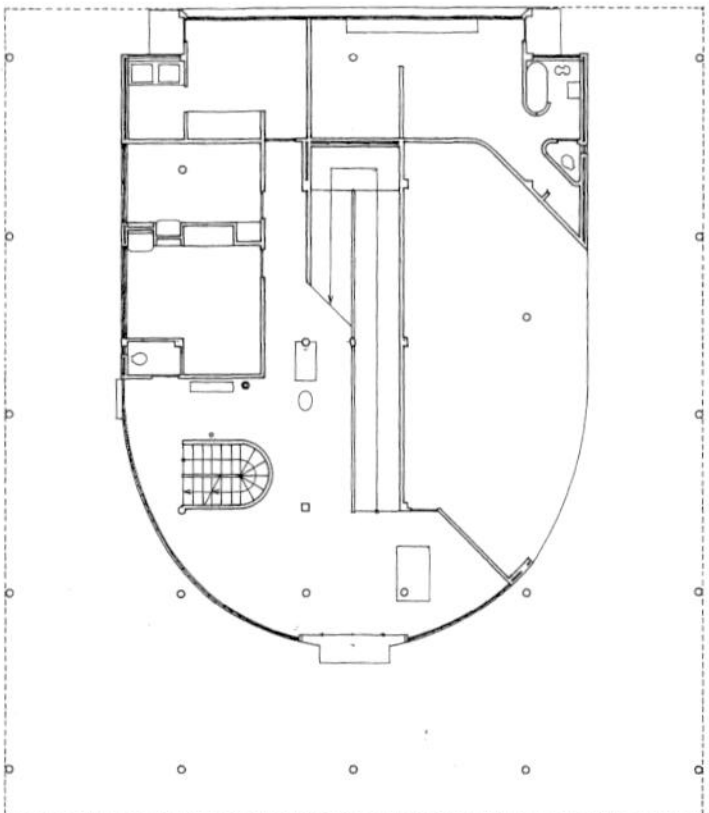

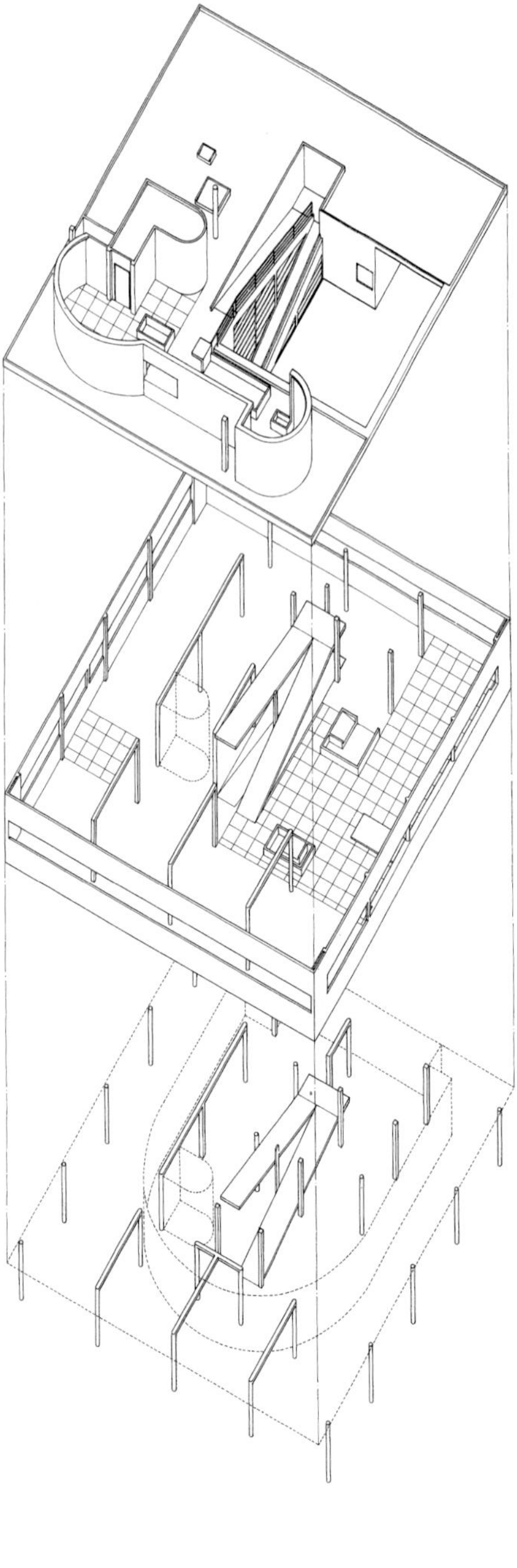

1/400

しかしサヴォア邸の三つの層は、むしろ各層ごとに特徴的な断片を形作っているように思える。建築のなかには中心的な場所がなく、クライマックスが複数ありそれらを包み込む被膜は外からのみ強く意識される。空中に持ち上げられた箱の底面を見る一階の玄関ホール、横長のスリットが風景を切り取る二階の居間およびテラス、曲壁に囲まれた三階の屋上のスペース……それらは固定した視点で見る限り建築の断片であり、中心を貫くスロープ上を移動する視点によってのみ結びつけられる。シトロアン型の断面は多様な要素を空間のレベルでいったん全体へと統合するが、サヴォア邸は、空間的にはあくまで多様な部分の集積された箱である。長い距離を折り返しながら建物を貫いてゆく進路、その線状の空間との対比を鮮やかに描き出すために全ての要素は同等な重みづけを与えられ丘の上に浮かべられる。こうして視点の移動に伴い、映画のように刻々と映像が並列されてゆく。それはル・コルビュジエの空間の記憶の貯蔵庫の内側の映像を見るような経験なのである。

二十四歳の「東方への旅」の経験をはじめとするル・コルビュジエの四十二年間の歴史、目の記憶が曖昧なまま埋め込まれている。車寄せ、ソラリウム、屋上庭園脇の避難所（アブリ）、円弧の壁のリズム、寝室の形式、洞穴と光、柱と壁の戯れ。そして異質でもある豪華なローマ式のタイル貼の浴室は、「二十世紀の住むための機械」に歴史の奥行きを一挙に与えるために採られた、さしずめ映画でいうなら、短時間の中に多くの情報を伝えようとするモンタージュ（montage）の技法であろうか。

前頁右／アクソメ
前頁左／（下より）一、二、三階平面図

# 2-9
## MAISON SAINT CLOUD 1935
サン・クルーの住宅

「このような住宅の計画は入念にされなければならない。構造の材料自体が建築を構成するからだ。その骨組みはひとつの型の梁間でできていて、庭にある亭までこれに従わせた。

ここで目に入るものは、外壁では自然石のあらわしの石積み、内部ではこれを白く塗ったもの、天井と内壁の木材、煙突の煉瓦積み、床の白タイル、〈ネヴァダ〉型ガラスブロック、そして緑の縞のある白大理石の机だ」

ル・コルビュジエ[*1]

## 敷地、環境

この設計の過程はひとつのアイデアの一連の展開である。〈木立の奥に建つこの住宅に求められたことは、なるべく見えないものにすること〉であったという作者自身による住宅の説明文の冒頭にもあるとおり、そうした一定の指針のなかでスケッチは揺れ動きを見せる。パリ郊外ラ・セル・サン・クルーの約八〇〇平方メートル（二四〇坪）ほどもある雑木林に囲まれた南北に長い台形の敷地の西側と南側には道路が走っている。敷地は低い生垣に縁どられた別荘地である。その二面道路の角地の東北の隅部に建物を据え、道路からの距離を最大に確保し、林の奥に住宅をひっそり息づかせるというのがデザインの当初からの方針であった。自然のなかに溶け込んで内部と外部が交流するような住宅、それがこの設計の主題である。内部の材料も、自然の素材をそのままに、愛情を込めて入念に選択されている。一様に室内が白く仕上げられた、一九二〇年代の住宅と異なり、一九三五年に完成したこの住宅では床の白タイル、壁の白い石灰のろ仕上げの石積み、天井や壁のベニヤ合板、暖炉や煙突の煉瓦積み、それらの固有の質感、肌理は多様な物質から構成される自然の現象のあたかも抽象のように、ひとつひとつ大事に考慮され、それらはやすらぎに満

*1 Oeuvre Compléte 1934-38

配置図

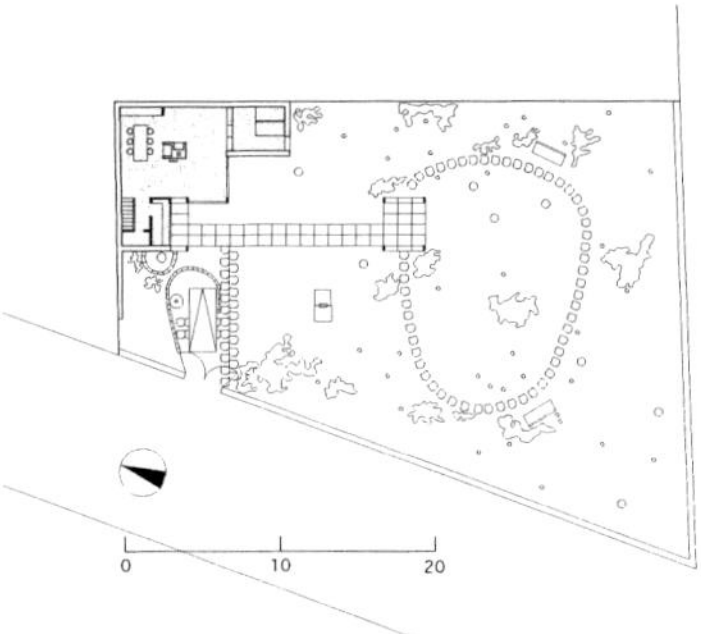

ちた調和の世界を営んでいる。

## 設計プロセス

可能性はさまざまに探索されるが、大きく分けると三つの段階を踏んで発展している。第一段階は敷地の隅に建物が巣でも営むように三角形の平面で塀と連続した建物として考えられている。それは自然のなかの素朴なシェルターであり、塀がそのまま隆起したような洞穴である。庭に向かって開かれ、草を生やした鉄筋コンクリートの屋根の下で、その粗い切石を積んだ塀の囲みの一部で生活するのだという感覚を強調しようとする。第二段階は雁行した平面のうえにそれぞれのブロックごとの覆いをかけて始まる。その無様とも言いうるような屋根の形状のヴァリエーションのスタディを繰り返しながら、そのスケッチのひとつには〈ガウディの家〉と書かれているものさえある。結局そのスタディは建物の輪郭を目立たせることになるのみであると了解したのか、全体は平屋になり二・六メートルまで低く押さえられ完成案の原型が生み出されることになる。第三段階ではそのことに意識が向けられ、広い一室空間に戻してから、性格づけに従って造作で素直に部屋を位置づけてゆく。住宅の空間の中央に置かれたこの暖炉と飾り棚が一体となった造作物。これこそスタディの当初は考えもつかなかったような平面の可能性だ。それが最も初歩的とも思われるこのそっけない平面の分割を住まいの場にするのである。

コルビュジエの設計のプロセスをみると、最初に幾何学の規則があり、それを崩すことによって生の環境としての柔らかさを生み出す方向に進む場合と、当初の有機的なものから出発し、それを整理しながら見通しをつけ、幾何学的な規則にあてはめてゆくといったふたつの場合がある。この住宅のデザインプロセスは後者の道筋を辿る。

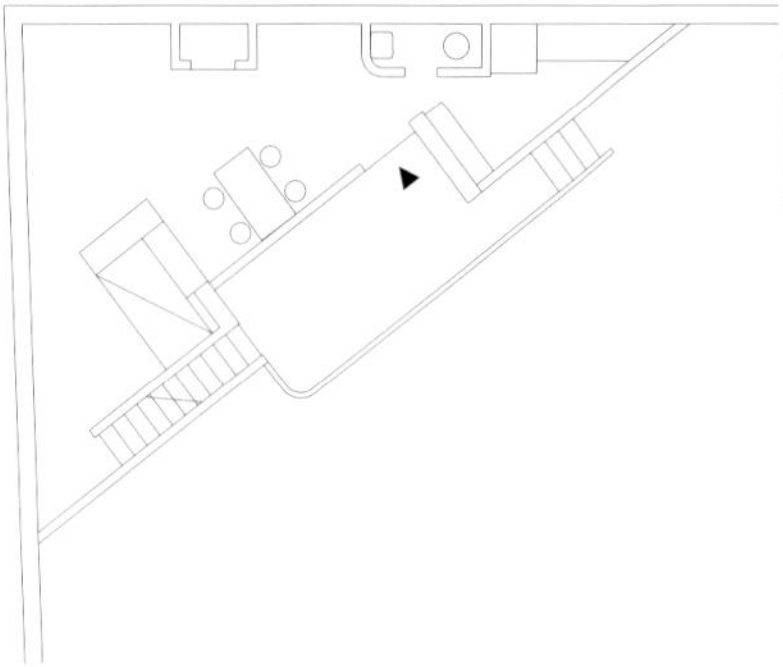

第一段階初期

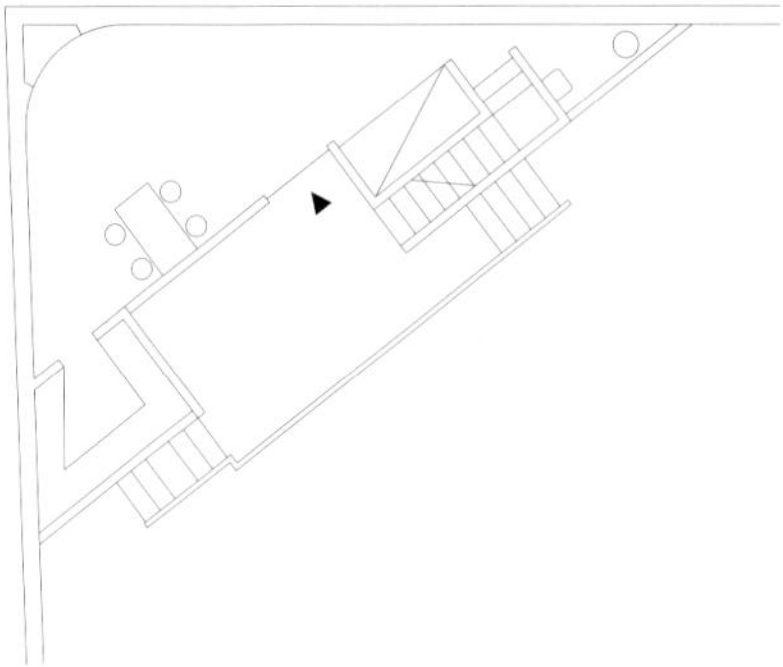

第一段階中期

## 第一段階

### 三角形の洞穴／塀の囲みの一部での生活

敷地境界線上に塀を建て、その東北の隅に巣を営むように三角形の平面に覆いをかけて週末住宅をつくりだそうというのが第一段階である。まず最初のスケッチでは、東南角部に厨房及び水廻りのコア、北西角部に寝室コーナーと中二階に続く階段が配される。中央部は居間・食堂の広間で、寝室コーナーは収納家具によってここから仕切られている。主入口は向かって壁厨房側に据えられ、一方テラスから地下貯蔵庫へ降りる階段の入口がテラス側壁にとられている。立面は室内の要請に基づいた平屋根構成である。

次の中期では、テラスの位置が庭から向かって左に偏心し、室内ゾーニング及び正面壁が非対称になる。前期とは逆転して、広げられた東南角部の方に寝室コーナーと階段と水廻り、北西角部の方に厨房が割り振られ、三角形の両端部をサニタリーが占める。暖炉は当初の位置から敷地角部にピタリとあわせて三角形の頂点に据えられる。屋根はヴォールトとなり、断面計画がまとめられ、暖炉の煙突や居間上部のトップライト、また家具、器具の配置も検討されている。特にこの時期のスケッチを見ると、屋根のかけ方の可能性がその片隅で常にスタディされ、完成案の原型、うねる屋根も模索し始められている。

後期で計画は煮つめられ、活性化する。部屋の配分が変化し、向かって右側の寝室コーナーをゆったりと確保し、一方左側は厨房の向きを変えてここに階段と水廻りをまとめておさめてい

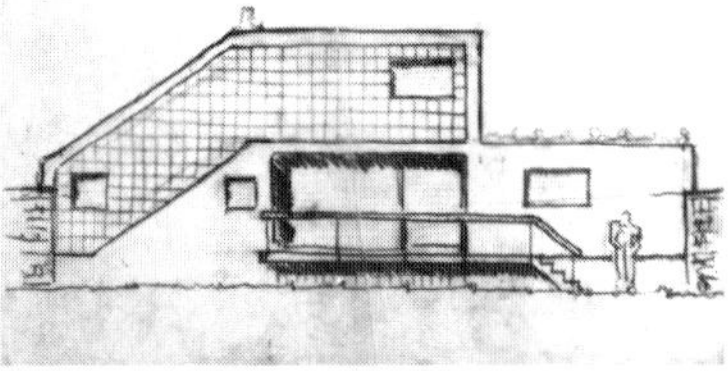

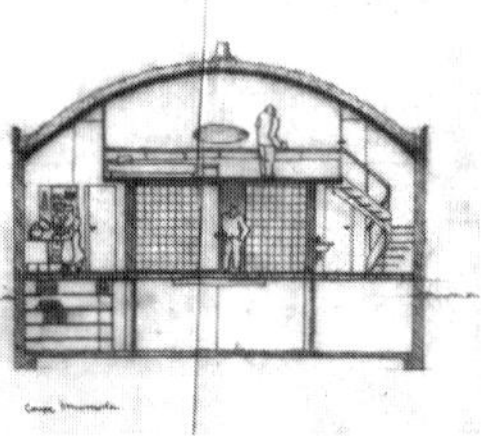

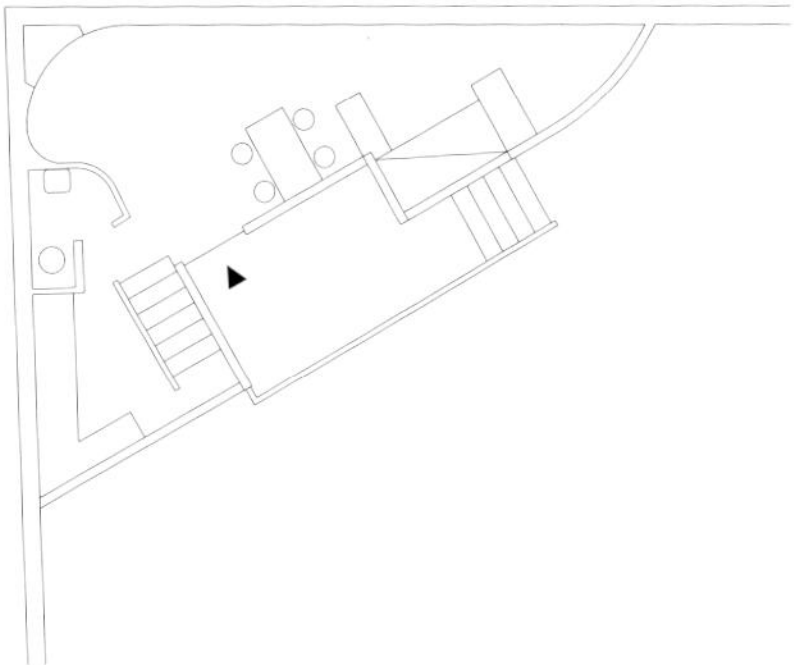

第一段階後期

る。また間仕切り壁には一連の曲壁があらわれ、こうして食堂・居間の広間は鋭角がとれて自然の洞穴のようになる。主入口は北西側に移り、また地下貯蔵庫は厨房室内から降りられるように改変され、方位の面からみても各室ともよい条件で計画された平面構成である。一方、立面では寝室コーナーを分節して一層にし、正面壁は大小二連のヴォールトを合わせたように構成されている。

前頁右／第一段階初期立面図
前頁左／第一段階中期断面図
左／第一段階後期立面図

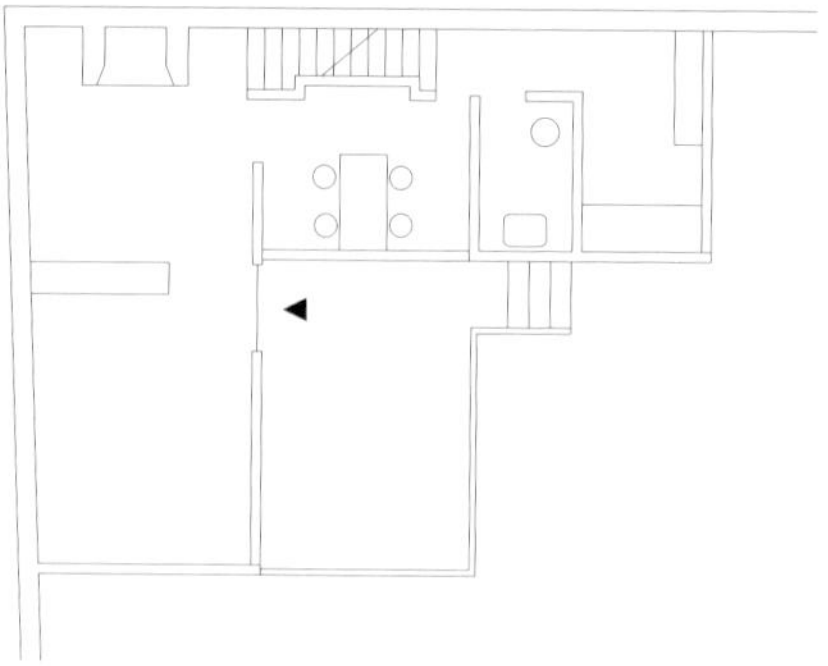

第二段階初期

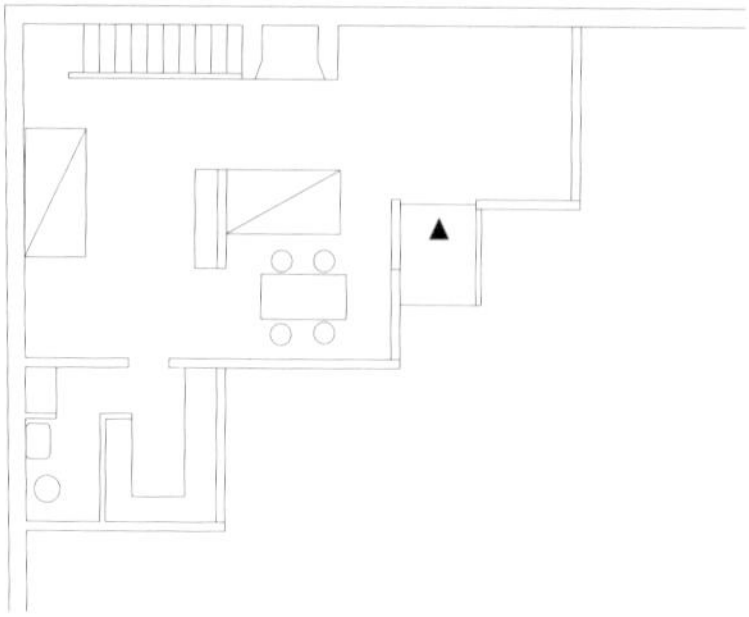

第二段階中期

## 第二段階

### 雁行した平面／格子状の秩序

ここまで練りあげてきた案の展開を棄てて、ここでまったく別の構成が試みられる。三角形平面に代わり、雁行した矩形平面で隅を押さえる配置計画で、これは完成案の原型となる。前期では敷地境界線に合わせてふたつのブロックが雁行に並列される。東側奥のブロックはさらに三つの正方形平面に分割され、厨房と水廻り、食堂と階段、そして暖炉のコーナーがおさめられ、食堂上部に寝室が重ねられているが、暖炉コーナーは二層分の高さをもち、寝室はここを見おろすような中二階形式の構成である。また手前側のブロックには居間、テラスが、やはりグリッドにのって割り振られている。このような全体構成をどうまとめるかがアクソメでスタディされ、平屋根と片流れ屋根を組み合わせた山荘風のものや、各ブロック各区画ごとにヴォールト屋根を架けたものなどが検討される。しかし、いずれもヴォリュームが高く、自然とその一体感は弱められ、突出した輪郭が強く印象づけられる。配置図には、駐車スペース、小路、プール、植栽など外部の環境が計画されている。

中期において建物は平屋となる。平面区画割が変わり、今度は敷地境界線に合わせて三つのブロックが雁行に並列される。各ブロックはほぼ正方形平面のグリッドから成り、東側奥から三、二、一の組み合わせであるが、このような構成は完成案とほぼ同様である。手前から順に厨房と水廻りのコア、食堂と寝室コーナー、そして居間と暖炉のコーナーおよび地下への階段と

右／第二段階初期アクソメ―平屋根と片流れ屋根の組合せ
次頁／第二段階初期アクソメ―一方は「ガウディの家」とコメントあり

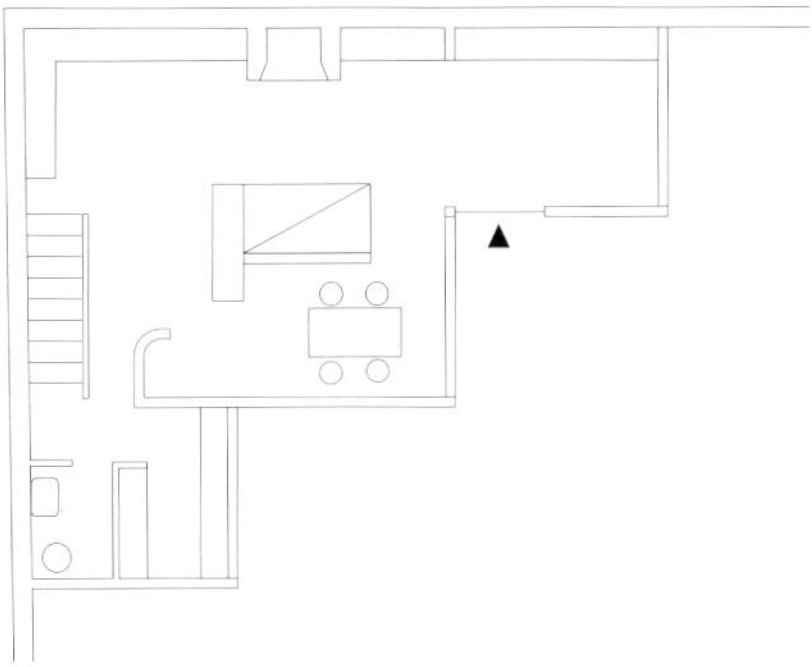

第二段階後期

配されているが、ここでは未だ各区画内で仕上がりがうまく整理されていないし、機能的にもおさまりのつかないところが目立つ。

後期において階段の位置が三つのブロックを横断して設定され、東奥のブロックが横長の居間として開ける。寝室コーナーとしてベッドの位置が定められているが、プライバシーに問題がある。

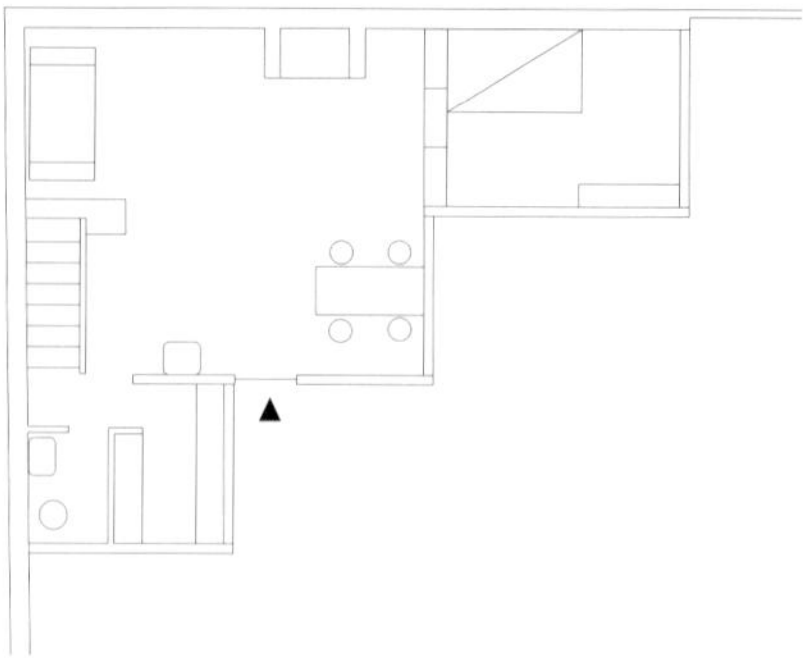

第三段階前期

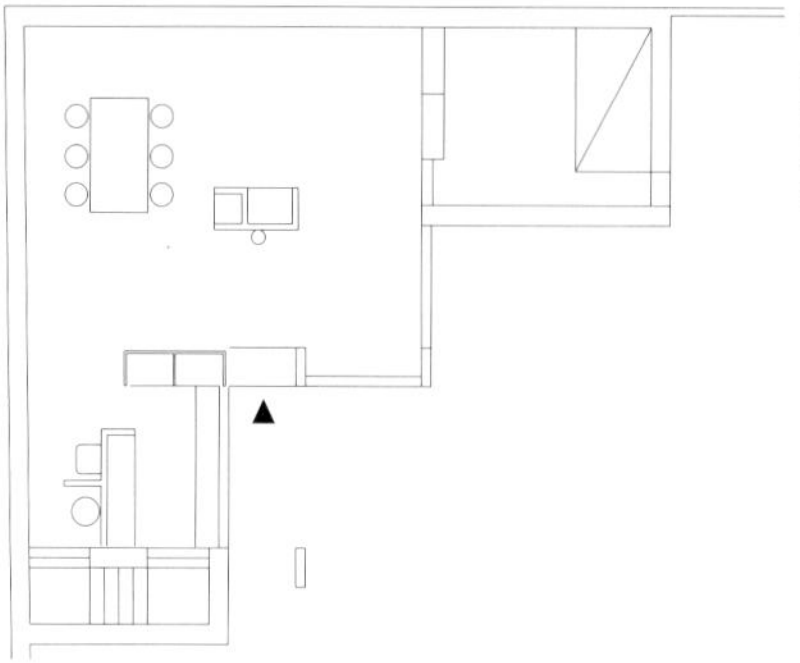

第三段階中期

## 第三段階

### 一室空間／内部のヴォールトの軸性

庭に開く三列の区画割りの空間の方向性が意識され、用途上の場の配分と滑らかに一致して完成へと向かう。それが第三段階である。ここでも階段位置や家具配置など室内構成が検討され、計画は三期にわたって変貌し完成案に収束する。前期で東南端一ブロックが長方形にのばされて、独立した一寝室がおさめられる。ここは居間・食堂広間から可動式収納（本棚）の扉によって隔てられ、室内にはベッド、机、椅子、収納が配置される。広間は一辺ほぼ五対六矩形のワンルームで、主に暖炉を囲む居間コーナーと食堂コーナーで構成されている。主入口は中央ブロック厨房側に移されるが、食堂コーナーと厨房の動線が切られてしまい具合の悪い平面である。

　中期において、暖炉が中央に移されて居間・食堂の関係がまとめられ、また内外ともグリッドにのせて三連の薄いヴォールトを架ける構成が決定づけられる。暖炉を中心にして周囲に各ゾーンがうまく仕切られ配分されるが、これは玄関を受ける壁となる。一方、地下貯蔵庫への階段は位置が変更され、厨房内からブロックの外側に付加された形で据えられる。そして外構計画が固められ、外部での食事スペースの亭が設定されることになる。これは敷地のほぼ中心に、北西端ブロックから引き出された母屋の架構のサンプルのような形で置かれている。立面は低く押さえられ、三連ヴォールトの室内天井高は低いところで二・一メートルに決定され、屋根には草が植えられる。また

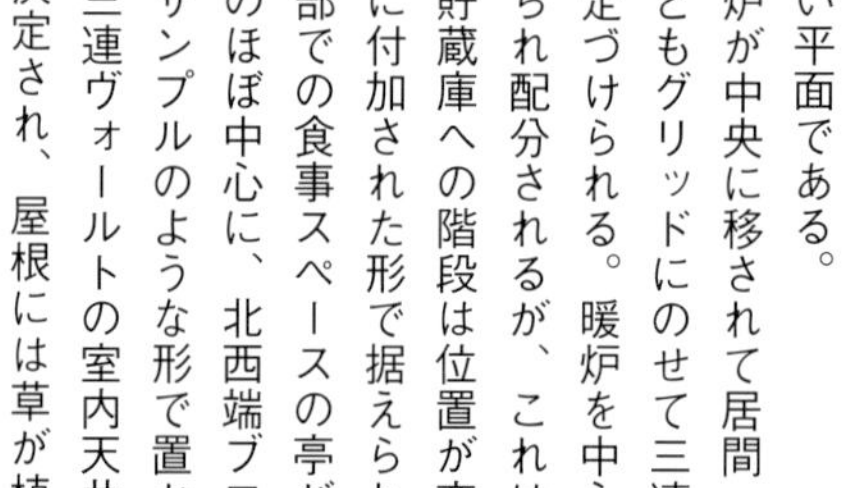

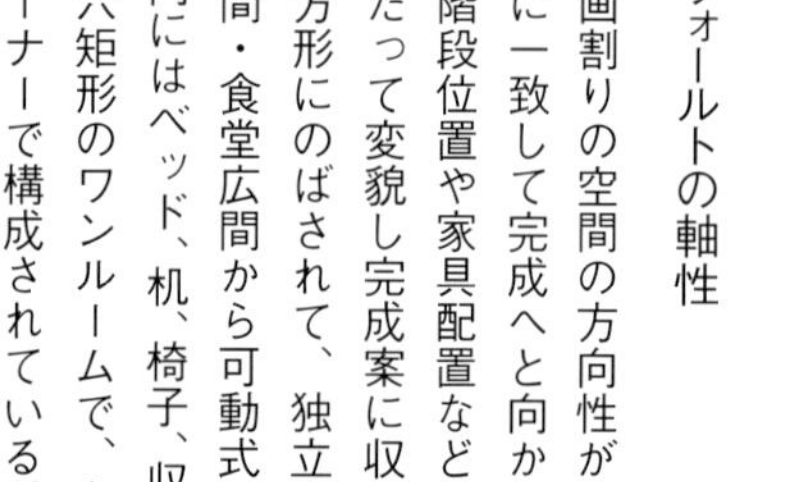

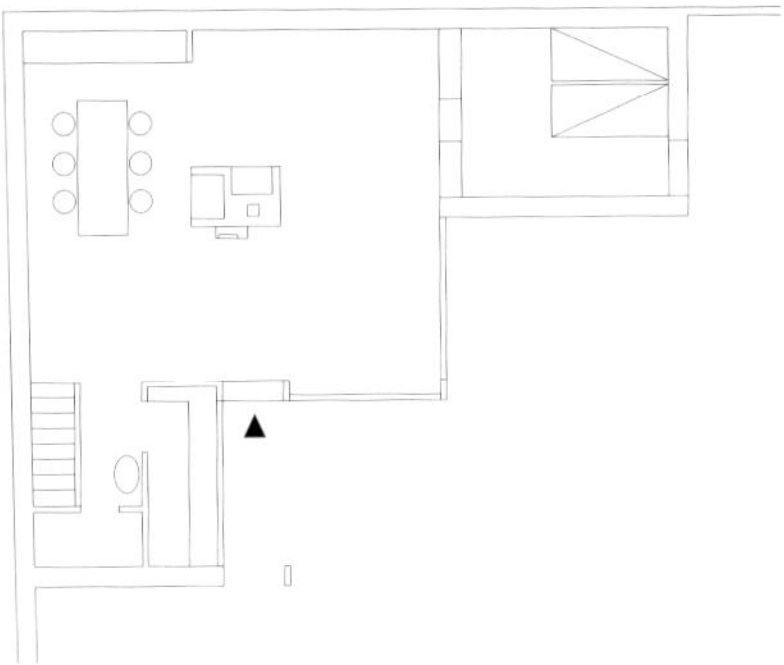

第三段階後期

壁材質は周囲を内外とも、組石積みで囲み、主入口面と厨房南面を〈ネヴァダ〉ガラスブロックで覆い、開口部は居間南面を大ガラスに開けたのみという洞穴を思わせるような計画で、周囲樹木とよく調和し、そこには自然と一体化した建築への夢が醸し出されている。

次にグリッドの外にあった地下へ至る階段をグリッド内部に押し込む作業が行われ、完成へと至る。最終的に厨房、水廻りコアとともにおさめられるが、平面のスケッチは小さな空間の快適さをめぐって苦闘が繰り返される。一方、室内パースで内部のシーンが確認されている。

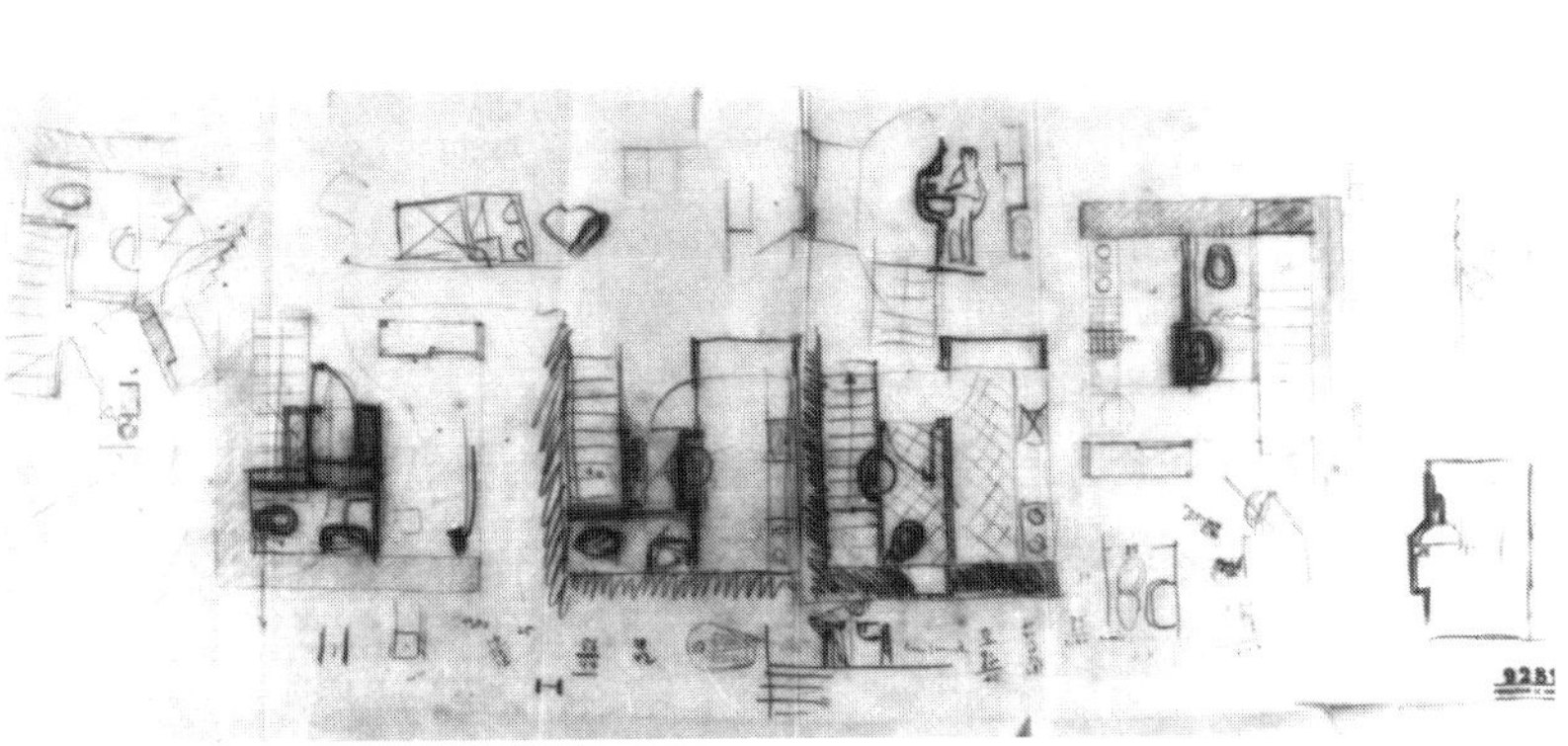

前頁右／第三段階中期敷地図
前頁左／第三段階中期アクソメ
左／第三段階後期水廻りスケッチ

## 空間構成　モノル型住宅

ル・コルビュジエは一生涯の間に現実化した三四の住宅作品と五〇あまりの住宅の計画案を残しているが、それらの全体はふたつの建築的原型を基礎に展開している。ひとつはドミノ型住宅（一九一五）で、もうひとつはモノル型住宅（一九一九）である。

モノル型はヴォールトの屋根の連続とそれを支える壁からなるシステムで、一九一九年にモノル型集合住宅計画として、シトロアン型住宅と同時期に量産住宅として計画されたのが最初である。

モノル型の住宅の本格的な展開は一九三〇年代から始まる。一九二〇年代の白い住宅は、その時点でプラスターの壁に生じたクラックや漏水等、現実にはさまざまな問題をかかえており、幾何学による抽象的な白い箱という前提にはこだわらなくなってくる一方で不況により経済事情も悪化し、その地域、地域に密着した建設方法を見直し、自然の材料が導入されてくる。そうした外的な問題ばかりではなく、初期のピューリスムの堅い矩形の輪郭からの離脱はすでに一九二七年頃からのル・コルビュジエの絵画が予報している。画布のなかには詩的感情を呼びおこす物品-有機的なオブジェが参入し始める。

この浅いヴォールト構造が見事に洗練されたかたちで具体化した作品がサン・クルーの住宅である。しかしこの住宅の計画は量産住宅ではなく、パリの裕福な階級の別荘としてであったため、荒い切石の壁とコンクリートを構造に使っている。この住宅の設計の過程を見ると当初からモノル型が採用されていたわけではない。「木立の奥に建つこの住宅に求められたことは、なるべく見えないものにすること」であった。そのアイデアの一連の展開としてモノル型が採用されたのである。ヴォールトの屋根は地面から這い上がる芝生に覆われ、敷地の中に溶け込んだ洞穴が現代的な材料によってつくり出された。大地から

次頁上／広間から庭を見る
次頁下／配置アクソメ

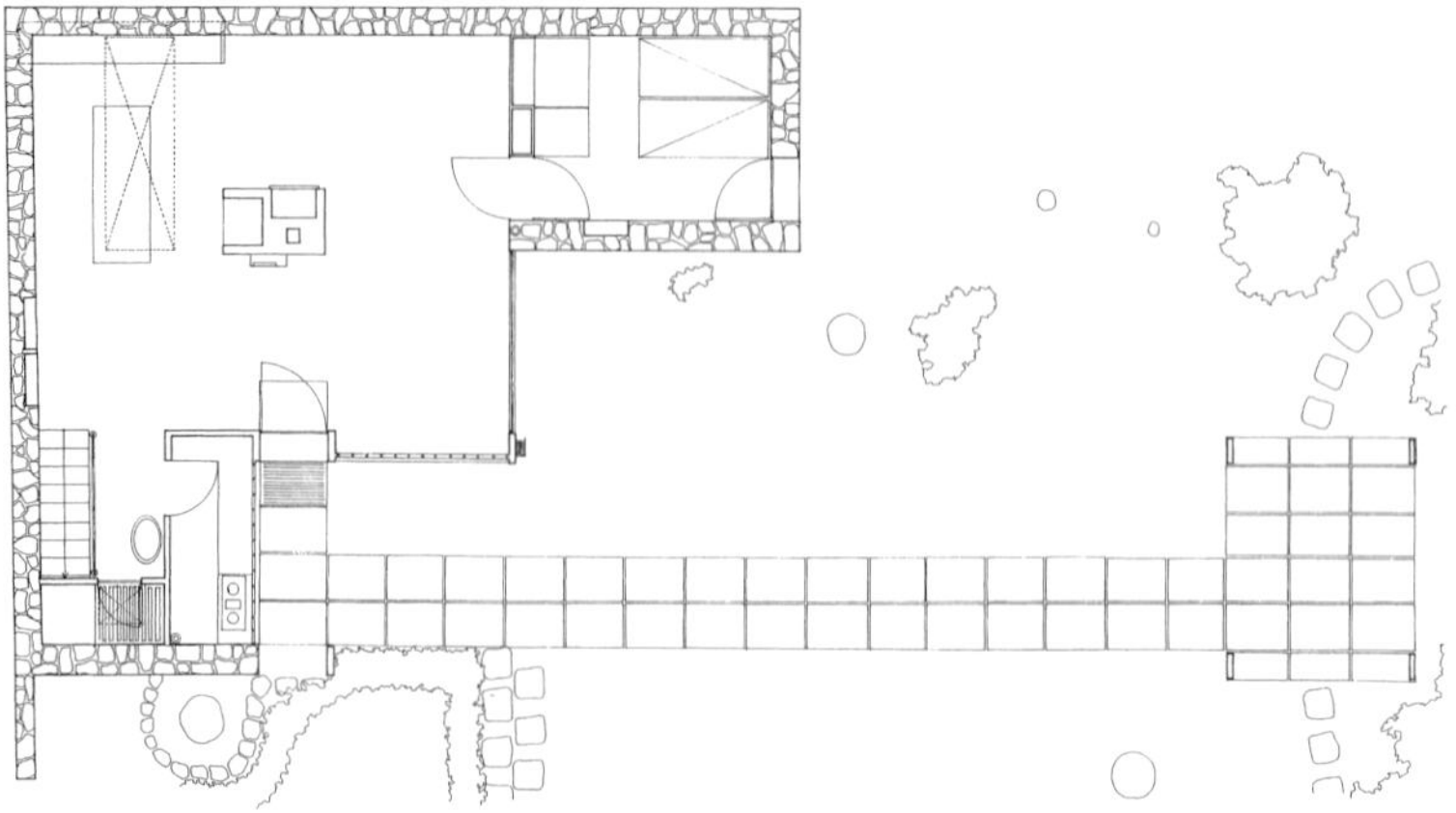

1/200

直立するシトロアン型住宅とは全く対照的な姿を示す。

幅二、五〇〇ミリ、半径一、二四〇ミリの浅いヴォールトの筒状の空間が三つ雁行して並べられている。単純な平面であるが、入口脇の最も短いひとつのヴォールトに従属部分があてられ、他のふたつに居間・食堂・寝室といった主室部分があてられている。全体としては、ヴォールトの天井ともうひとつのヴォールトの天井は四〇〇ミリの構造のゾーンを設定することにより分節されている。下端の高さで二、一二〇ミリである。この住宅の室内の仕上げは、床が白タイル、壁は白い石灰のろ仕上げの石積み、ガラスブロック、天井や壁に見られるベニヤ合板、暖炉や煙突の煉瓦積みといった具合で、シトロアン型住宅の白の時代の単一素材による仕上げの抽象性から離れ、固有な質感、肌理の取り合わせがひとつひとつ大事に考慮されている。暖炉と飾り棚が一体となったオブジェが居間の中央、ふたつのヴォールトの分節部分に置かれ、単純なこの一室空間をゆるやかに分節し、住まいの場のニュアンスをつくり出すのである。屋外には、玄関から伸びた部分のヴォールトの列に同形のあずまやが架けられ、列状の空間の方向を強調している。自然のなかに埋め込まれた極めて優雅に洗練された洞穴。壁を控え、軽やかな文明の恩恵に囲まれ、護られた場から自然の眺望や変化を楽しむための装置としての住宅。

一九三〇年代のヨーロッパではリージョナリズムについての議論がさかんになされていたが、ほとんどは土着的な建物のモチーフを表層的に模倣するという類のものであった。土着的な建物から学んだものをコルビュジエはどのように自己の住宅に導入していったのだろうか。

この時期コルビュジエは、白の時代の純粋直方体の輪郭を解体しはじめるが、サン・クルーの住宅にはひとつの重要な方向性が示されている。コルビュジエがしばしば言及する

前頁上／一階平面図
前頁下／広間内観

「自然の秩序」とは、白の時代の住宅においては、純粋直方体の中に曲壁などの有機的な形態要素を挿入し、ドミノの水平の層をシトロアン型の断面によって打ち抜き連続させるというように、常に規則的な全体の架構に部分的な操作を加え、高/低、広/狭、明/暗といった空間の起伏をつくり出すことに対応していた。こうした表現は安定し均質な全体と、自由で多様な部分という階層的な対比を前提としているため、壁や床、天井といった空間のフレームは均質な素材で構成される必要があった。素材が均質であることが部分の形態的な差異を引き立たせるのである。

しかしサン・クルーの住宅をはじめとするモノル型の住宅では、空間のフレームはもはや均質な素材で構成されてはいない。空間のフレームを構成するのは石積み、ガラスブロック、ベニヤ合板などの多様な素材であり、形態的な操作は部分ではなくヴォールト屋根というかたちで全体のフレーム自体に加えられている。また、こうした多様な全体を貫いて、内部はほぼ一室空間としてつくられている。つまりここでは、白の時代の安定し均質な全体と、自由で多様な部分という強い階層的な対比が捨て去られている。全体がすでに多様であり、そのなかに部分はないのである。「なるべく見えないものにすること」という課題に対して、この階層的な対比を消すという方法は大きな効力を持つことになる。建築は自然のなかに一体のものとして直立するのではなく、各素材が自然のなかに埋め込まれるように置かれ、それらがそのまま洞窟のような一室空間をつくり出すからだ。そしてモノル型住宅の構成言語は、土地を渡る風の方向に抜ける筒状のヴォールトを何列も配列した、インド、アーメダバドのサラバイ邸（一九五六）において最も豊かに開花することになる。

しかし一方で、同じくアーメダバドに建てられたショーダン邸などの作品群では、純粋直方体の輪郭の解体は均質な素材を用いたままでも進められてゆく。

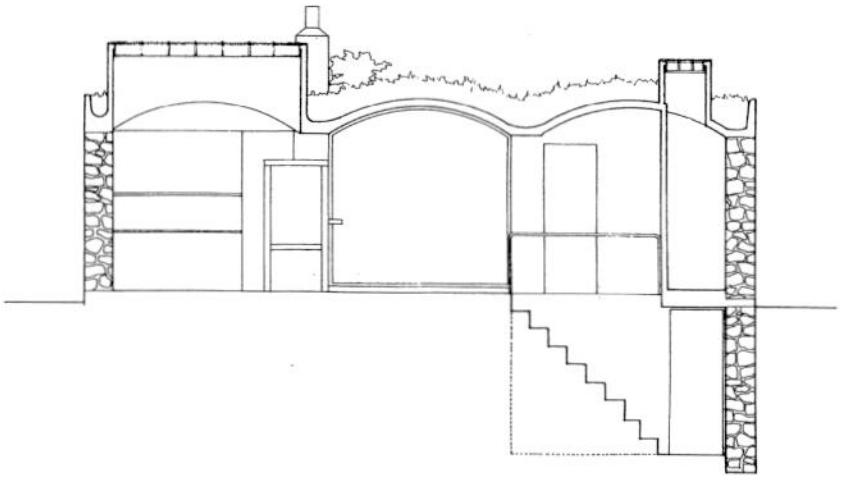

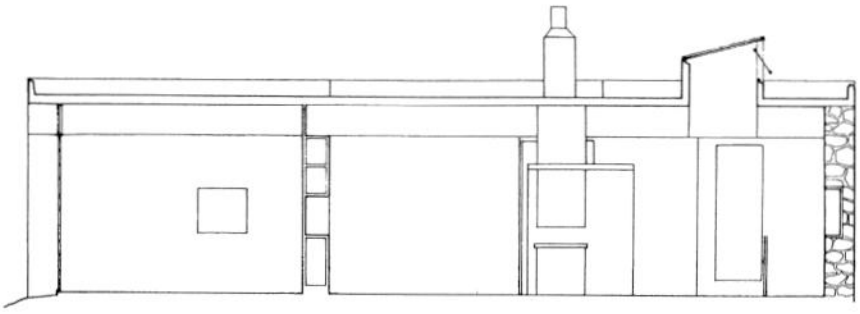

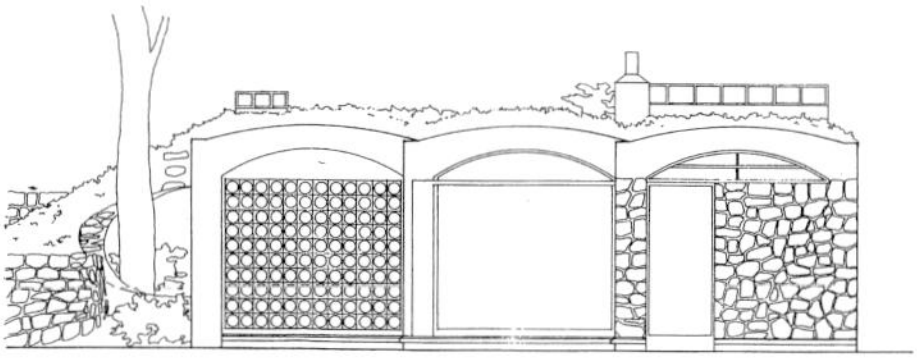

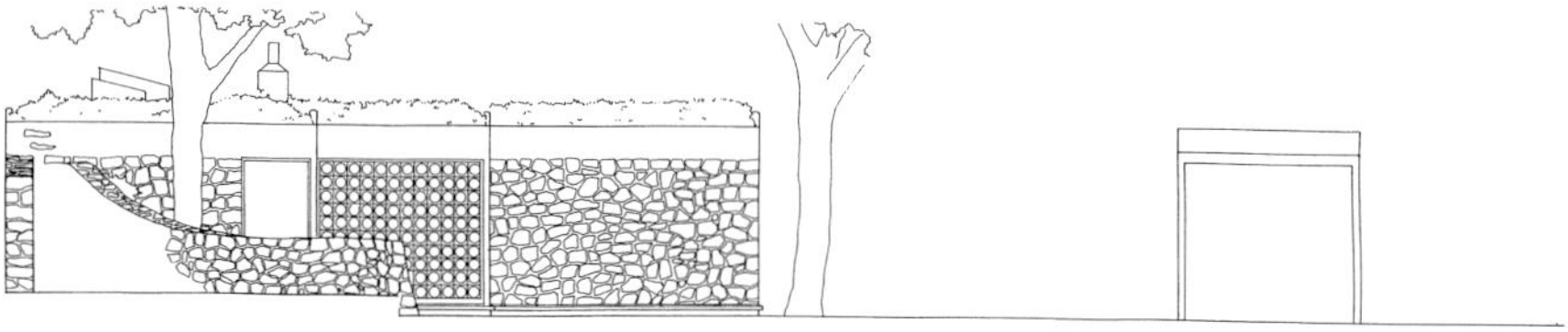

1/200

上／東西断面図
中上／南北断面図
中下／南側立面図
下／西側立面図

# 2-10

# MAISON À ALGER 1933

アルジェの住宅

## 敷地、環境

アルジェの住宅は海を見晴らす断崖の上の敷地に計画された住宅である。しかしこの小さな家の計画は他の都市計画、高層ビルなどを含むアルジェの一連の計画と同様に実現されなかった。ここではコルビュジエの作品集[*1]の一ページに小さく載せられた図面に基づいた模型を頼りに、コルビュジエの白の時代から、ショーダン邸に代表される後期の作品に発展する過程のたどたどしく交錯しあういくつかの方法上の試みのひとつを追求してみたい。

アルジェの住宅は実現されなかったが、他のアルジェの計画とは異なり、ある特定の依頼主の条件にあわせて、実施されることを前提に設計が煮つめられ、まとめられたことは一階のプランの使用人住居の特異な部屋の仕組みからも推量される。この住宅の平面計画はふたつの部分から成り、約一五〇平方メートルの二、三階の住宅と一階の使用人の住居に分けられ、入口は西側のピロティをはさんで別々に設けられている。突出した階段室に直交するかたちで入口が設定される方式はしばしば見られるものであり、ヴォクレッソンの住宅（一九二二）と同様の動線、類似したサッシュ割りが階段室に使用されている。二階に登ると正面を壁で閉ざし、空間は東西方向のみに開かれるように強制される。居間は五メートル立方の完全なキューブの空間であり、厨房前の天井高の低いアルコーヴを通じてテラスに向かって開かれている。ここでも白の時代の住宅の内部構成に見られたようにテラスを居間と対角方向に配置し、強い東西方向の動きに斜め方向の運動を拮抗させている。こうした対角方向の配置はコルビュジエの後期の作品に至って顕著な特徴となり、サラバイ邸、ショーダン邸では建物のブロック配置に明確に表れる。シトロアン型の断面はここでも採用されており、三階の図書室からは居間の吹抜けを通して一三〇メートル下の海を一

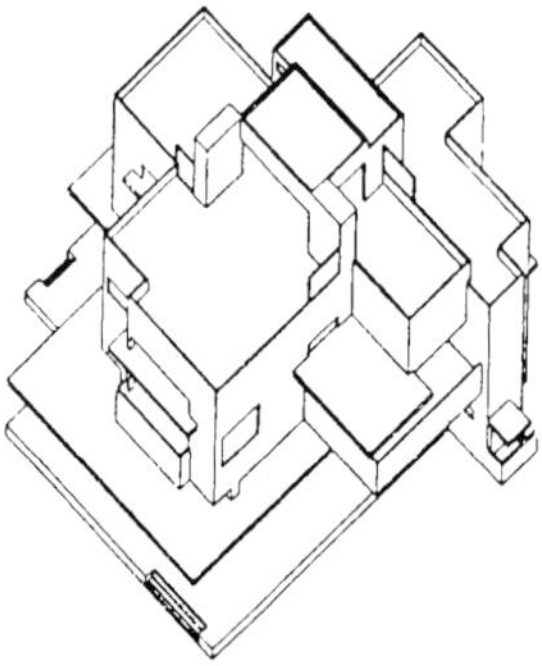

*1　Oeuvre Compléte 1929-34, p.194

望に見渡すことができる。一方寝室はそれぞれ西側に設けられ、南面にのみ開口部がとられている。部屋の構成から見ても二階は来客用の寝室として用意され、この住宅は夫婦だけの別荘として計画されたのではないかと思われる。

形態構成の側面から、このアルジェの住宅を見ると、次の二点が注意を惹く。

(一)浮上し、方向性を持つ純粋直方体

(二)直交して貫入するマッス

この作品に見られる際立ったふたつの特徴はデ・ステイルの建築作品、特にヴァン・ドゥースブルグ、ウラディミール・マレーヴィッチの至上主義(シュプレマティズム)の計画案に一貫してみられるところであり、コルビュジエが、そうした作品から受けた形態的な衝撃を媒体にして、サヴォア邸に結実した白の時代の完璧なキューブを開放し、新しい方法を拓いていったことを想像させる。

例えばこの住宅に見られる浮上する箱の東側のガラス面の窓割りのパターンにも、デ・ステイルの影響を読みとることができる。二層分の居間の床面から天井面に至るまで、全面に開放された五メートル×五メートルのガラスは、その面に引違い窓などを組合せながら、ピート・モンドリアンの新造形主義《ネオ・プラスティシズム》の作品〈赤・黄・黒のコンポジション〉(一九二二)を想わせる分割がなされている。これ以後、しばしば外壁のブリーズ・ソレイユを柱割りから分離し、独立した扱いをすることによって、外部にひとつの有機的な表情を持たせ、豊かな造形的効果を盛り込み始める。一九三八年のアルジェの埠頭に建つ一万人を収容する高層ビジネスセンターの外壁の構成についてコルビュジエは次のように述べている。「一九三〇年来八年間も考えてきたアルジェの景色のなかに建つべき摩天楼の比例の骨子とすべきものは、ニューヨークやシカゴの理性を失った摩天楼に対立すべきものであり、……崖側

前頁右/東側開口のサッシュ割り
前頁左/ヴァン・ドゥースブルグの計画案
右/ウラディミール・マレーヴィッチの計画案
左/ヴォクレッソンの住宅

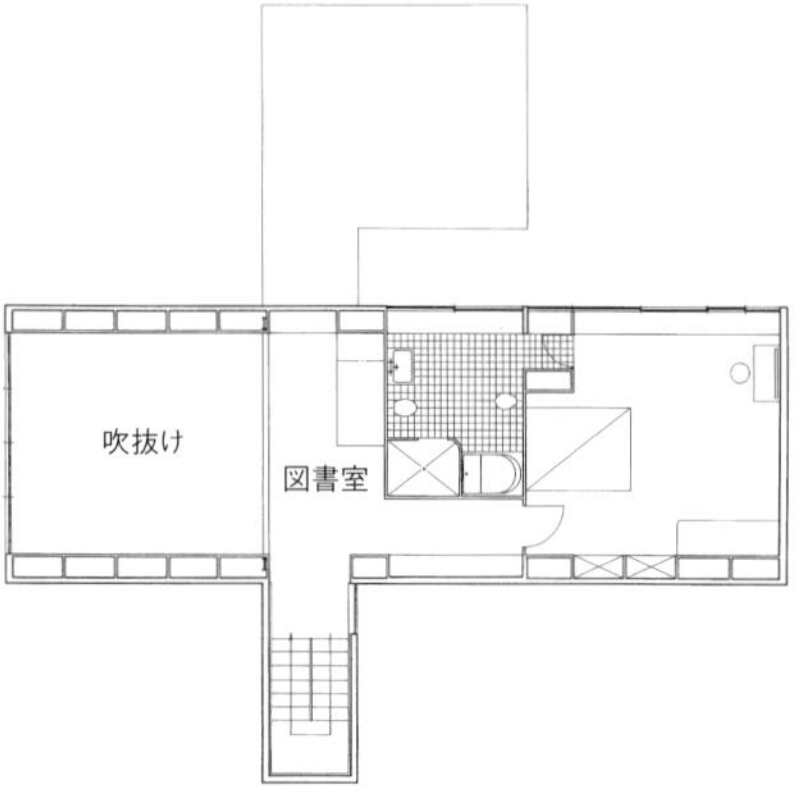
吹抜け
図書室

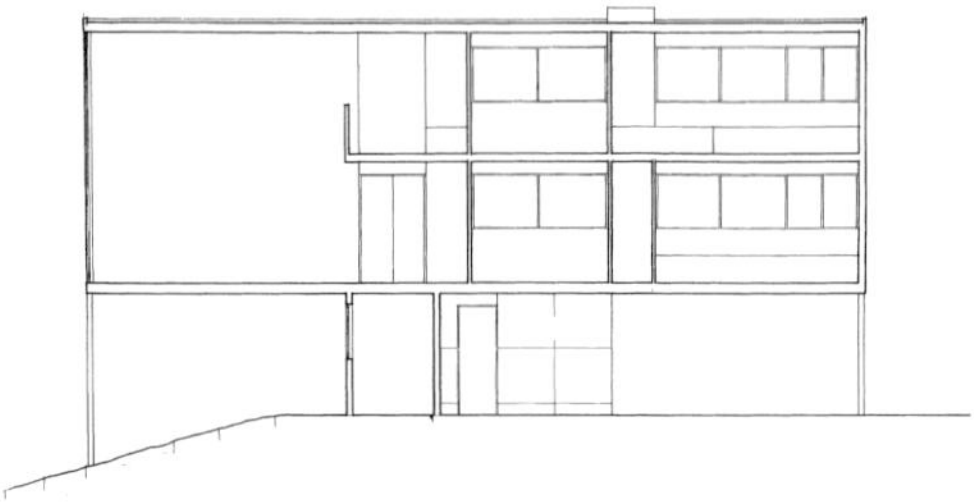

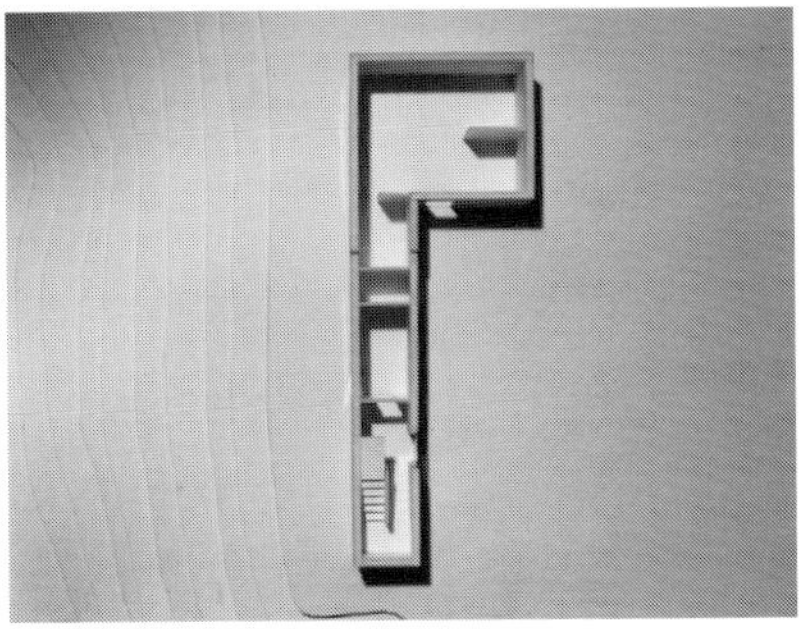

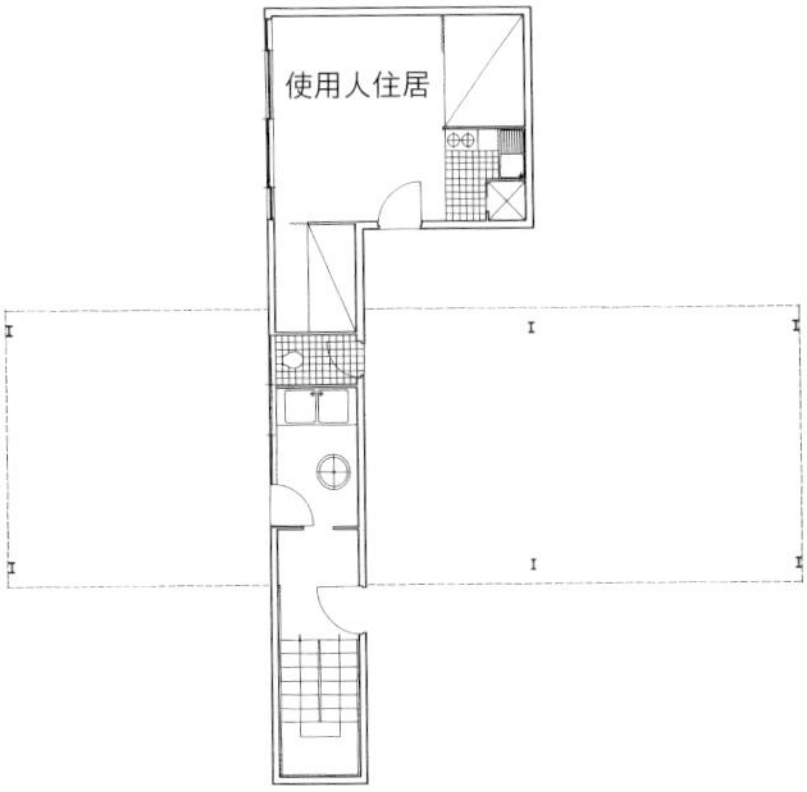


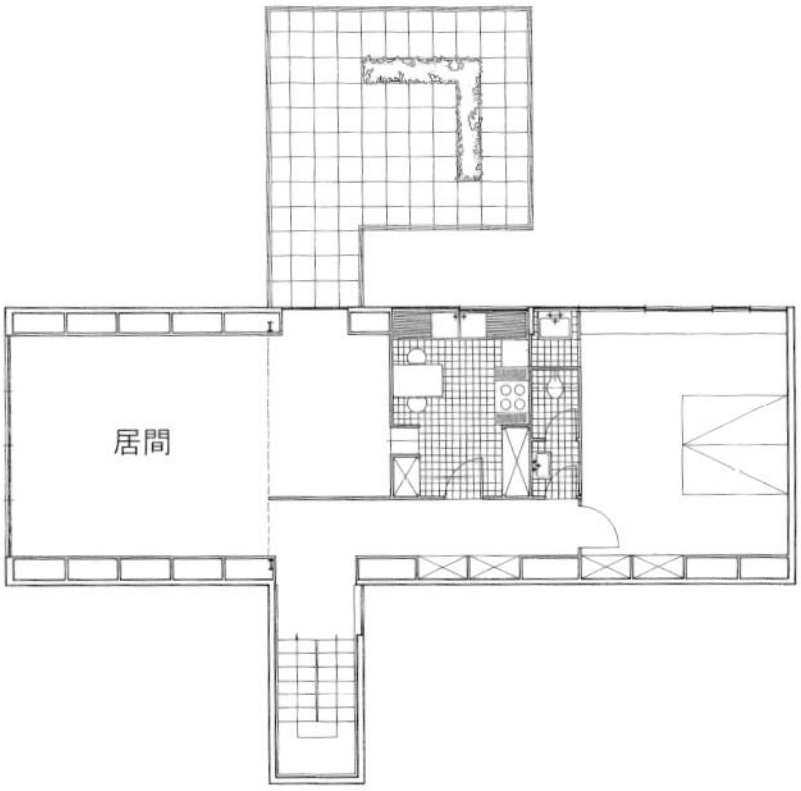


1/300

上段／模型写真
中段／（左より）一、二、三階平面図、東西断面図
下段／（右より）〈赤・黄・黒のコンポジション〉、〈埠頭と太陽〉、アルジェのビジネスセンター

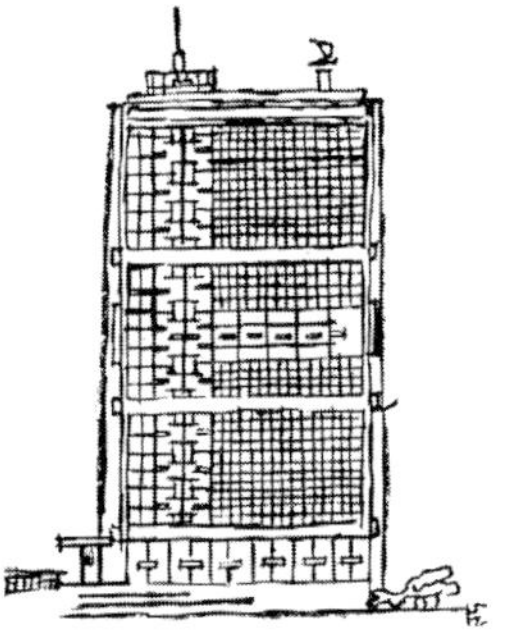

は縦の分割線が相接近し、他方、海に面した方は建築的空間がひろがり、拡大し、悠々とする……」[*2]。しかしこの外壁のブリーズ・ソレイユのパターンは同じモンドリアンの水平線と垂直線を交差させた、いわゆるプラス・マイナス技法（あるいはクリスマス記号）による構成を想起させ、海から崖の方にモチーフが拡大して行く様も、一九一五年のモンドリアンの作品と一致する。その題名も〈埠頭と太陽〉と名付けられ、このデ・スティルの絵画は、この時期のコルビュジエの関心のありかを示し、摩天楼の外壁構成を決定する強力な源泉となったのではないかとさえ推量される。

## （一）浮上し、方向性を持つ純粋直方体

アルジェの海に向かって、断崖の上に乗り出した箱は、支持する細い鉄骨の柱とその完璧な正方形の断面、また箱の表面が隅々まで正方形グリッドで分割されることによって、浮上する直方体という印象を強めている。この断崖に乗り出した四角柱が住宅の主要な部分なのであるが、コルビュジエのほとんどの住宅作品の設計過程における最初の下敷きとして働いていた[*3]。五メートル×五メートル×五メートルの立方体はここでは三つ並列に集められ、それぞれは明快に、居間、設備ゾーン、寝室に振り当てられ、部屋の基本寸法をつくり出している。シトロアン型の断面の吹抜けた部分が居間であり、海に面する東側は壁面いっぱいに開口がとられている。一方他の立面は南側に寝室と水廻りに対応してそれぞれ開口があるのみで、西側と北側は完全に閉じられている。こうして直方体の箱は、複雑な機構を包み込む被膜というよりは、あからさまな方向性を持った筒として空中に持ち上げられている。この箱は、ほぼ四〇〇×二〇〇のH型鋼で架構され、他の仕様は想像する以外にないが、同じ鉄骨造のルシェールの住宅（一九二九）の量産住宅の計画案に倣えば、約一

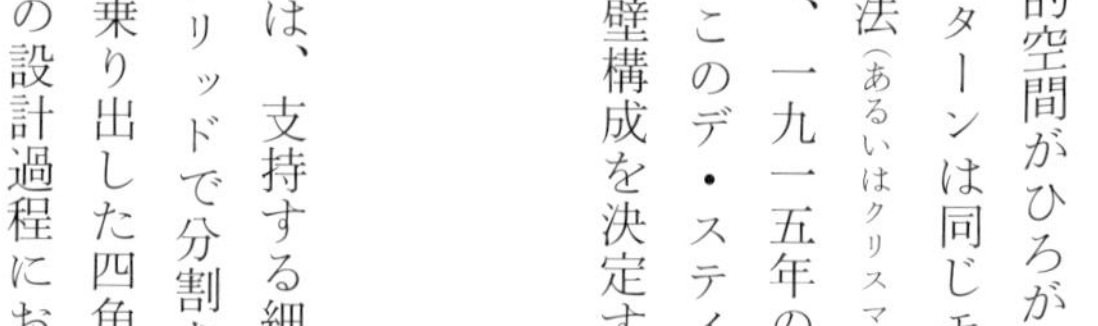

右／ルシェールの住宅
次頁上／模型写真　東南より見る
次頁下／模型写真　東より見る

*2 『モデュロール Ｉ』
*3 SD7704参照

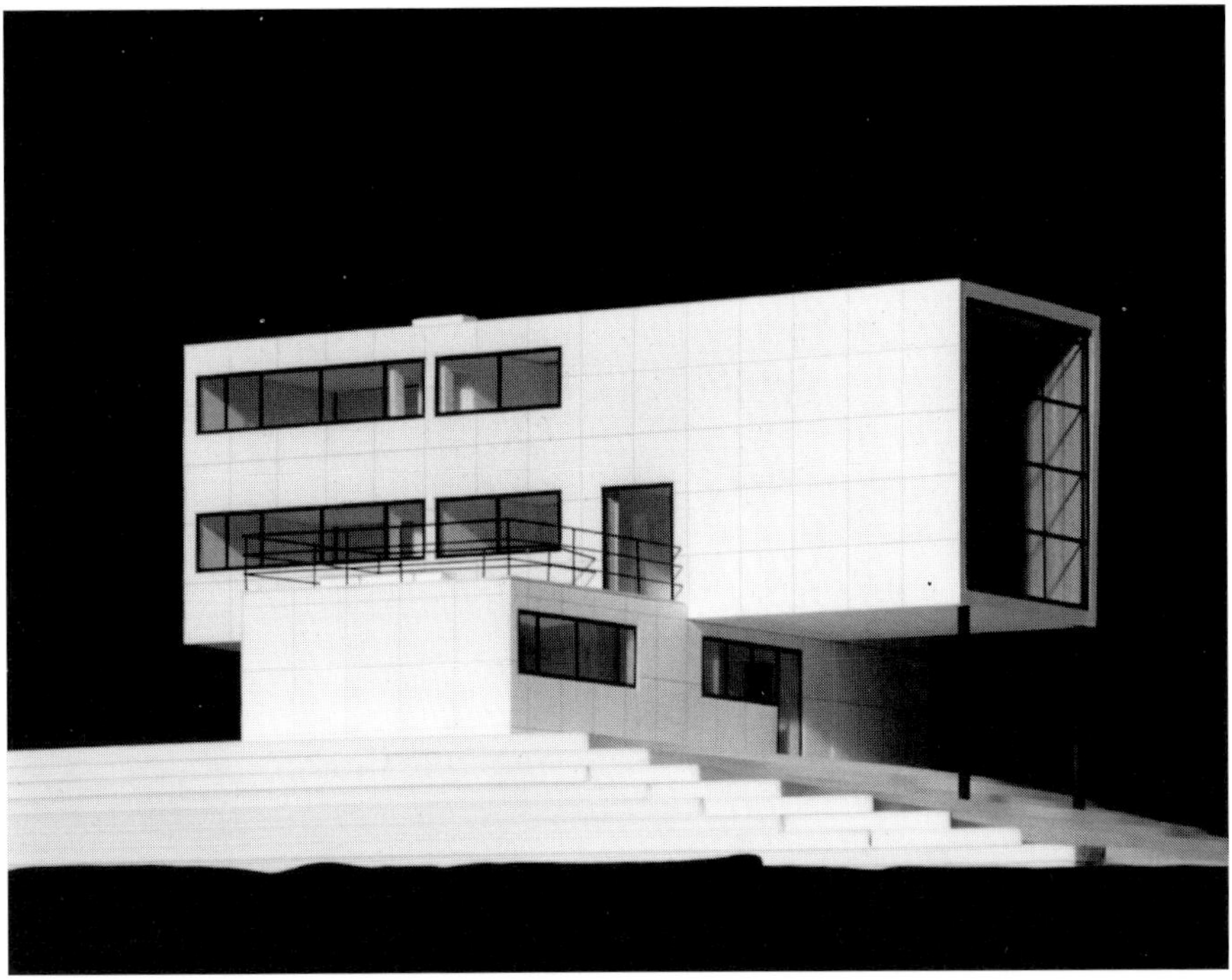

メートル角の亜鉛板によって外壁が覆われ、内部の床、壁、天井、間仕切はコルク、ベニヤ合板等によって仕上される筈であり、外気に接する部分は断熱、防音のため二重壁、あるいは収納に用いられる。

浮上する直方体の強調は、この建築の敷地条件、自然に対する積極的な態度によっても説明できるが、むしろこの時期のコルビュジエにあっては方向性を持った純粋直方体の表現に意識が集中していたのではないかと思われる。同じく鉄骨で加工された一九二七年のシュツットガルトの二戸建ての連続住宅でも浮き上がったマッスが表現されているが、それと直交するふたつの階段室が付加的である、一階部分がピロティの内部に押しこめられている、短手立面に方向性を強化する大開口がないなど、やはりピロティを含んだ直方体の輪郭がひとつの安定した被膜をかたちづくっている。

## (二) 直交して貫入するマッス

この住宅の構成は明快である。五・五メートル×五・五メートル×一六・五メートルの東西に走る浮上する純粋直方体が、それと直交して南北に走るL型のプランを持つ一階部分および上部に伸びる階段室から成る連続形態上に乗っている。それまでの白の時代の住宅作品はほとんど、ひとつの直方体の輪郭のなかに多様な部分を封じ込めるという、全体から部分へ至る安定した階層性を備えていた。しかしアルジェの住宅はまず直交するふたつの対比的なマッスとして把握される。全体をかたちづくるマッスのレベルで既に強い対比があてがわれていて、もはや内部／外部、全体／部分といった対比を包み込む輪郭としての性格は弱い。それゆえコルビュジエの他の住宅作品と比べてマッスはどことなく硬質で、スカイラインは抽象的かつヒロイックである。一九三〇年代に至り、コルビュジ

前頁上／模型写真　北西より見る
前頁下／模型写真　西より見る
左／アルジェリアの住居計画

エはいくつかの計画案を通して、こうした可能性を展開させようとした。例えば同様の構成法により同時期に計画されたアルジェリア、デュランの三層の集合住宅（一九三三－三四）とクック邸（一九二七）とを比較してみると興味深い。双方とも五メートル×五メートルのプランの単位を集め、ひとつを設備、階段、通路などのサービスゾーンに当て、その周囲に部屋を配する田字型の構成は似ているが、クック邸では外部からその構成は隠され、全体の立方体の輪郭のなかにきっちり収まっている。しかしアルジェリアの集合住宅では全体のキューブを守ることはせずサービスゾーンを中心に四方に部屋のキューブが突出しているさまが表現され、駐車場部分は全体から引き出されたマッスのように扱われている。それはおそらく日陰を多くつくる必要があるというアルジェリアの気候条件とも関係があったであろうが、そうしたマッスの組合せに対する形態的関心は独自であったように思われる。一九三五年のシカゴ近郊の学校長のための住居計画にもそれは顕著であり、明らかに一九三三年のこの住居計画の発展であると見なしうる。ここでも一階部分と上部とは鮮明に分離され、地上階は個室であり、その屋根は二階のサロンから直接出ることのできるテラスとなっていることも似ている。スケッチから推量するほかないが、同様の五メートル角のスケールで構想されたようである。シカゴの計画では、浮上する純粋直方体よりはむしろ直交する地上部分の方向性が強力であり、テラスから庭におりるスロープを付すことにより両者の釣り合いを保っている。しかしアルジェの住宅においては、直交する二軸の形の均衡を保つというよりはむしろ、純粋直方体を強力に浮かび上がらせることに設計上の意識を集中している。

三〇年代の試みのひとつとして、二〇年代の住宅の全体形をなしていた純粋直方体の輪郭を分解し、構成する要素としての純粋直方体を取り出し、強い方向性を与えることによっ

シカゴ近郊の住居計画

て形の運動をつくり出した。それは最終的にはショーダン邸（一九五六）に至ってもう一度、全体が純粋直方体の輪郭の内部に組み込まれるのである。もうひとつショーダン邸の前段階としてこの住宅作品で注意されなければならないことは、形は相関しているものの、一階から階段を登り二階に至ったとき、前面に壁が配置され、また三階では階段の正面の図書室の壁は閉ざされ、徹頭徹尾当然貫通してよいはずの南北方向の視界が遮られていることである。この事実は、物的形式の相互貫入にもかかわらず、内部を辿る体験形式からすれば相関は感じることができず、コルビュジエの意図も、この住宅の空間の方向性を海側に一方的に開かせることにあったように思われる。こうした物の在り方と人間の運動に伴う空間体験という両側面からの相互貫入は、ショーダン邸に至ってはじめて実現するのである。

# 2-11

## MAISON CURRUTCHET 1949

クルチェット邸

## 敷地、環境

クルチェット邸は一九四九年に計画され、アルゼンチンのブエノスアイレスに実現した住宅である。

建築家の数ある作品のなかには、その作家が一生涯いだき続けた建築上の主題、構成法、個々の手法的特徴のすべてが一度に結晶し、それぞれがつぶさに読みとれるような作品がある。そうした方法論が、まるで透明な機構のように明らかに浮かび上がる作品は必ずしもその作家の代表作とは限らず、或る種の偶然で建築家はそうした方法論的建築をつくるのである。サヴォア邸（一九二九）ののち二〇年経ってつくられたクルチェット邸はまさにそうした建築であるように思われる。

クルチェット邸は間口八・五メートル、面積一七〇平方メートルという極めて狭い不整形の敷地に計画された。その三方は既存の建物の段状の共有壁によってふさがれ、しかも、この五〇坪あまりの起伏のある土地に歯科診療所と住宅という異なった用途上の要求を同時に満足させる必要があった。

自己の創作方法を露呈したような作品を建築家がつくるある種の偶然とは、自由、無限定な条件であるより、むしろ極めて強力な現実的制約がその場に働いている時であり、それが構成上の贅肉を削り、粉飾を取り除き、そしてますます建築的骨格は強力に、露わになってくるのである。コルビュジエの場合はこの五〇坪あまりの敷地に、空洞、光の中空体、斜路、小さな中庭、床のレベル差、半地下、覆いのある屋上庭園等、考え得るさまざまな住宅要素を豊富にちりばめ、それらを白の時代の構成法によって統御している。

クルチェット邸の計画上の制約条件は次の三点に要約することができる。

公園からクルチェット邸を見る

（a）三方を既存の街区の壁に囲まれ、一方向のみ開けているという環境条件
（b）極めて狭い（二七〇平方メートル）不整形のしかも起伏のある敷地形態
（c）小規模な敷地のなかで住宅と診療所の並存という計画内容

コルビュジエはこうした極めて強い計画上の制約に対してどのような方法で建築的な解決を与えたのだろうか。クルチェット邸の基本的な構成は、敷地を限定する隣家の壁体から分離して挿入されたふたつのドミノの架構である。一方は住居のブロックであり他方は診療所のブロックで、それらはスロープによって結びつけられている。前者は八メートル×八メートルの厳密な正方形の平面から成り、後者は敷地形態にあわせて台形の平面が採用されている。特殊な敷地形態に対する、矩形と不整形部分との明確な分解、対比、結合はテルニジアン邸（一九二六）やオザンファンのアトリエ（一九二二）にもはっきり読み取れる変形法である。断面においてもピロティによって全体を持ちあげ敷地の起伏をそのまま残し、前面道路にむかって境界壁を斜めに持ちあげ、隣の建物の高さにあわせている。

### （一）光を呼び込む中空体——上下方向の空間の運動をつくる方法の展開

診療所の持っている公共的な性格と住居の個人的な性格をどのように共存させ、狭い敷地のなかで、ひとつの組織体とするかという問題はこの建築構成を決定づける要点であり、さまざまなスタディがなされたものと思われるが基本的には、ふたつの水平の層——診療所をなす一階、中二階の層と住居となる二階、三階の層——によって分離し、平面上の中間に位置する垂直の層——光を呼び込む中空体——を貫通させることによって両者

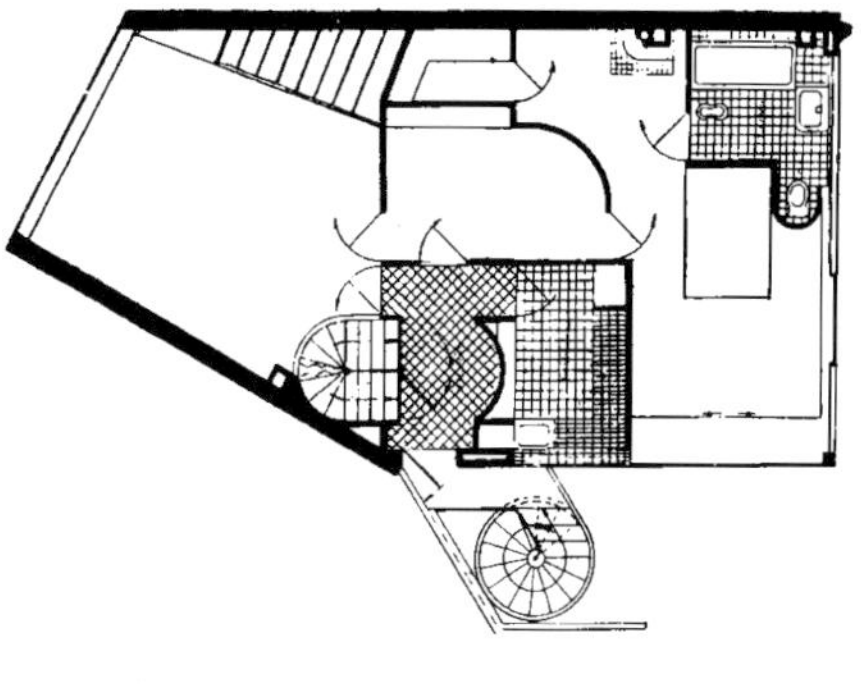
オザンファンのアトリエ

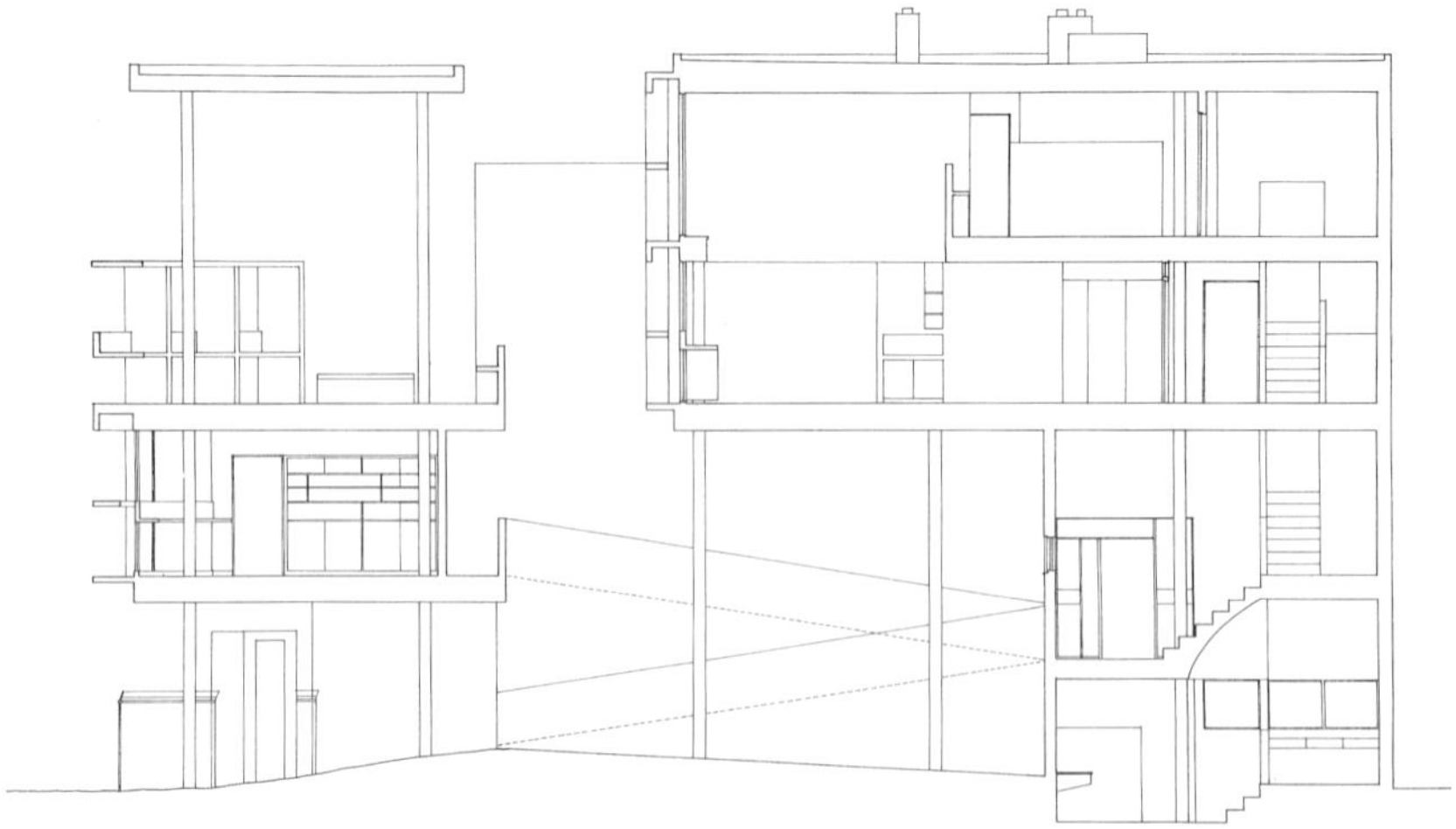

前頁上／断面図
前頁下／模型写真
上／正面立面図
下／模型写真

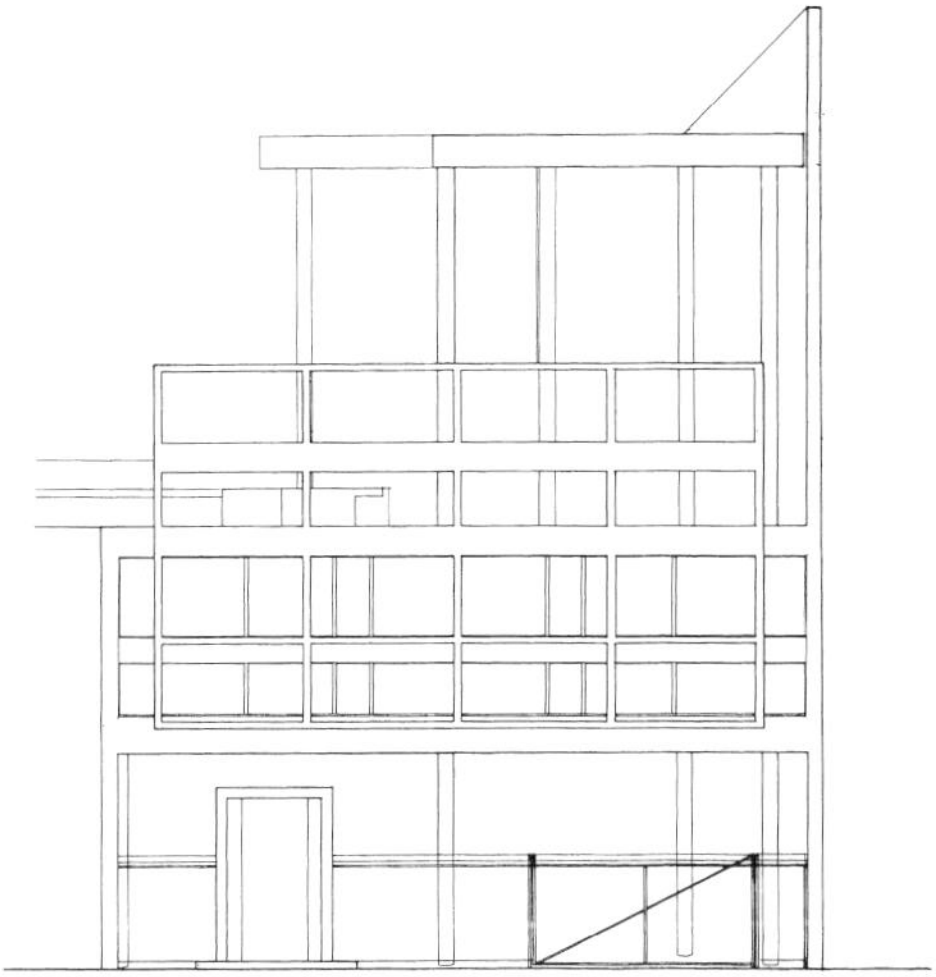

1/300

を結び合わせている。それによって中二階の診療所の屋根は住居部分のテラスとなり、大通りを挟んで公園への視界が住居からも確保される。コルビュジエは〈ピロティで建物を持ちあげることによって得られたスペースが診療所と住宅の間のうまい関係をつくり出している〉と述べている。ふたつの水平な床の積層にしかすぎないものがわずか十平方メートルばかりの中庭をそこに貫通させることによって生き生きとし、光の中空体をめぐって建築の内部に〈登るにつれて、さまざまな視野が次々とひらける魅力的な道〉*1がつくり出される。低い部分から進入して高く上部に開けるというシトロアン型固有の運動が正方形プランの住居部分に至るまでさまざまなスケールで繰り返されているが、白の時代の作品に見られる吹抜けをつうじた単純な運動ではなく、ここでは複雑な一連の運動の展開をみせている。つまり中央の中空体をめぐって三つの空間——入口の空洞、住居のピロティ下部、二階のテラス部分——が集められそれらが対角方向に組み合わせられている。

### (二)壁、屋根、入口等の要素の分離、自立——外部への水平の拡散を制御する方法の展開

白の時代の住宅がドミノの架構に純粋直方体の輪郭をなす面を付加することによって外部への拡散を制御したことはすでに述べた(二四八頁)が、クルチェット邸ではそれはふたつの面に分解していることが特徴的である。道路に面する側のガラス面に取り付けられたブリーズ・ソレイユは一九三三年のアルジェリアの集合住宅の計画にすでに見られたものであるが、この作品ではガラス面から二〇センチほど離して、奥行きのある面として設定され、建築要素として自立した表現を獲得している。寸法の構成にしても、それは内部のサッシュ割りとは独立に固有の比例関係を持ち、ふたつの面の重合したファサードを形成する。コルビュジエは〈鉄筋コンクリートは完全なガラス張りを許し、この地方の緯度にあわせ

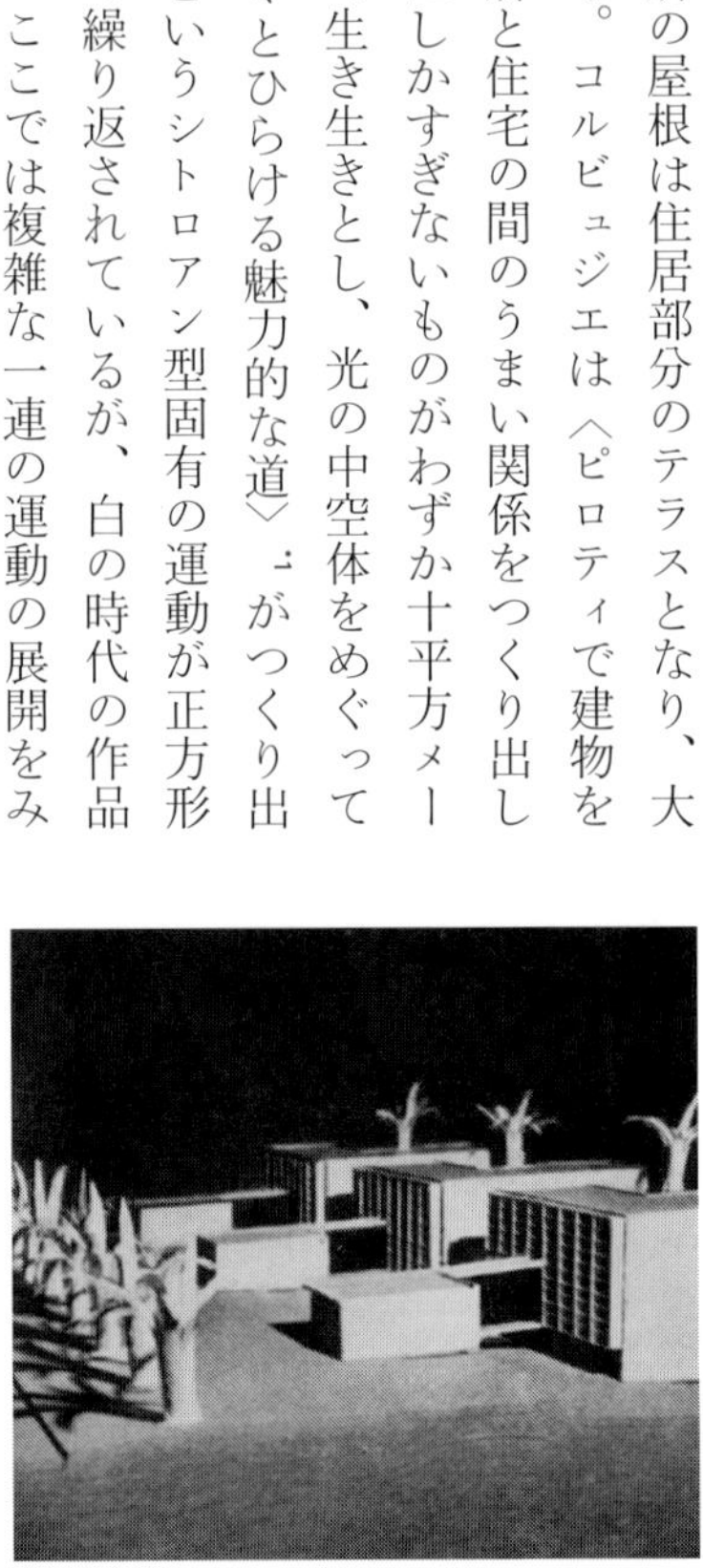

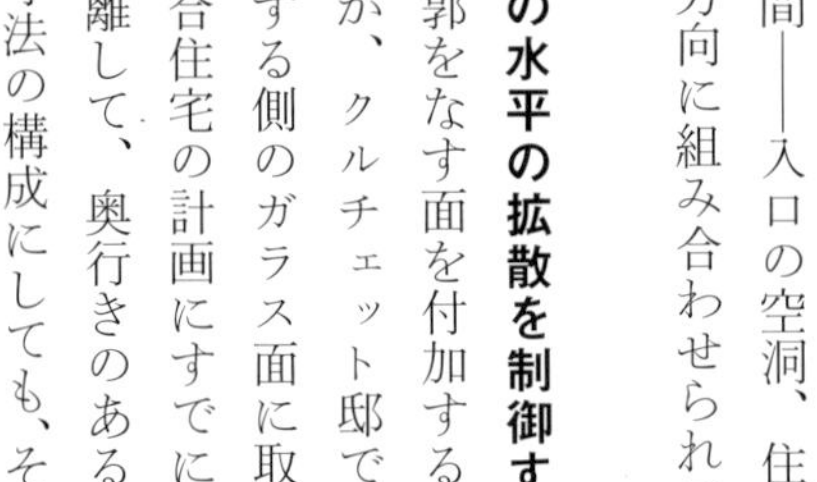

右／アルジェリアの集合住宅計画
左／アルジェのビジネスセンター計画
*1　Oeuvre Complète 1946-52

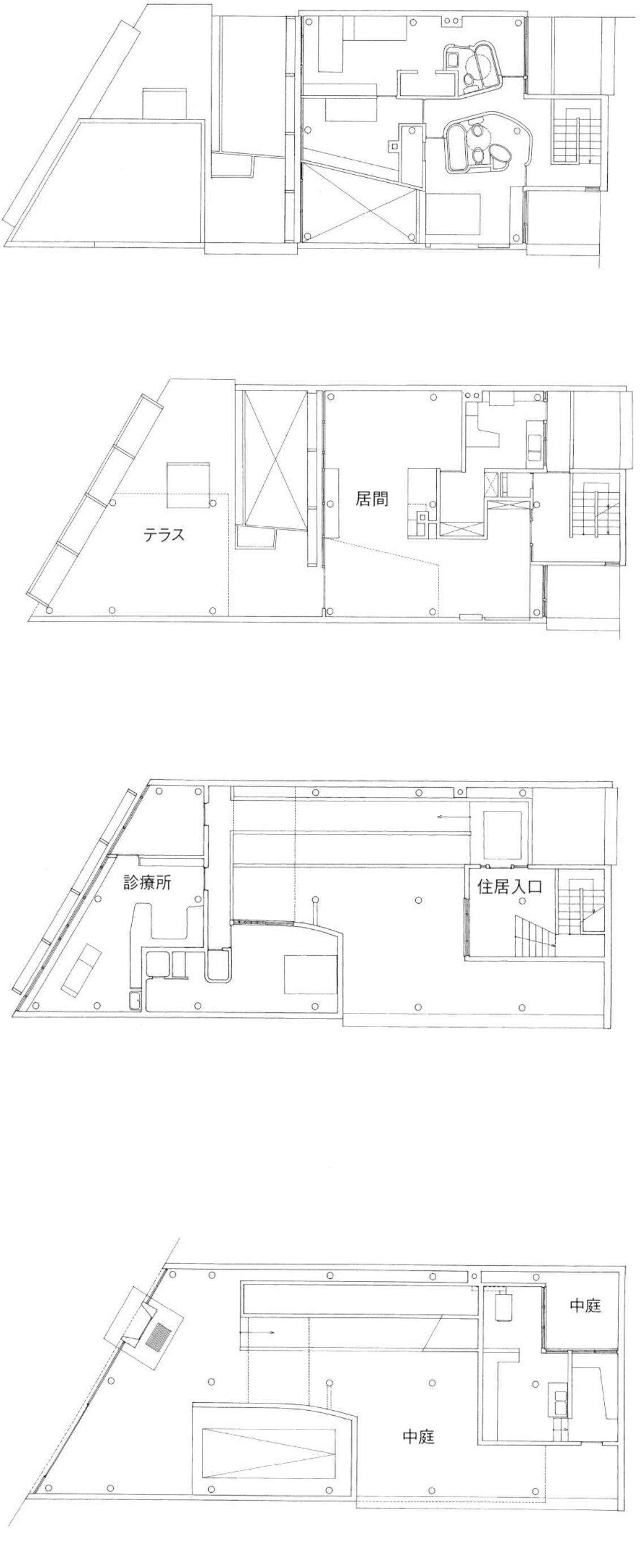


（下より）一、中二、二、三階平面図

1/300

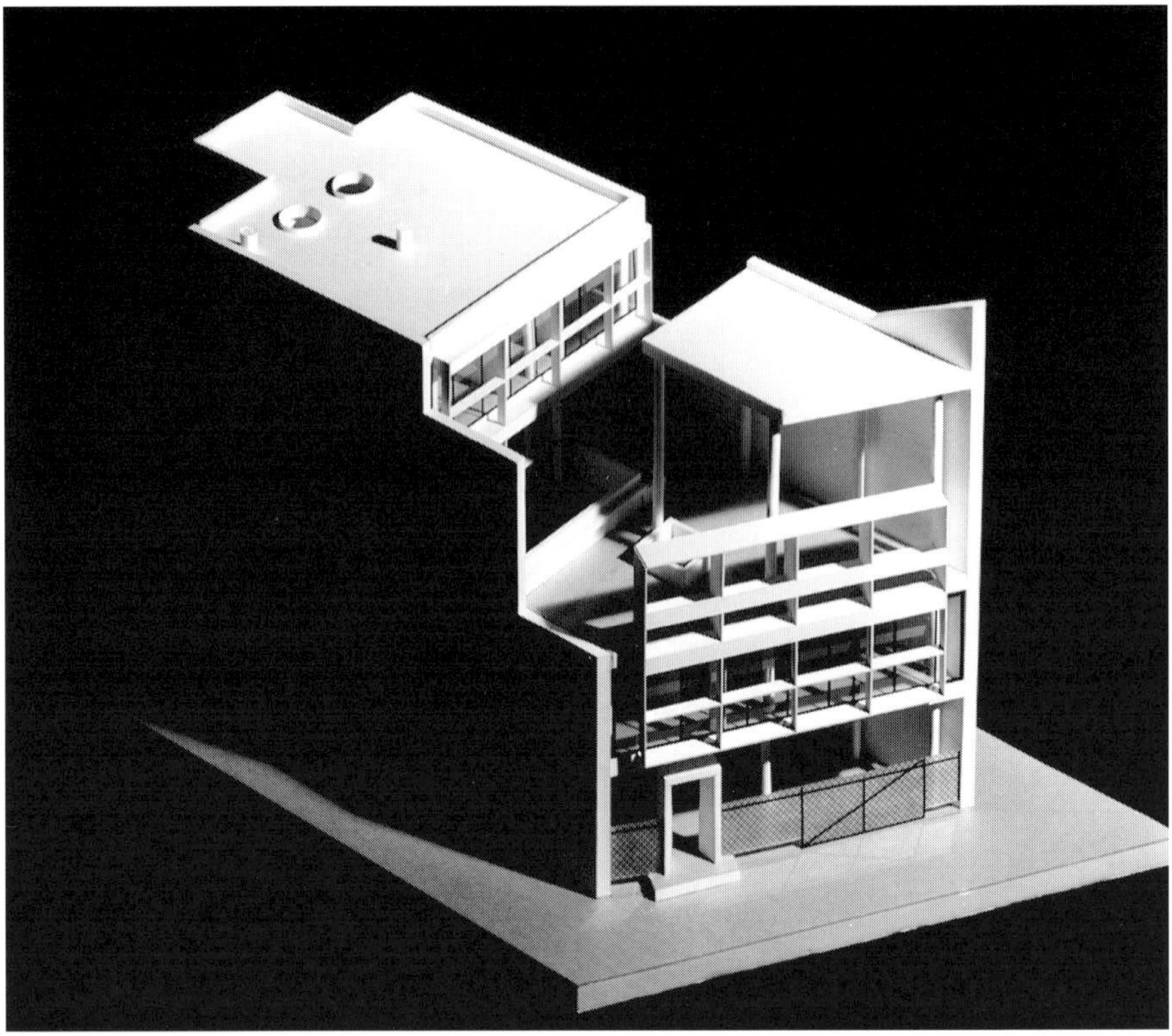

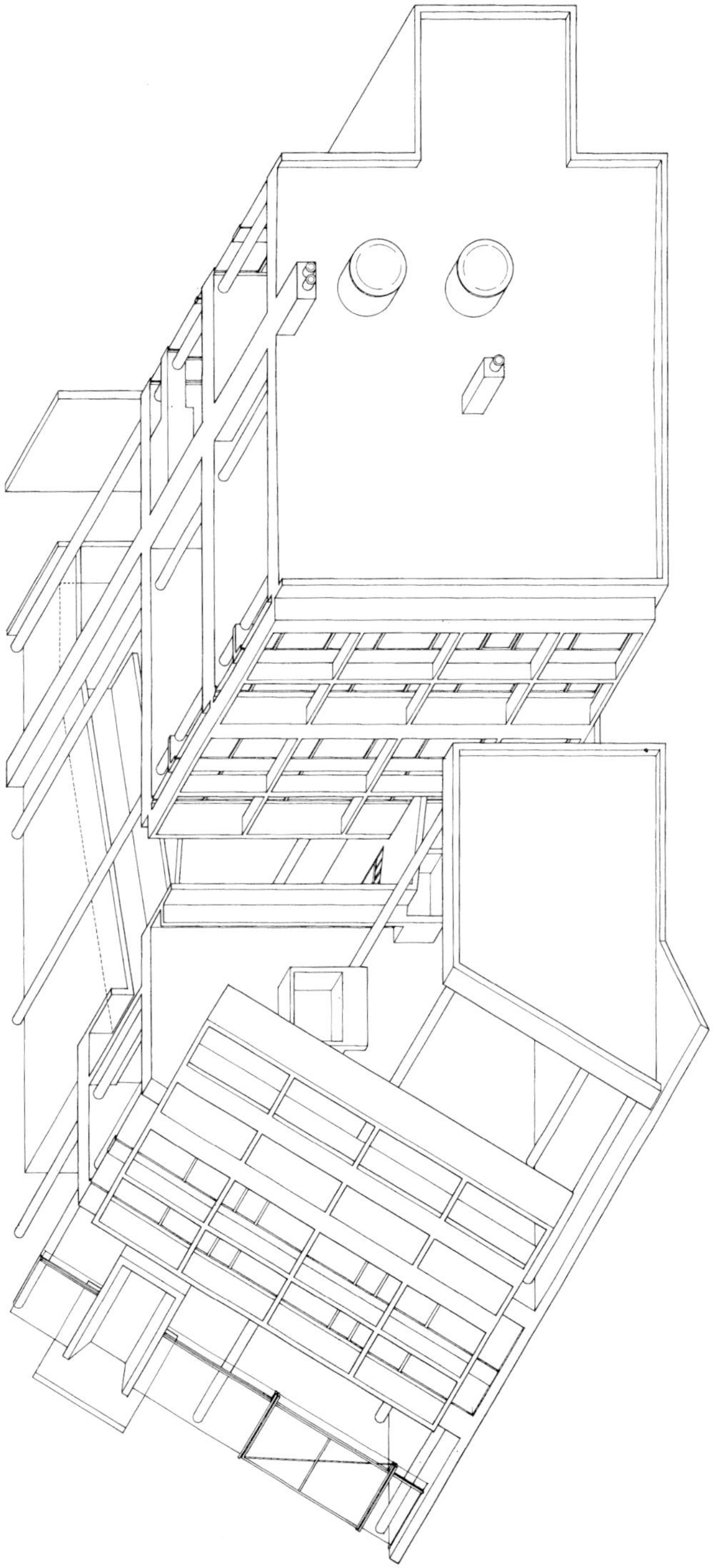

前頁／模型写真
左／アクソメ

てデザインされたブリーズ・ソレイユによって保護されている〉と述べているが、そうした二重の被膜は内部からの開放的自由と閉合的庇護の感覚を同時に満足するものとして働いている。

そうした建築要素の分離・自立の様相は入口の門型の形態の独立した扱い、スロープの架構からの分離にも表れており、屋根板の分離、柱と壁の徹底した分離を経て、純粋直方体のマッスの自立、相互貫入あるいは分離が実現される。正面のテラスの上部に架かった高さ五メートルの屋根板はType de Maison（一九二二）、カルタージュの住宅計画案（一九二八）にすでに予告されていたものである。コルビュジエは覆いのついたテラスについて、〈外光や陰陽の効果を部屋の前で楽しめる〉と述べているが、そうした分離された屋根は、異なった要素——ここでは診療所と住居のふたつのブロック——を結びつけ、覆い、建築の全体性を強調する。それはショーダン邸（一九五六）において明確になり、シャンディガールの高等裁判所で表現の主題となっている。

### （三）分離されたものの統合——人間の運動に伴う空間的効果

一九四九年という年はコルビュジエの創作活動からみると、モノル型住宅の変形操作の一系列が終わり、ふたつの原型の合体・混合が見られ始める時代にあたる。計画案ロックとロブ（一九四八）に見られるモノル型住宅の壁に挿入されたドミノの架構、あるいはハーテッシング邸計画案（一九五二）に見られるモノル型住宅の屋根に挿入されたドミノの架構という両者の合体の様相は、この作品においても、ドミノの架構からの壁体および各種の建築要素の分離の過程と並行して、物的な集合がつくり出す人間を根元的に惹きつけてくる空間の仕組——空洞、光の中空体、斜路、小さな中庭、吹抜け、床のレベル差、半地下、覆いの

右／入口の門
左／斜路から診療所入口を見る
次頁右／計画案ロックとロブ
次頁左／ハーテッシング邸計画案

ある屋上庭園等——が顕在化し内部をめぐる螺旋の回転運動に従って配列され、空間的構造をかたちづくる。その結果クルチェット邸においては、白の時代における、付加、切削、膨張といった設計上の操作は最終の建築的構成には明瞭に表現されず、それらは混合して緊密に結びあい、全体的には人間の運動に伴う空間的効果が意図されている。

光の導き方を見ても、白の時代において比較的一様な光の分布によって形態要素の関係を析出させる方式から一転して、光と陰を不均等に分布させ、物の与える表情にまかせ、それが人間の運動を誘引するように使われている。

# 2-12

## VILLA SHODHAN 1956

ショーダン邸

## 敷地、環境

ショーダン邸は、ル・コルビュジエの最後の住宅である。一八歳の時、郷里であるスイスのラ・ショー・ド・フォンに建築したファレ邸（一九〇五）が処女作であるから、それ以後ほぼ五〇年という月日を経ている。その間、実現した住宅は三四作品であり、極めて初期に形成されたドミノ型住宅とモノル型住宅というふたつの建築的原型を操作し、作品を構成しようとする、長年にわたる一貫した方法的追求をそこに跡づけることができる[1]。ここではその最後に位置するショーダン邸を挙げ、そうした方法的追求が具体的な作品として最終的にどのように結実したかを検討してみよう。

ショーダン邸の計画について次のような経緯が述べられている。〈この住宅は、まず一九五一年に、樹々と牧草の生い茂るアーメダバド郊外の広い敷地に、製糸業会の書記長を務めるハーテッシング氏の住宅として、個人的で、複雑な、しかも細々とした要求を織り込みながら計画された。その実施設計が完成した時点でハーテッシング氏はショーダン氏に図面を売り渡してしまった〉[2]。作品集に載せられたアーメダバドのふたつの計画案、シマンバイ邸（一九五二）、ハーテッシング邸（一九五二）は、いずれもショーダン邸と同様の方式により構成されており、高度に複雑かつ巧妙に組合わされたショーダン邸に至る前段階のいわば低次の構造を示すものであり、設計過程における基本概念を検討する際同時に参照する必要のある作品である。

ショーダン邸は一八・六メートル×一八・〇メートル×一四・六メートルの純粋直方体（Prisme Pur）の単純な輪郭の主屋に、車庫と使用人室を含む一層の施設が付属している。配置プランにみられるように主屋と付属屋は正方形が強く意識され、ふたつは対角方向に置かれている。また対角方向の要素の配置は、主屋の三階のプランにおける矩形の枠のなかで

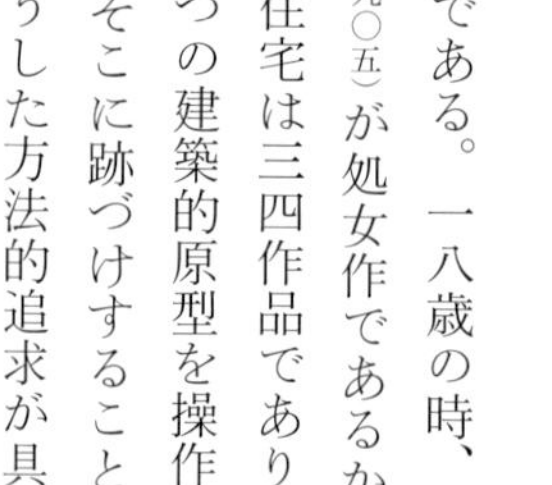


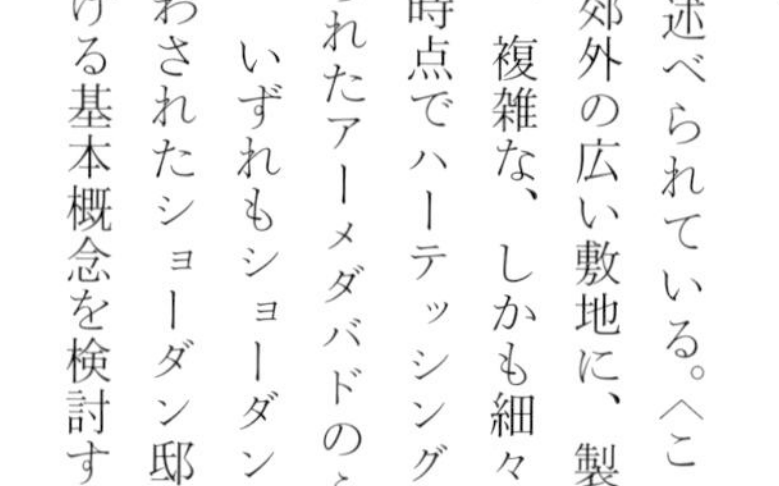

右／ハーテッシング邸配置図
左／ハーテッシング邸三階平面図（立面図は二〇三頁を参照）

の部屋の配置にも顕著であり、それはスロープを中心軸とする逆方向の力の均衡を感じさせる。コルビュジエの後期に見られる構成上のそうした顕著な特徴は主屋の四つの立面にも表れており、白の時代のシンメトリーに代わって、ソリッドとヴォイドの対比が対角方向につくり出されている。

ショーダン邸は実現したコルビュジエの住宅のなかで最大規模のものであり、室内の面積だけでも約六五〇平方メートル、テラスを含めると一〇〇〇平方メートルを越える五層の住宅である。その建築はインド中西部特有の過酷な気候条件のもとに置かれ、建物の方位は、最も良く吹く風、特にアーメダバドからの南西の風によって主軸が決定されたらしい。直射光を遮り、自然の通風のために最良の状態を保つことがプログラムの主要な内容であり、そうした風土に対応する建築的手法の適用が、この三つの寝室しかない過大な空間容量の住宅に現実性を与えているのであるが、ここではそうした特殊な諸条件を外してもなお興味深いこの住宅の建築としての構成を検討してみよう。

ショーダン邸の構成上の特徴は次の三点に要約される。

（a）構成要素─床、柱、壁、屋根その他部分の形態要素を可能な限り分離し、自立した表現を与え、それらを集合して純粋直方体(Prisme Pur)の箱を形成する。

（b）箱内部には矩形断面の柱と仕切壁というふたつの直交する空間の方向性が競う場があり、そこに標準化した要素、部屋、階段、スロープ、窓、建具等を配置する。

（c）全体の箱を構成する架構の内部にもうひとつの小さな箱─部屋の空間単位を挿入する。

*1 「Le Corbusierの住宅〈1922-29〉その建築構成法・上」SD7608を参照

*2 Oeuvre Complète 1952-57

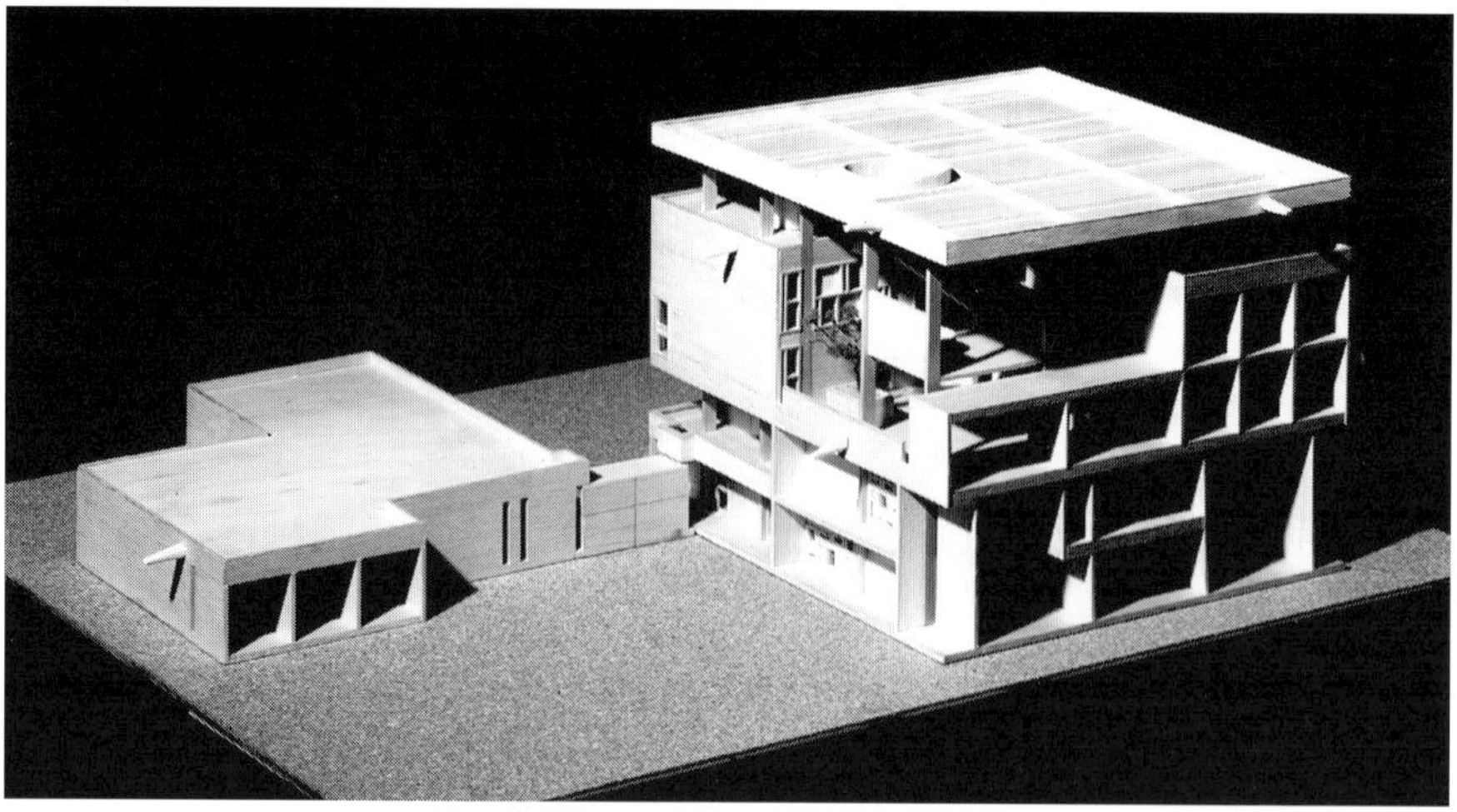

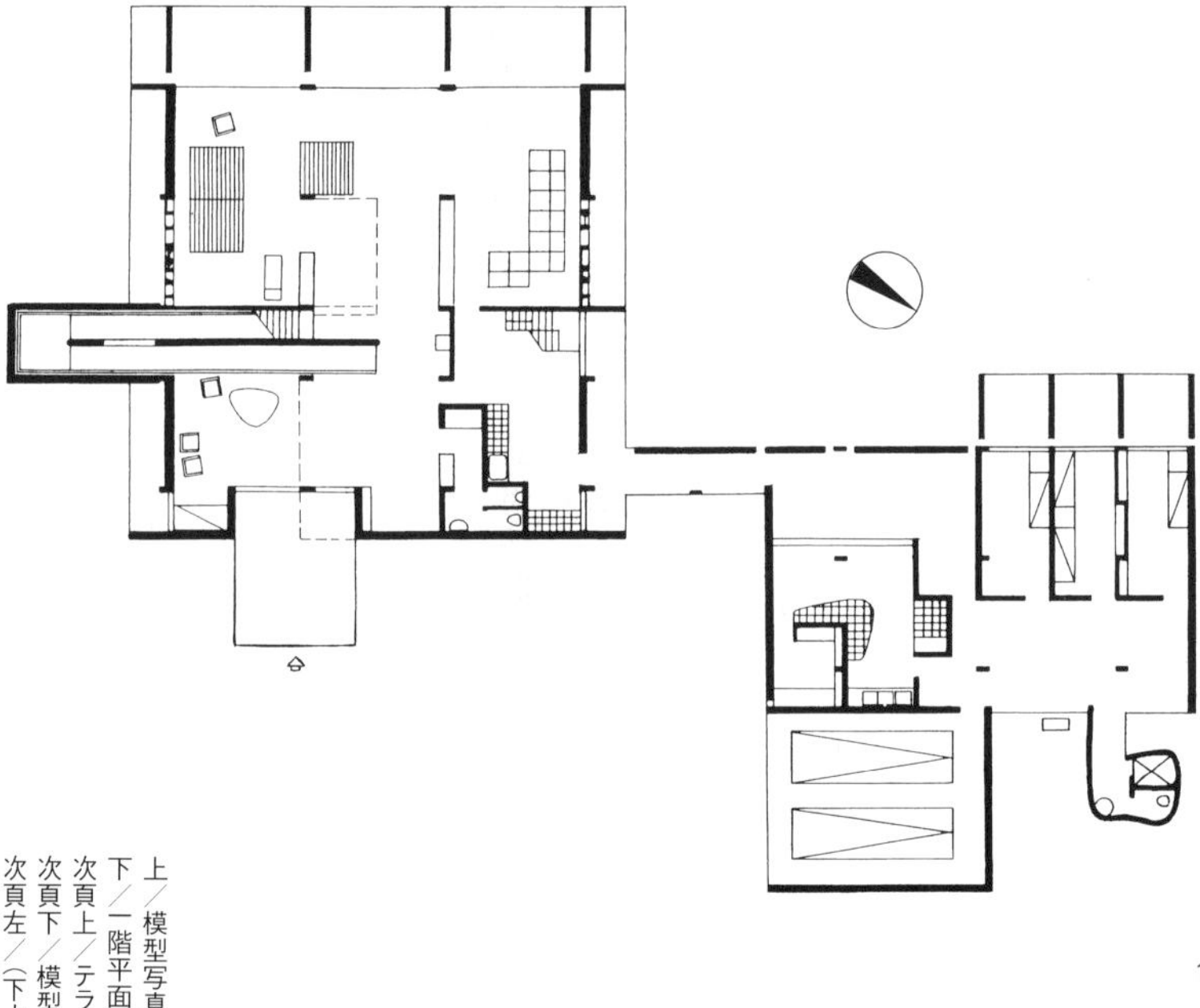


上／模型写真　西より俯瞰
下／一階平面図
次頁上／テラス写真　階段と採光窓のセット
次頁下／模型写真
次頁左／（下より）二、三、四階平面図

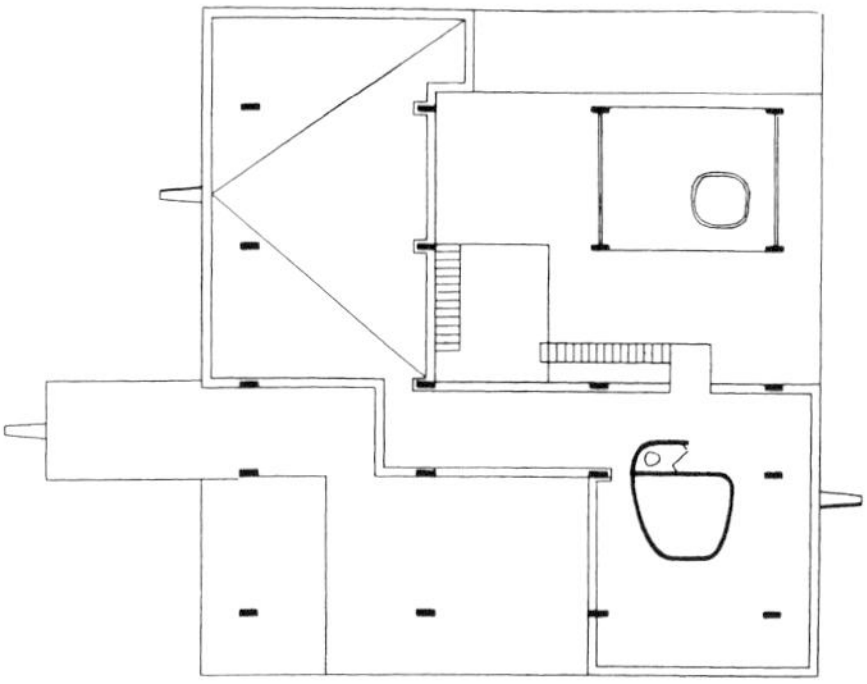

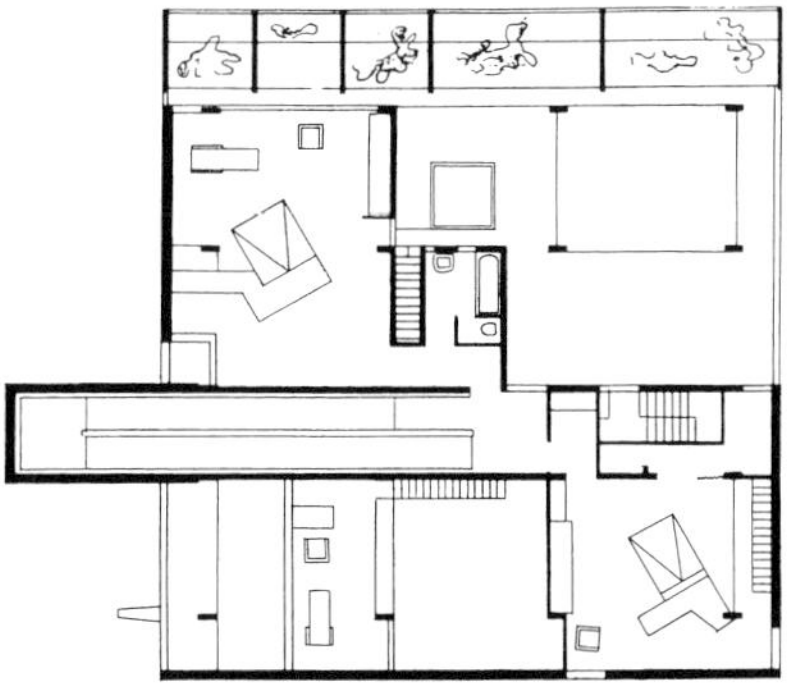

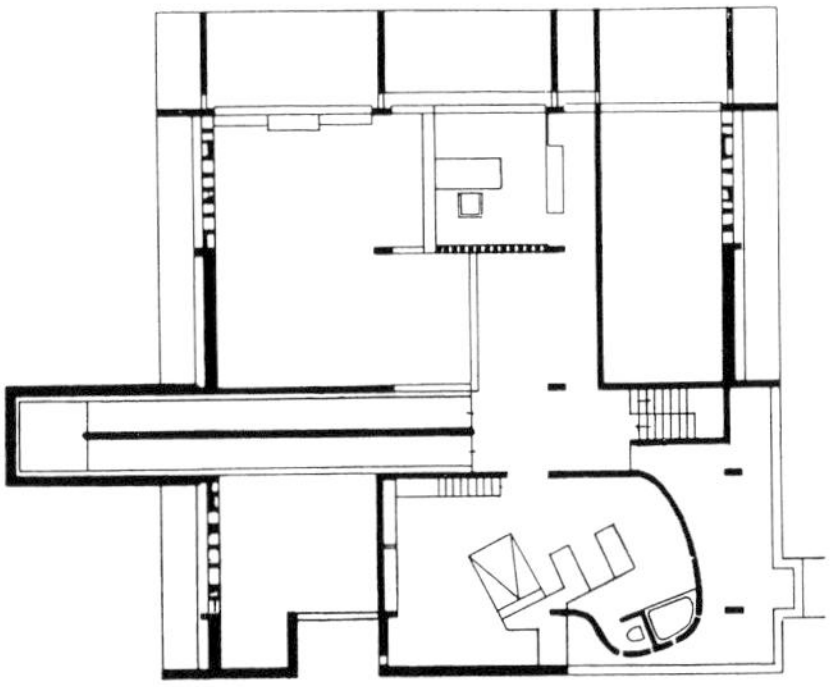

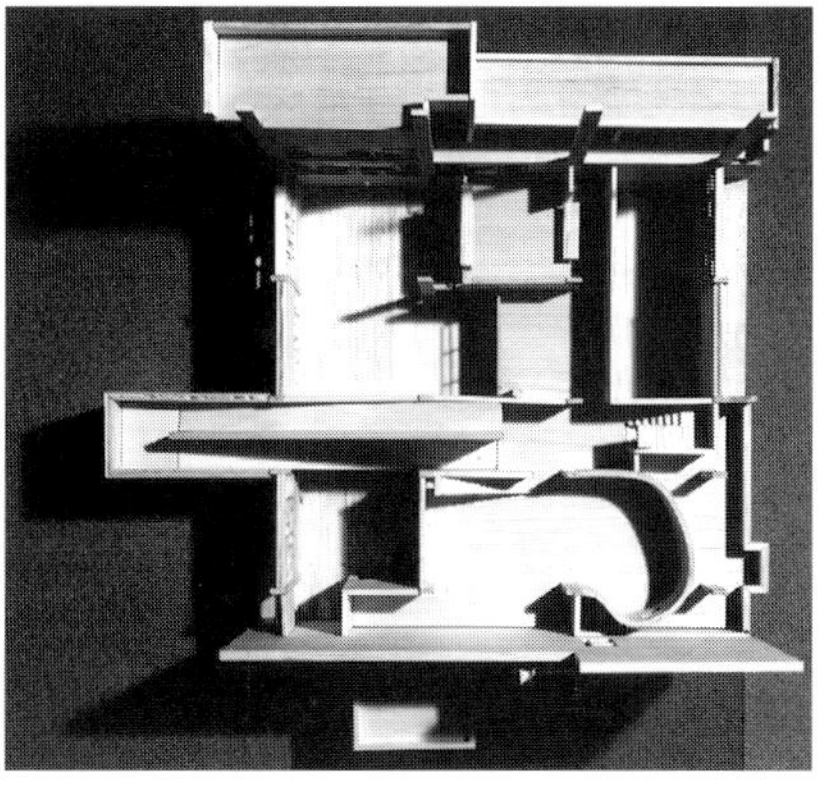

以上の三点は、白の時代の住宅の構成には全く見られないか、あるいは未だ明確になっていない特徴である。初期の作品は、ドミノの原理のもたらす特質——床による強い水平平面の強制と柱による弱い垂直平面の暗示——と逆方向の三種の力を導入することによってひとつの特定の建築的構成に至ったが、もはやショーダン邸においては逆方向の力は床面の水平性よりむしろ優勢になっており、挿入された空間単位が演出する純粋直方体内部での垂直の方向性は極めて強い。平面図が白の時代の住宅の仕組みを端的に知らせる手段であるとしたら、ショーダン邸にあっては構成を平面図から読み取ることは難しく、断面図が全体像を知らせる鍵となる。

また白の時代において方向性を持たない丸柱が五メートルの距離で均等に配置されていたのに対し、それが方向性のある矩形の柱に置き換わり、四・五メートル×三・六メートルのスケールを与えていることは注意されてよい。つまり、均質な場をあらかじめ作っておき、曲線や斜線の間仕切り壁を導入し、床を打ち抜くなどして、場に偏差を生じさせるのが白の時代の主な建築的手法だったのだが、ここではすでに不均質な場が六〇〇×二〇〇の壁柱によって発生している。それが、曲線、斜線などがこの作品において、白の時代に比べて極めて限定して用いられるという事実を惹き起こす原因のひとつであろう。

### (a) 構成要素の分離

建築を構成する要素を一度明確に分離し、それらに自立した表現を与え、再構成するという方法の概念は、一九二六年の〈近代建築の五つの要点〉においてもすでに見られ、それが新しい建築の在り方を開いてきたのだが、ショーダン邸ではそれは徹底して押し進められている。例えば屋根板は浮上し、それはあたかも下部にそれぞれ自立した幾何学的要素が火花を散らしあう矩形の場を指定するかのように明確な輪郭を見せる。材質の面でも屋根板の天井面は平滑な金属型枠の打放しコンクリートであり、壁面の粗い木製型枠の肌理とはっきりした対比を見せている。純粋直方体の輪郭を強調し、その内部に働く垂直の空間の力によって押し上げられたかのように浮上する屋根板は、すでに二〇年代の仕事Type de Maison（一九二二）、カルタージュの住宅（一九二八）の第一案に表れていたが、ここでは分離した建築要素を統制し、建築として一体のものとする重要な役目を担っている。ハーテッシング邸の計画案においては、四列のヴォールト状の屋根は、四本の独立柱によって下部構造とは形態的にも全く無縁に扱われ分離していたが、ここでは両者の関係は分離しているが緊密に結び合い、領域を限定している。

初期のブリーズ・ソレイユはガラス面に付着していたのに比べ、この作品の南西面のそれは二・二六メートルの奥行きを持ち、柱の形作る面から四三センチ離して自立して設定されている。ブリーズ・ソレイユを仕切る一、二階の鉛直の壁はそれと直交する架構の壁柱の中心線と一致するが、三、四階では仕切壁を意図的にずらすことによって、前面にある空間の層を明示し、視覚的に重合して立面を感じさせる。他の外壁面も架構を受け持つ壁柱と分離し、柱による鉛直方向の分割を打ち消す役目を果たしており、後退して架構が見え隠れすることによって、両者の分離を表明し、かつ二重の読みとりを可能にしている。そうした分離した屋根、外壁に囲われた直方体の面からスロープが描き出され、北東面に入口が分離して取り付けられる。床、柱、梁、仕切壁、天井は室内においてもそれぞれの要素が明確に表現され、黒いマドラス石の床と原色にペイントされた天井と仕切壁、打放しの柱、梁。その柱梁の架構形式のなかで天井が高まりあるいは低くなり、仕切壁が狭まり広い空間が設定される。

模型写真　分離した構成要素

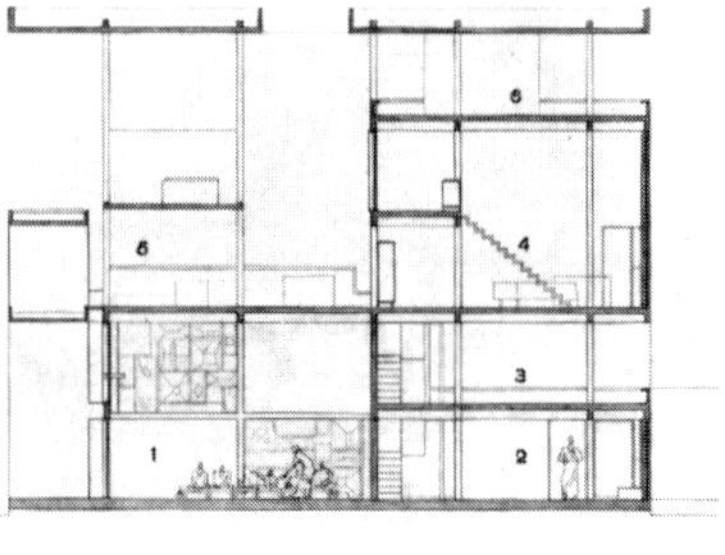
6
5
4
3
1
2

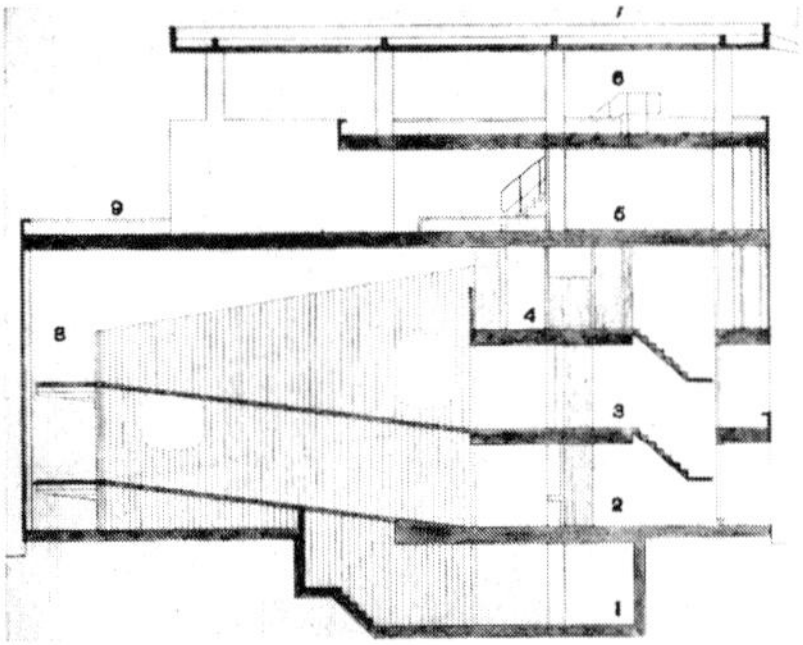
6
9
5
8
4
3
2
1

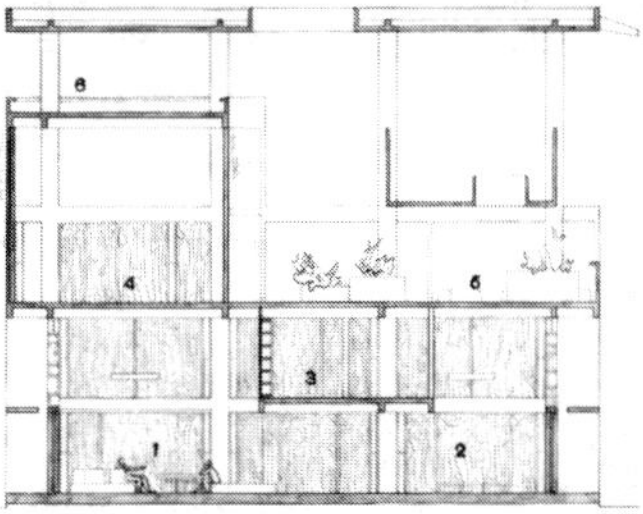


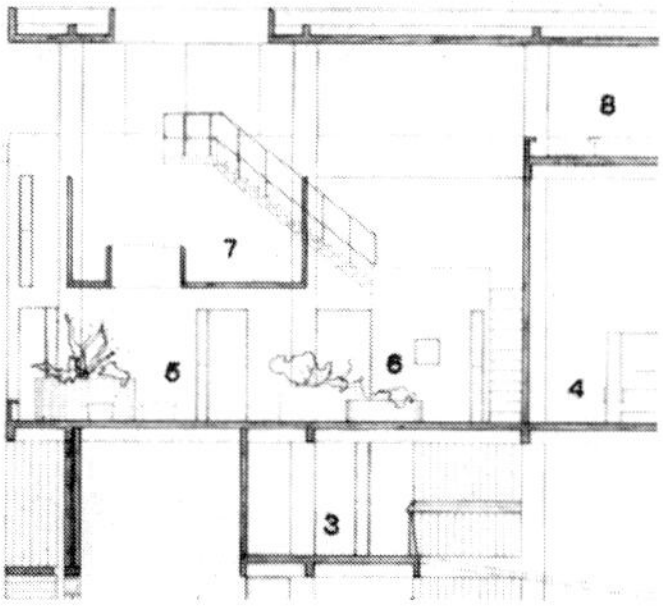


1/400

## (b)方向性のある架構

ショーダン邸における柱は強い方向性を持っている。ドミノの床を支えていた要素を柱と呼ぶならば、むしろそれは建築的には大きくくり抜かれた仕切壁と呼んでよいような性質を持っているといえよう。室内に現れた柱と梁は同時期に計画されたサラバイ邸(一九五六)のヴォールトの屋根を支えていた煉瓦の耐力壁に似ているといってよい。そうした方向性の強い柱は風が通り、空間が開けて行く方向と直角に配置され、相対立する方向性が現象している。こうした架構方式の変化に私はドミノ型住宅とモノル型住宅という、ふたつの建築的原型の合体、混合の様相を見る。前段階のハーテッシング邸の屋根の下部が柱梁でなく壁構造によって計画されている事実からもそうした推定ができよう。

スロープとそれを補助する階段は中軸を形成し、入口に対して直角に柱と同一方向に配置され、空間の開ける方向を横断する。こうして衝立のように相対立する二方向の壁と柱が配され次々と展開し、人間の運動を誘発することになる。初期の住宅以来一貫して空間を構成していた魅力的な一連の要素の組合せ——例えばシトロアン型の断面、あるいは独立した階段と上部の採光窓のセット等——は繰り返し使用されるが、もはやそこに均質な場はなく、壁と柱の配置が空間を常に対角線方向に活性化し、垂直に吹き上がり、この純粋直方体の外被の内部には複雑な運動が現象している。

しかし即物的には、モデュロールに基づく三種類の矩形の組合せによる彫刻的なパネル、極めて限定された種類の開口部、建具、繰り返し使用され標準となった階段、手摺、スロープ、それらが連結する直方体の箱——標準化した部屋の空間単位が部品のすべてであって、そうした明確な要素を、架構がもたらすあらかじめ偏差を持った場に慎重に持ちこみ関係づけながら置くことによって、空間の均衡を生み出し、人間の行為を惹き起こす場、つまりは建築的な場をそこに展開しようとする、構成上の概念を読み取ることができる。

### (c)箱のなかの箱——架構に挿入された部屋の空間単位

ショーダン邸は複雑な外見にもかかわらず、極めて単純な三つの層状の領域によって構成されている。一階と二階が公共的な場であり、三階、四階は私的な場であり、五階はそれらから切り離された屋上である。こうした西洋住居の伝統的な例にならった三層の領域分類はコルビュジエの住宅にもしばしば見られるものであり、特にサヴォア邸のピアノ・ノービレのスロープを挟んだ部屋のL型の配置はそのままショーダン邸の三階、四階の配置にあらわれている。

三、四階が開放的な架構の内部に矩形の閉鎖的な部屋を挿入し連結しているとするならば、一、二階は閉鎖的な全体の矩形から部屋を分割によって割り出したように見える。そうした同一の建築における上下のふたつの構成概念の対立は当初から目論まれたらしくハーテッシング邸の三階の平面図には三つの寝室をなす原型的な正方形の部屋の空間単位がはっきりと書き込まれ、一、二階と対立を見せ、立面においても三層構成は明らかである。実現したショーダン邸においては友人のために用意されたひとつの寝室が一層分ずり落ち二階と三階を占め、公共的な場と私的な場の中間に巧妙に設定されていることが異なっている。

そうした部屋の正方形の空間単位はさまざまに変形されはするものの後期の住宅を特徴づけるものであり、サラバイ邸等にも見られる。ショーダン邸においてはいずれもほぼ八メートル×六メートル、高さ五・四メートルの直方体の空間単位であり、南の主寝室は吹抜けた一室空間であり、北の寝室は中二階を設けシトロアン型の断面を見せ、予備室はシト

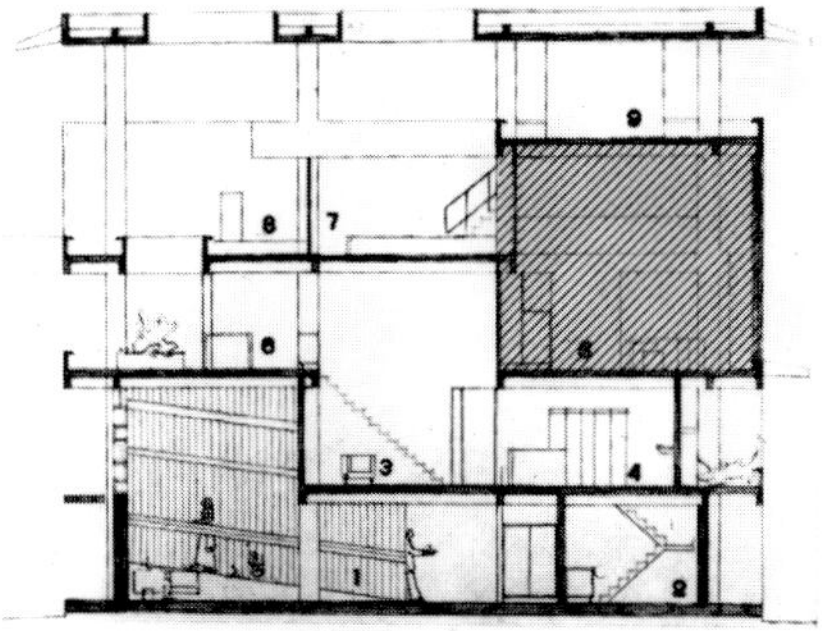

断面図、部屋の空間単位

ロアンの断面がずらして組合わされ、曲面の壁が極めて興味深い部屋をつくり出している。

架構に挿入された空間単位という印象は、三階の吹抜けに突出するサニタリーの補助室を八メートル×六メートル×五・四メートルの部屋空間のスケールとの中間に設定することによって一層強められる。そうした物体のなかの物体、箱のなかの箱という形態上の主題はすでに一九二八年のカルタージュの住宅の第一次案に見られたものであるが、ここでは部屋という建築の最終的な空間の単位が極めて明確な分節を示しており、それらを上下方向あるいは水平方向に連続させるために架構がつくられ、そこにさまざまな形態要素が配置されているのだとさえ思われる。

ショーダン邸では、建築の構成上の要素を可能な限り分離し、そこには柱の方向と壁の方向の対立、架構と部屋空間の対立、一、二階と三、四階の構成法の対立、西面の開放と東面の閉鎖の極端な対立、そうしたさまざまな対立が矩形に限定された屋根板の下で生起している。コルビュジエは純粋直方体内部での三次元的な空間の運動をそうした明確な対位法によって均衡させ、建築を〈一個の機能を満たす純粋直方体〉として自立させようとした。

# 3

## 主体の複数性——ル・コルビュジエと現代

ル・コルビュジエがカップ・マルタンの海に没してから、四〇年という月日が過ぎた。世界各地に据え付けた建築作品、スケッチ、文章、書物、そうした生身の身体の息吹から離れて、二一世紀を迎えた現在、彼は、ひとつの名前、ひとつの偶像化された記号として流布し、感染的に拡がっている。あたかも二〇世紀の造物神であるかのような場所で……。

彼が時代に絶大な影響を及ぼしたことは事実であるが、同時に息吹そのものは跡絶えている。ひとりの作家ですら、実は錯綜する複数の主体から編み上げられている人間であるというこの明白な現代的な事実を棚上げにして、作品を前にしてあたかも自由な造物主のごとく振る舞う作家の場所を想定しながら、その偶像だけが流布してゆくというこの奇妙な事実をどう考えたらよいのだろう。私たちは今どんな時代に住んでいるのか。彼の消え去る後ろ姿から一体何を抽き出すべきなのだろう。

「ル・コルビュジエとは誰か？」という問いはこの四〇年繰り返しなされてきたが、その問いが私たちの上に落ちてくるその落ちて来かたは、殆ど時代の条件そのものを語っているかのように感じる。

三〇年ほど前、私はル・コルビュジエに関心を抱いた時、どのように接近していったのだろう。一体何を見ていたのか。『伽藍が白かった時』や『モデュロール』の著作の翻訳を学生時代に購入したが、殆ど読みとおすことができなかった。詩的な文章に惹かれるものがあったが、振幅に富んだあてどない文の展開にはついてゆけなかった。詩と広告と論理のアマルガム。視点はめまぐるしく変換されながら、ぶつ切れに、独断がとめどもなく続いてゆく文章。建築事務所で五年間修業して、いざ一人で原宿に小さなアトリエをかまえることになった時、白の時代の作品は急に親しいものに感じられ始めた。不思議な接近の仕方だった。

原宿の表参道から入った殺風景な部屋の一隅で、製図机を前にして、来る日も来る日も全作品集の最初の二巻、一九一〇 - 二九、一九二九 - 三四の横長の頁を繰って、一日は暮れた。そして確たる仕事もない不安と戦うように、作品集に載った図面や写真だけを頼りに、五〇分の一のスチレンボードの模型をつくり始めた。

ビアトリス・コロミーナは『マスメディアとしての近代建築』のなかで「写真の機能とはたまたま建てられた建築の鏡像として反映することではない。建設は建築の過程における重要な瞬間だが、しかし決して最終成果品ではないのだ。写真とレイアウトがページの空間にもうひとつの建築を築き上げよう」とコルビュジエの作品について書いている。私が白の時代の作品に接近したのも、この頁の上に繰り広げられていた写真と図と文から成る本の空間を経験することをとおしてであった。現実の空間に触れたのはそれからずっと後のことだったのだから。今の若者には考えられないことだろうが……。何故、毎日、繰り返し眺めていて、読解しもするのだけれど、飽きるということがないのか。それぞれは納得する図や写真の集積でありながら、全体として理解しようとした時、汲みつくし得ないような奥行きがある、その魅力の源泉はいったい何なのか考えさせられた。そのとき二巻の作品集の頁の上を行きつ戻りつする時間の継起のなかに、まさに〈もうひとつの建築〉は築き上げられていたのであろう。一方、図面を起こし、模型をつくるという作業は、作家の身体の息吹、感触を、手を動かすことをつうじて血肉としたい、少しでも近づいて身近にしたいという単純な動機であっただろうが、同時にそうした奥行きを持つということの不思議さ、ありかを見極めたいという気持ちもあったのだと思う。

全くレベルの異なったふたつの場所の設計が同一人物によってなされていたのだと今な

ら言いたい。実なる場所とカメラのフレームという虚なる場所である。人がそこに赴き、移行をとおして、実なる場所を自らの経験とするなら、虚なる場所はさしずめ頁のうえのレイアウトという視線の活動をつうじて生きたものとして感覚される。特にこの最初の二巻の作品集には、虚なる場所を彷徨するル・コルビュジエの空間がレイアウトをとおして精密に建築されていたというべきであろう。では、建築のスタイルとメディアのスタイルに共通するル・コルビュジエの特性はどのように見られるのか。私が、頁を開くたびに新しく感じ、繰り返し誘い込まれていったのは一体何だったのか。

ところで、この八巻の作品集は建設の事実を再現するには実に不充分な記録でしかない。スケールも方位もなく、平面図はともかく、断面やファサード以外の立面が極度に欠けている。構成の鍵が断面にある場合がほとんどなのだが、その場合でも写真のワンショットによって、空間の構成の複雑さを暗示するという方法を採っている。図面相互間にも不整合は多く、スタディの時期の異なる投影図が混在していたり、あるべき柱が欠落していたりする。つじつまを追ってゆく目にとっては謎かけや惑乱でしかないそうしたいい加減さはどうも見落としというよりも故意に仕組まれたふうがあるのだ。それらは作品集を資料として五〇分の一のスチレンボードの模型をいくつかつくった時、次第に明らかになってきたことだ。

写真も多く修整の手が加えられている。面と面の交差をシャープに見せるために白インクの線が引かれたり、光が届きそうもない梁底や天井面が白く塗られていたりする。特に「ガルシュの住宅」*1では著しい。現在のデジタルな画像処理ではそれはいまや普通であり、写真に対する信頼はもはやあやふやなものになっているが……。

純粋な面と面の構成がつくり出す幾何学的な場が写真のなかで演出されているのだ。そ

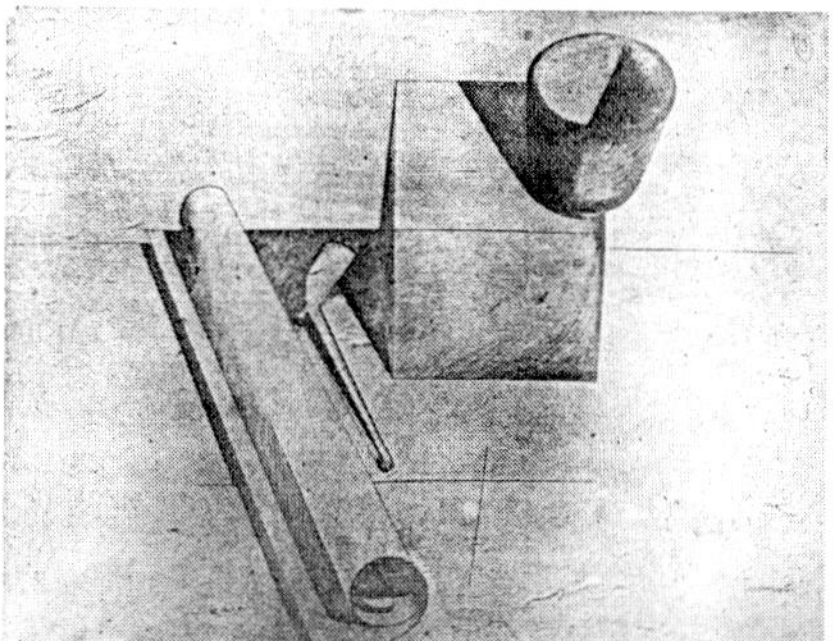

『静物』デッサン、ル・コルビュジエ

*1　2-5 ガルシュの住宅を参照

れは具体的に建設された住宅の映像というより、キリコの絵のような、超現実的な絵画が目指すどこにもない空間、聖なる空間に向かっていたかに見える。実用の具体的な場所であるにもかかわらず……。若き彼が日常の風景の断片を取り出して聖化した、大理石の板に影を反射する本と白い立方体を描いた『暖炉』*2（一九一八）と題された絵画の世界をそこに再び見出していたのではないか。白の幾何学は〈建築をめざして〉が宣言するように時代の状況、および過去の歴史から逃げ去るひとつの際立った方法ではあったが、同時に、その逃走の劇、新しい建築詩法の背景には一九世紀末から二〇世紀初頭が共有した時代の不安、人間中心の世界像が破産しつつあるのではないかという、漠然たる予感をかかえていたかのようにも見える。その予感はいまやすでに予感ではなく、二一世紀という時代を迎えて正確な事実となっているが。

「サヴォア邸」や「クック邸」の写真にも見られるように、そうした徹底的に抽象化された幾何学的フレームのなかにシンボリックな生活的物品、椅子はもちろん、パンや魚の燻製やゴルフバックや現代絵画が内部に注意深く配される。それらは凝縮され意味を担った新しいライフスタイルのイメージの記号だ。また外部では〈住宅 - 機械〉を暗示するような最新型の車が「ガルシュの住宅」では建築の前面に配されるだろう。読むもののイメージに深く刻み込まれ、忘れられぬシーンとして際立ってゆく削り落とされた一枚の写真という中心。イメージの生産機械の効率の良い部品としての写真。その構図のとり方も物質を三次元的に描写し、伝達しようというより、距離感を故意にあいまいにし、線を省略し、二次元的な面のパターンに還元してしまおうとする志向に一貫して支えられている。キュビズムの絵画が、奥行きを平面のパターンのなかに閉じこめ、物と物の距離を縮小し、見るものの知覚を惑乱させ、前後関係に関する深い読解へと誘ったように。そして〈人間の顔〉と

*2 『暖炉』、ル・コルビュジエ

いう自然を描こうとしながら、目や鼻や耳そしてひげ、まゆげといった特徴あるものを「面の記号」に還元し、それらの重ね合わせとして構成する*3。〈人間の顔〉はひとつの視点からなめらかな連続体として描き出されるのではなく、面の記号の不連続体として複数の視点の接合となる。そしてひとつの顔のイメージ像をまとめあげる作業を見る人へと投げ出し、私たちが知覚しているこの世界の多様な認識に近づこうとするのである。

図面の不充分さや欠落は写真の構図のとり方と同じく迷路をつくり、飽きることなく、読者を構成へと探求させる罠のようなものだったのかもしれない。現実の作品をノイズなく伝達するということとはきっぱりと異なった意識が、この本の空間のなかにある。

読解が線的に展開し、事実を囲いこみ、理解へと到達させるのではなく、事実どうしが反射し、対角的に交差する視線、複数の視線の共存、面的にはりめぐらされた刺激のネットワークの布置があったのだといってしまってもいい。

作品から受けとる像《イメージ》やその効果は、読者の側へと投げ出されていたのだ。本の空間は頁を辿る主体の経験を組織づけるフレームとしてだけ用意されたかに見える。表現を伝達しようとする確かなむこう側の主体の不在。いや複数の欲求、複数の主体から編み上げられた自己をそのまま投げ出そうとしたル・コルビュジエという近代的自我のスタイルが頁の裏側から浮かび上がってくるだけだ。ひとつの中心からでなく、多くの中心が散置され、呼び交わして知覚を振動させるネットワークの布置が入念にレイアウトされたにちがいない。建築がカメラのフレームというもうひとつの敷地のなかにも住むことを始めた時代のはじまりである。当時の私は、むき出しの部屋に閉じこもって写真から写真へ、そして図面へ、図面から写真へとまた送り返されてレイアウトのうえをあり余る時間を使って散歩しつづけていたことになる。

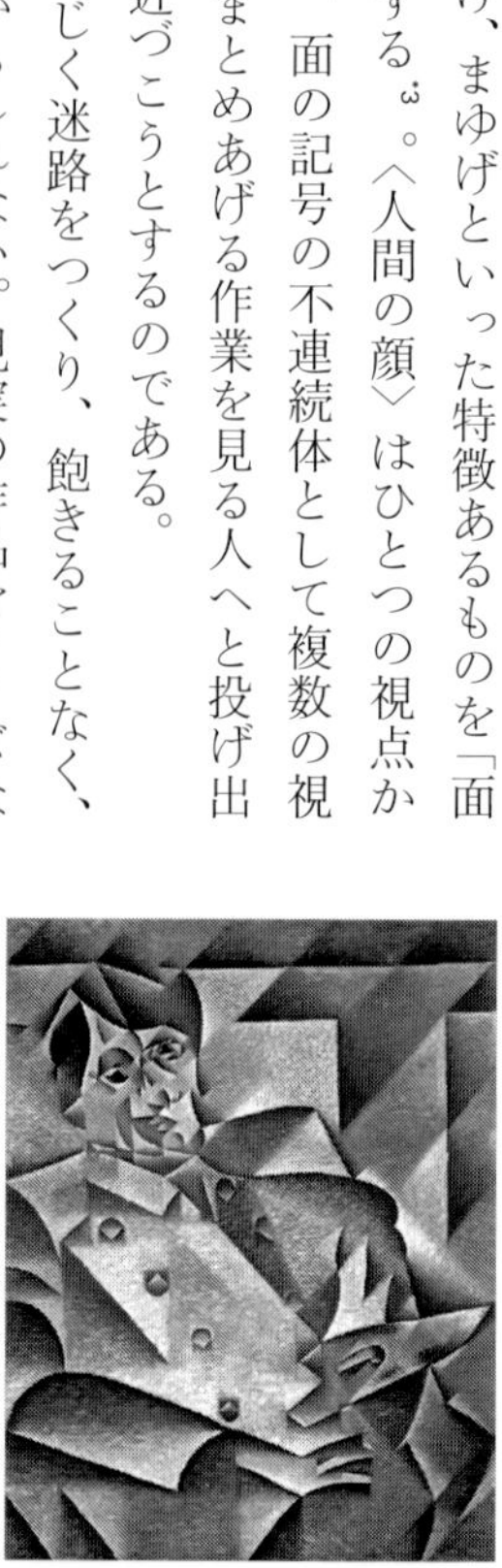

*3　『ピカソの肖像』、グリス

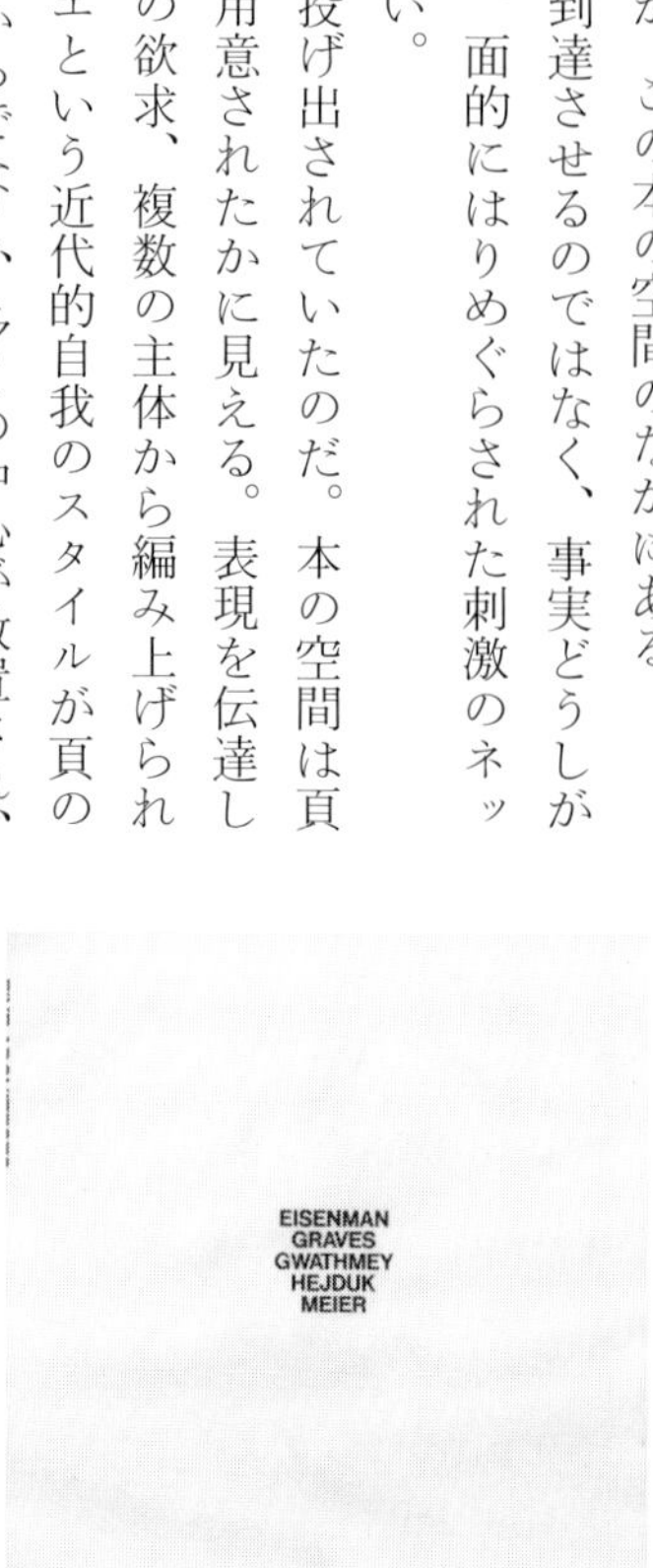


*4　"FIVE ARCHITECTS" Oxford University Press, 1975

*5　「『現代の空間』を求める作業」、富永 譲、新建築 7910

*6　「『表現の危機』R・マイヤーの形式が意味するもの」、富永 譲、SD7801

本の空間について長々と述べてきたが、それがル・コルビュジエが現実の住宅作品のなかにつくり出したさまざまな異なった光景を結びつけてゆく〈建築的散策路《プロムナード》〉の構成に似ているのではないかと気づいたのはそれからずっと後のことだ。また絵画に深く魅了され、数多くの画布を辿った時もその画面構成の核に潜んで、視線の運動をうながし、思いがけない結合や交通をつくり上げているものだった。

しかしひとりで模型作業を続けていた一九七〇年代のあの頃、ル・コルビュジエに関する研究や形態の参照が数多く現れ、感染的に拡がっていった裏には一体何があったのだろう。ニューヨークの五人の建築家の作品集として『ファイブ・アーキテクト』[*4]という正方形の白い本が出版され、目にしたのも一九七五年であるから同時期だ。コーリン・ロウの序文がついていた。白の時代の視覚形態言語に限定し、それらを意識的に操作し、総合化を試みていた。当時、私は教職にあって、学生のスタジオの製図がすぐさま反応し、雑誌や建築家の間でも一挙に白のファッションが拡がっていったことをありありと覚えている。現代の都市文化の活動的な生活感覚を、瑞々しく軽やかに乗せてゆけるスタイルといったことがあったのだろう。建築形態の自立を信じ二〇年代の文化の残響をひびかせながら、現代的意味に変換してゆくことの楽しみ、その透明なゲームの可能性が信じられていたのだ。独立してまもなく設計した私の小さな三つの住宅も、明らかに構成上のスタイルを白の時代に依っていた。「建築があるあり方、建築という人工的な容器の総体を成立させている空間を操作する道具立ての検討である。それは同時に、近代建築の様式的言語の提出者コルビュジエのスタイルを基準として、私の生きる〈現代の空間〉との較差をはかり、差異を確認することでもあった」[*5]と設計説明文のなかで自らの方法を述べている。差異は明らかに、現実の住宅の敷地をとりまく、雑多でもある半世紀経た日本の都市現象でもあっ

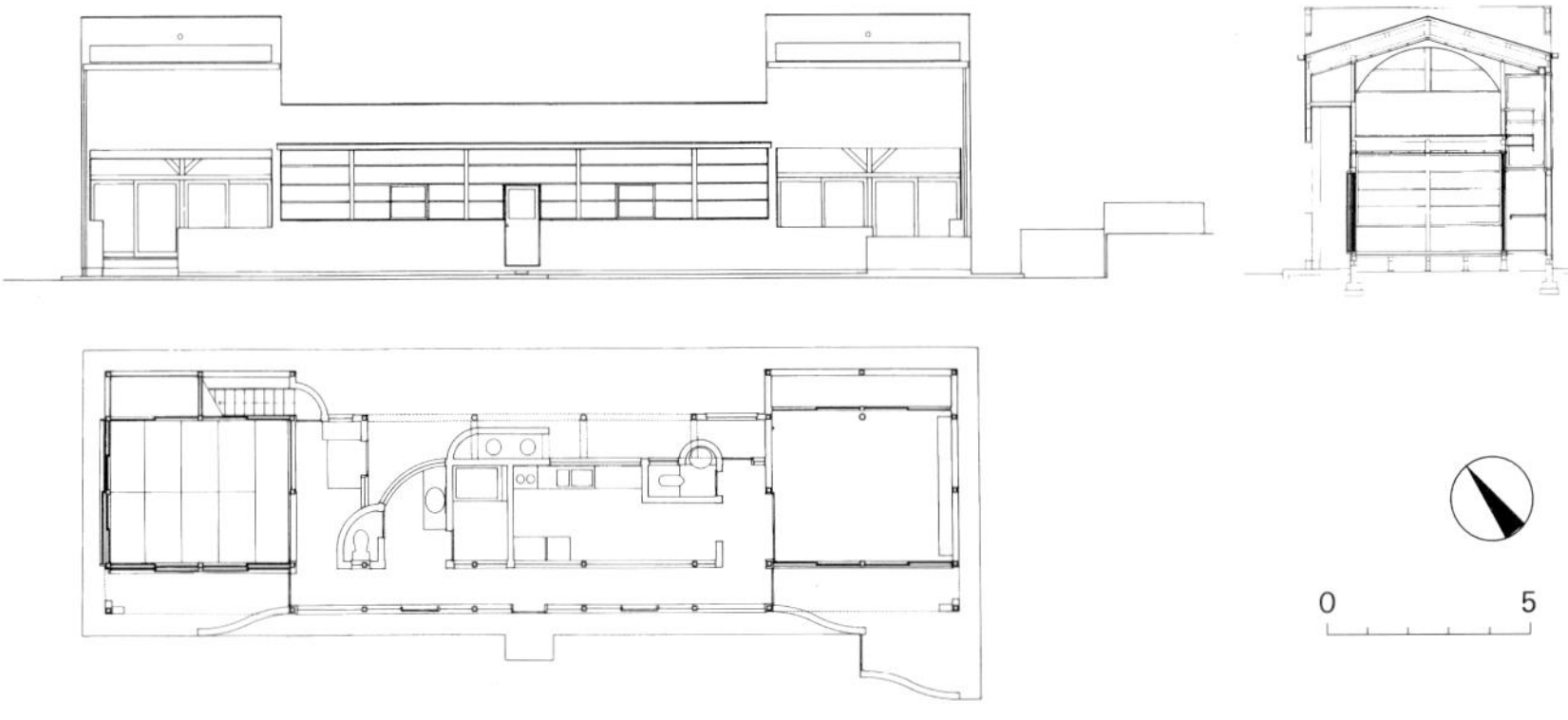


上田の住宅 一九七七／富永 讓

たわけだが、その魅力ある部分、雑多で活気あるイメージを呼込んだり、ありふれた工業生産品を導入しながら、白の時代のスタイルを変形することが設計だった。建築をつくろう、慣習的な日本の住宅をそれによって批評しようという意欲だったと思う。雑誌でみるニューヨークの五人組の住宅作品は、美しく、端正で、明晰であったが、やはり周囲とは関わりない〈庭園のなかの住機械〉でしかなく、遠のいたものにも感じられた。

「一九七〇年代の前半、リチャード・マイヤーはひとつの確かに新しい建築世界を提出した。しかしそこにはコルビュジエに見られた〈世界〉に対する信頼、自然の秩序に対する信頼、他者に対する信頼は働いていない。むしろ究極的にそれらを引き絞っている同一性といったものを断念することによって建築家として出発したように思われる。例えば一九七六年に出版された白い表紙の作品集を見ると、最初のスミス邸から、みずみずしい感覚に裏打ちされた完璧な表現があり、それ以後のマイヤーの建築を貫く特質はもはや成熟した形式《スタイル》で実現していることに驚く。そうした最初から成熟した形式《スタイル》は何を意味するだろうか。〈世界〉の実質、本質を求めようとするあがきはそこには見られない。まるで建築家にとっては事物を切り開き、定着させる形式だけがあるといっているかのようである。そこにつくり出される人工的な世界だけが信じられる。その形式《スタイル》は近代建築のもっとも生気に満ちた革命の時代、二〇年代のコルビュジエの仕事から選びとられる。架構とそれぞれの部品（形態要素）は寄せ集められ、形式《スタイル》は整備されるのである。マイヤーは形式《スタイル》の力によって造形し、精緻で自立的な建築世界まで一気に到達する。しかし、その代償として確実に何かを失っているであろう。だがなお彼はそういう犠牲を払ったうえでも、外部の自立的な秩序、ひとつの形式《スタイル》に向かってゆく、そうせざるを得ない」。とすぐさま雑誌の特集に寄せた批評で敏感に反応している。しかしコルビュジエに見られた〈世界〉に対する信頼は

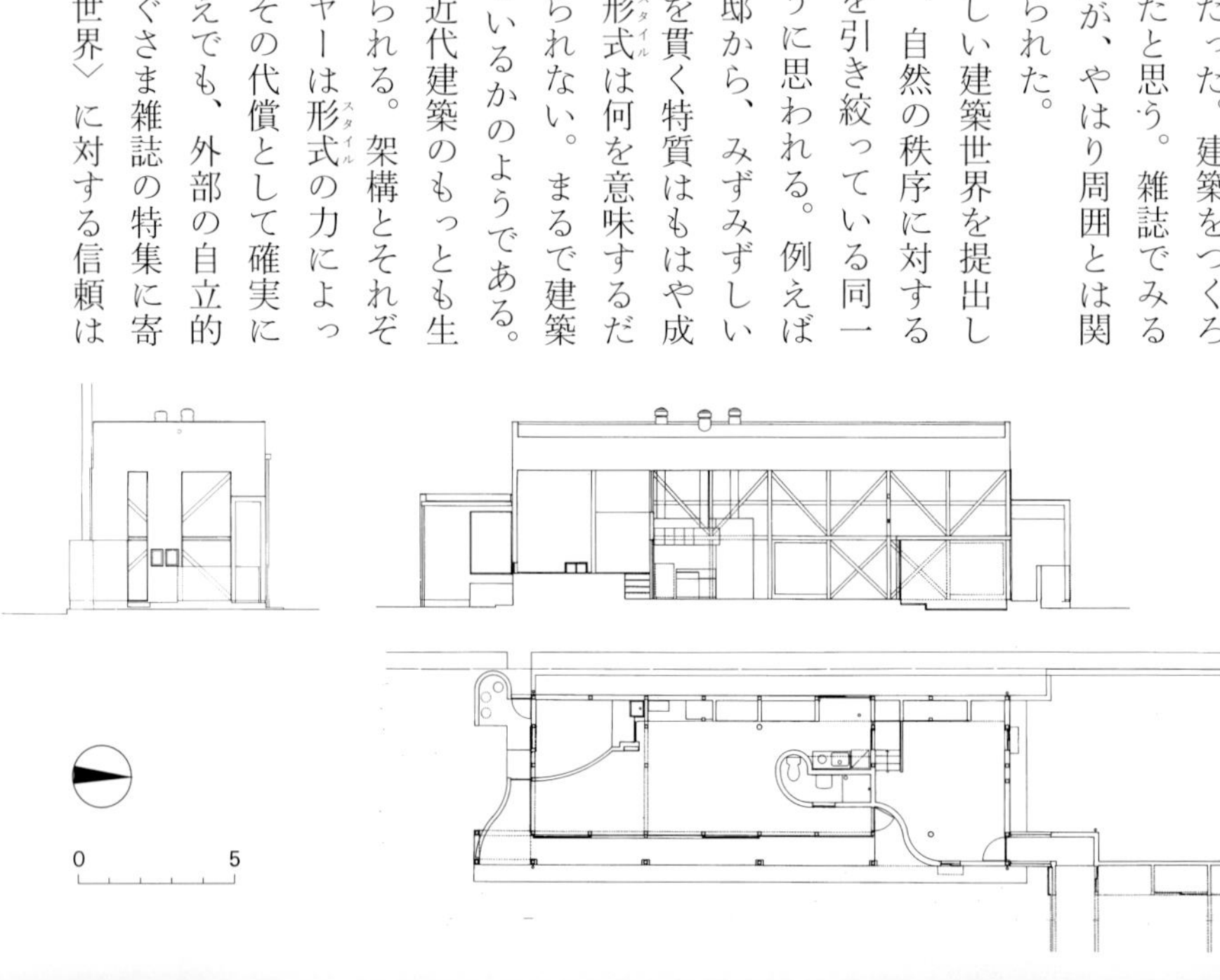


小田原の住宅
一九七八／富永 讓

どれほど確かなものだったのだろうかと今にして思う。

しかし、そうした形式《スタイル》の砦のなかではじめて自己というものが解放され、安心して現実を精錬することができるという、マイヤーが意識的に提出した問題は、実はのちにやってきた私たちの時代の問題であり、近代が追ってきた二一世紀の文化全体の問題でもあっただろう。そこではすべての判断、すべての行為が決して自己に戻ってくることがなく、形式《スタイル》が要求する美という何かしら外在的な地点に向かってどんどん流れ出していってしまうのだ。もし悪くすれば、それは不必要で、実質のない、無限の修辞を重ねてゆく作業に陥ってしまうかもしれない。

コルビュジエの住宅の構成を模型によって研究しながら、一方でさまざまな制約にとりまかれた狭小な都市の敷地に特定の家族のために住宅を設計し、実現させてゆくことは、否応なく、日本という風土や生まれ育った伝統を強く感じさせることにもなった。当時ル・コルビュジエが語りかける同一性—基準線《トラセギュラトゥール》を語り、黄金尺《モデュロール》を語り、比例を語り、標準型《タイプ》を語るといった、個人性を越えた人間の深い基盤への信頼に魅惑されてはいた。しかしそうした西欧的な思考の魅惑が抗し難いものであればあるほど、それと同化してはならない自分というものも知らねばならないのだった。

作品集の二巻に導かれ、当初は作品を、それが最終的に伝達しようとする世界、いわば作家の精神の実在などというものから切り離し、単なる素材《テクスト》として、形の構成のルールを模型をつくることによって研究し、ゲームをするようにそれを実地に応用しようとした時、初めてその内容の実質の微妙さに突き当たるといった、およそ逆立ちしたようなル・コルビュジエへの接近の仕方も、今では悲しく思うが、私にはそれしかあり得なかったとも考え得るのである。

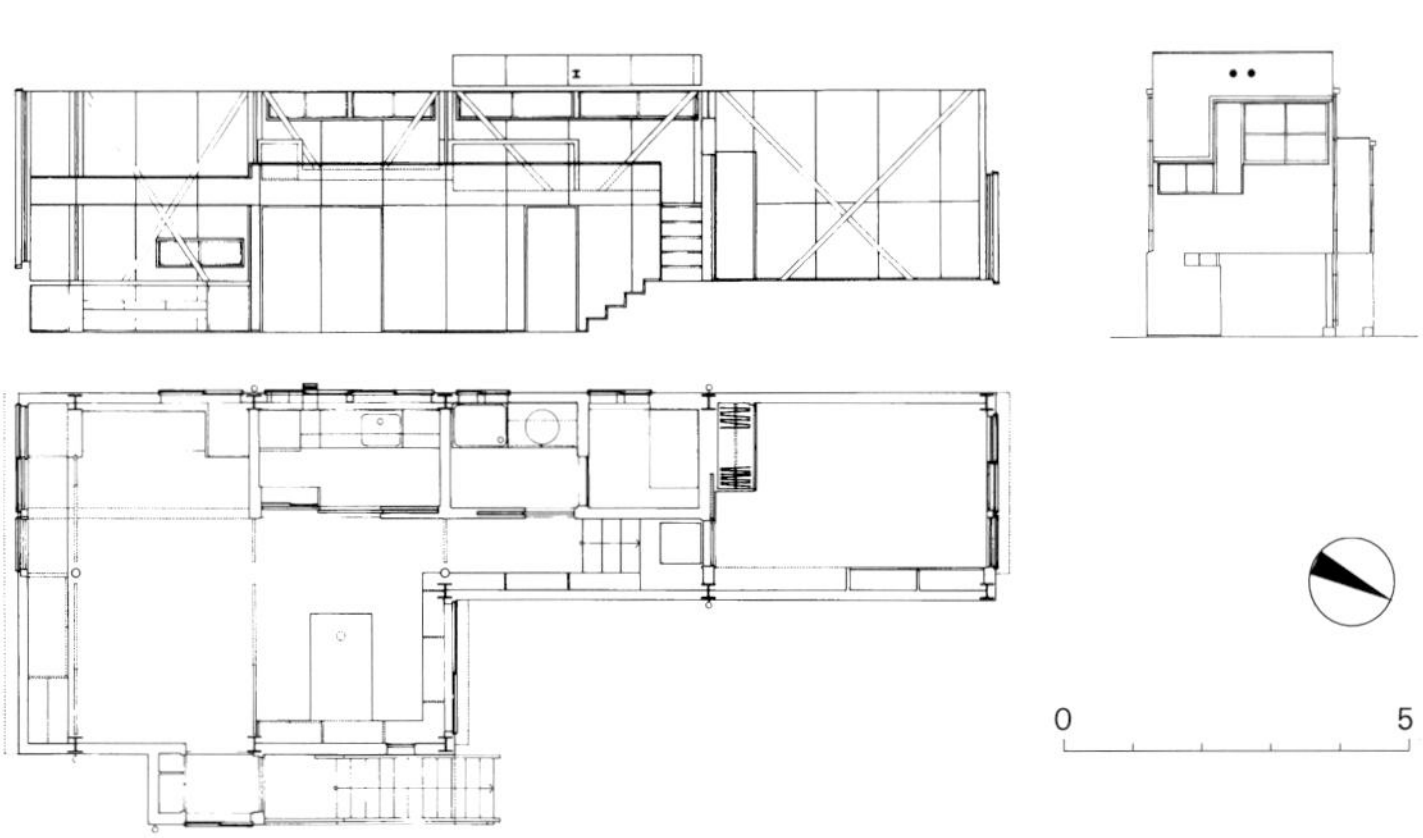


経堂の住宅一九八〇／富永 譲

◂2 ▴1

4 3

Le Corbusier

5

▴6　7▸

8

1、2　上田の住宅　　3〜5　小田原の住宅　　6〜8　経堂の住宅ル・コルビュジエの空間は、微細なレベルでは、ひとつの視点からなめらかな連続としてつくられていないのではないか、複数の視点が介入してつくられているのではないか。空間はひとつの連続としてではなく、いくつもの小さな独立した領域をまるでパッチワークのようにつなぎ合わせてつくられている。いくつもの小さな独立した領域を結びつけ、全体を経験する側のルートを〈建築的散策路〉と彼は呼ぶが、散策路の風景は、人間という主体が分裂して、人間中心の世界像が破産しつつある時代の風景だったのではないか。断片を結びつける視線、新たなリアリティの源泉。

光のなかで溶け合っていた印象派の自然の風景から、物が人間から離れて、共通の関係を断たれて、等価に、際立った輪郭をともなって、裸形で感じ始められた時代の風景。そういう空間ではひとつの領域の端にやって来た時、隣の領域がどうなっているか決まってはいない。キュビズムの絵画が〈人間の顔〉を特徴ある面の記号の不連続体として実在を描き出したように。ひとつの顔の像《イメージ》をまとめあげる作業が見る人へと投げ出されているのである。そこに見る人の自由があり、発見もある。それを映画的手法[*7]と述べたことがある。演劇の場合と違って、映画では、カットどうしの結合は決して連続ではなく、カットの端まで来ると、その隣に全く質の違う別のカットが接合されることで、カットとカットの間に思いがけぬ結合や交通が繰り返され、世界のリアリティが表現されるのである。

そうしたいくつもの小さな領域を結びつけ、主体の経験を組織づける建築的架構がドミノであり、その架構の上で、小さな領域をつくりあげる部分の形の装置が多彩に発見され、そのかたまりの明瞭な分節性《アーティキュレーション》が造形上の言語として伝搬したのではないか。映像にひとつのつながりや流れを与えたその役割は建築ではドミノの柱列やスラブに与えられていたのだと。また、頁を繰りながらレイアウトを読みとるという本の構成そのものにも共通し

*7　2-8 サヴォア邸 を参照

ていたのだと。映画的手法によって、独立した小さな領域が結びあわされてゆく空間と本の頁の散策路。土地に出かけ、光と影のもとで、幾度となく建築を経験し、また作品が生成されるプロセスをつぶさに検討した時、次第にそんな考えは否定しがたいものとして感じられ始めた。

それが「ル・コルビュジエとは誰か？」という問いが私のうえに落ちてきた、その固有な落ちてきかただったのだ。文章にも、建築、絵、作品集の構成にもはじめから見出していたものにちがいなかった。それはいうにいわれぬ開放感を受け取る側に与える源泉だった。

いくつもの小さな独立した領域は、建築の場合、彼の生きた空間の経験を構成していた。旅のスケッチブックに書きとめた場所の記憶であり、自然な事物、〈詩的反応に向かうもの〉の記憶である。個人的な目の記憶の翻訳が白の時代の抽象のなかに人間的事実を呼び寄せるのである。また独立した領域は、ひとつの作品の設計のプロセスを検討すると、部分のモチーフとして形を変えては他の作品のなかにも繰り返し現れてくる。何か個人の深い記憶を語っているようだった。「ル・コルビュジエのスタディの特徴は、全体を秩序づけるプロセスとそれを部分のモチーフの衝動によって、破壊して細やかな発見を繰り返そうとするプロセスの交替して現れてくる過程である」*8と以前述べた。マイヤーがそうしたように、全体の抽象的な秩序の達成に一挙に取り組もうとするより、その時々のスタディの注視点の移動にともなって、具体的な意味の挿話《エピソード》をそのつど、そのつど、作品生成のなかで炸裂させながら、構成を破壊し、見出した小さなきらめきの断片を最終の過程で一気に作品のなかに引き集め定着し、結晶させてゆこうとする思考の運動を感じる。複数の視線を作品のなかに導き込もうとするのである。それは、ル・コルビュジエのなかで分裂していた例えばふたつの主体、実なる場所を見る主体とカメラのフレームという虚なる場所を見る主

*8 「ル・コルビュジエの制作学（後編）」、富永譲 SD8802

体の複数性でももちろんあっただろう。しかし錯綜した、もっと欲張りな複数の主体から編み上げられていたと見るべきだ。彼の主体はメディアの世紀の始まりと対応していただろう。歴史、古典主義者であるという主体、来るべき時代の予言者を演ずる主体、自然形態の秩序に魅惑される主体、機械のなかに合理を見ようとする主体、同時代の建築の動きを素早く取り込む主体……、そうしてどれもが共存してしまう複数の分裂する主体の視線を、必死になって作品をつくることによって、自らのなかに引き止めようとした近代的自我の表現のスタイルが浮かび上がってくるのである。

そうした人間という存在の複数的なつくられ方は二一世紀に至ってますます拡散し、分裂してゆくだろう。レム・コールハースの建築は明らかにル・コルビュジエの後期の作品の延長上に構想されたかに見える。建築が現実に身体が知覚する空間でありながら、経済の空間であり、政治の空間であり、制度の空間であり、メディアの空間であるということ。それらの諸力がものを乱立させるということ。それぞれの世界像が分散し、ものの姿が人間から離れて、自動的に立ち上がってくる均質な世界が押し寄せるなかで、そこでしかも人間的事象を語り出そうとするのである。押しとどめようもないものの乱立。自然な事物に背いたそれらの人工的世界は人間側からの現実世界に対する不遜な、もっとも大規模な挑戦であるかに見える。私たちは時代に対して次のように問うだろう。「人間の事象は回復されるのか？」

ル・コルビュジエは決してこちらを振り向こうとはしない。白の時代からラ・トゥーレットへと、巨きな問いを背後に残しながら近代が追ってきた坂道をひとりでどんどん降りてゆく。だが、作品に刻みつけられた〈建築的散策路〉を歩む時、二〇世紀を生きた豊かな人間の夢が複数的な主体の交錯のなかに駆け上がってくるのである。

# あとがき

本書はル・コルビュジエの住宅の構成法を明らかにしようとしたものである。その空間の核にある〈浮遊感〉――身体が戸外の大気のなかに放り出されて、軽くなってゆくような感覚がいかなる設計法から生み出されていったのか？　そして堅固な幾何学にひそむ透明。四半世紀前から、興味の都度、図面に接近し、模型をつくり、気ままにプロセスを調べ、またいくつかの雑誌に研究や批評を書いた。しかし学会に研究論文ひとつ発表することはなかった。作品を裁断していって、最後にわずかな残りかすのような観念的な亡霊に執着し、貧弱な理論に出会うような研究はどうしても避けたかった。また、始められる前からもう終わっているような論文を数多く目にするにつけ、その歯がみをするような容易さの前で、僕はうちのめされるような気分になった。

建築に出会う経験が、驚異に満ち、キラキラと輝き、豊かで、生きて感じられた時、批評や研究に一体何ができるだろう。具体的な物のキラメキに出会えるような批評、読みこんでゆくと、すぐに新たな設計の筆をとりたくなるような研究。本書がそんな類のものになっているかどうかはわからない。

だが、これまで本の出版へと努力され、契約までしながら二度も反故にしてきた鹿島出版会の当時の担当の方々には、私の怠慢も含め、少しでも心の底にあった、そんな気持ちが、ためらわせたのだと、今はお詫びしたい。

二章は二八年前、ＳＤ誌に連載された「近代住宅の再発見」の一二作品の模型による研究に端を発している。当時、反響もあり、新しい研究法ではあったのだが、何よりも二ヶ月に一度、編集長だった長谷川愛子氏や伊藤公文氏に締め切りに、あらゆる方法で追われた記憶が鮮明である。

連載時の息をつめたような生硬で網羅的な文章は僕の青春のなつかしい記録であったが、今回は内容も含めて全面的に書き改めてある。二〇世紀に始まる映像的空間の形成、空間の詩法といったところに興味の重心が移動してしまった。

時を距てて、何度も本にしようとしたが、建築家としての実務のかたわらの作業であったから、その都度事務所の所員の手もわずらわせた。

名前を挙げることはできないが、関わった所員の方々、そして繁昌朗氏には原稿を批評してもらい、図を作成してもらった。特に繁昌氏には今回の出版に当たり、繁雑なすべての作業を引き受けていただき、多くの重要なアドヴァイスも受けた。感謝したい。偶然のことだが、連載時ＳＤの編集員であった相川幸二氏に出版を担当していただいた。

成長するのが遅い、のろのろとした自分に、長い間つき合ってくださったすべての方々に、小さな白い本がまとまったことを報告したい気持ちで一杯である。


二〇〇三年五月五日、新緑の自宅の庭に白い丸テーブルをだして

富永　譲

**ル・コルビュジエ関連資料**
©F.L.C./ADAGP,Paris & JVACS,Tokyo, 2003

**写真撮影**
大橋富夫　p.227、228-229
西森秀一　p.9上、10、11上
新建築写真部　p.230
水谷重憲　p.95、97下、98上左・下右、99上左・下
佐々木卓　模型写真(「母の家」を除く)
富永 讓　p.9下、11下、12-16、44-45、90-91、
102-103、150-151、226、231、カバー

**作図・模型**
富永 讓+フォルムシステム設計研究所

著者＝富永 譲 とみなが・ゆずる／建築家
一九四三年　奈良県出身
一九六七年　東京大学建築学科卒業後、菊竹清訓建築設計事務所入所
一九七二年　富永 譲＋フォルムシステム設計研究所設立
一九七三-九年　東京大学助手
二〇〇二年　法政大学教授
主な近作　「茨城県営長町アパート」（二〇〇一年日本建築学会作品選奨）、「ひらたタウンセンター」にて二〇〇三年日本建築学会作品賞受賞、「エンゼル病院」にて二〇〇五年医療福祉建築賞受賞、「成増高等看護学校」（二〇〇六年）
主な著書　「リアリテ ル・コルビュジエ」（TOTO出版）、「ル・コルビュジエ建築巡礼12」（丸善）、「近代建築の空間再読」（彰国社）、「特集：富永 譲 SD一九九〇年一〇月号」（鹿島出版会）、「建築家の住宅論 富永 譲」（鹿島出版会）など

# ル・コルビュジエ 建築の詩
## 12の住宅の空間構成

二〇〇三年七月一一日　第一刷発行©
二〇〇六年五月三〇日　第三刷発行

著者　富永 譲　　ブックデザイン　高木達樹
発行者　鹿島光一　　印刷　壮光舎印刷　　製本　アトラス製本
発行所　鹿島出版会　〒一〇〇-六〇〇六　東京都千代田区霞が関三丁目二番五号　電話 〇三-五五一〇-五四〇〇　振替 〇〇一六〇-二-一八〇八八三
ISBN4-306-04431-9　C3052　Printed in Japan
無断転載を禁じます。落丁、乱丁本はお取り替えいたします。
本書の内容に関するご意見・ご感想は下記までお寄せください。URL:http://www.kajima-publishing.co.jp　E-mail:info@kajima-publishing.co.jp

**鹿島出版会**

# ル・コルビュジエ関連書

## [ル・コルビュジエを知る本]

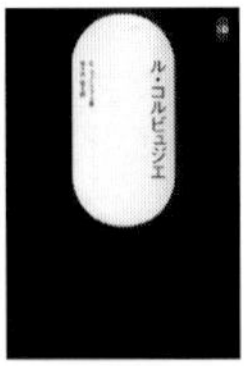

**《SD選書144》**
### ル・コルビュジエ

C.ジェンクス 著　佐々木宏 訳
四六判・244頁　本体2,100円+税

現代建築の最大の巨匠ル・コルビュジエのジャンヌレ時代から死に至る1965年までの全生涯を詳述し、その著作、建築、絵画作品を通して彼の思想や人物像を探る。コルビュジエ理解のための手引書である。

### ル・コルビュジエの建築
**その形態分析**

ジェフリー・ベイカー 著　中田節子 訳
B5判・300頁　本体6,500円+税

ル・コルビュジエの初期から晩年に至るまでの主だった作品を取り上げ、魅力的で詳細なイラストレーションにより洞察力に富んだ形態分析を展開している。見て読んで楽しい書の待望の日本語訳刊行!

### ル・コルビュジエと日本

高階秀爾、鈴木博之、三宅理一、太田泰人 編
A5判・256頁　本体2,800円+税

本書は戦前から戦後にかけて日本の近代、現代の建築に大きな影響を与えたル・コルビュジエと日本の関係を様々な角度から述べたもの。20世紀の建築史に新たな視点を与えるものとなろう。

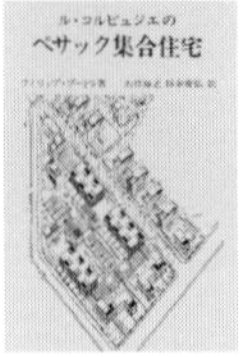


**ル・コルビュジエの**
### ペサック集合住宅

P.ブードン 著　山口知之、杉本安弘 共訳
A5判・228頁　本体2,800円+税

コルビュジエの主要な実施作であるこの集合住宅は、建設以来40年の間に住民たちによって夥しい改作がなされた。建築家である著者は、これらの変更が「住む」ことに対して与える意味を明らかにしようと試みる。

## [SD選書 ル・コルビュジエ著作集]

| | | | | |
|---|---|---|---|---|
| 《SD選書15》 | **ユルバニスム** | ル・コルビュジエ 著 | 樋口清 訳 | 本体2,000円+税 |
| 《SD選書21》 | **建築をめざして** | ル・コルビュジエ 著 | 吉阪隆正 訳 | 本体1,800円+税 |
| 《SD選書33》 | **輝く都市** | ル・コルビュジエ 著 | 吉阪隆正 訳 | 本体1,800円+税 |
| 《SD選書102》 | **アテネ憲章** | ル・コルビュジエ 著 | 吉阪隆正 訳 | 品切 |
| 《SD選書111》 | **モデュロールI** | ル・コルビュジエ 著 | 吉阪隆正 訳 | 本体1,800円+税 |
| 《SD選書112》 | **モデュロールII** | ル・コルビュジエ 著 | 吉阪隆正 訳 | 本体1,800円+税 |
| 《SD選書120》 | **人間の家** | ル・コルビュジエ 他共著 | 西沢信弥 訳 | 本体2,000円+税 |
| 《SD選書138》 | **三つの人間機構** | ル・コルビュジエ 著 | 山口知之 訳 | 本体980円+税 |
| 《SD選書142》 | **四つの交通路** | ル・コルビュジエ 著 | 井田安弘 訳 | 本体980円+税 |
| 《SD選書148》 | **東方への旅** | ル・コルビュジエ 著 | 石井勉 他訳 | 本体2,000円+税 |
| 《SD選書154》 | **住宅と宮殿** | ル・コルビュジエ 著 | 井田安弘 訳 | 本体1,200円+税 |
| 《SD選書157》 | **エスプリ・ヌーヴォー [近代建築名鑑]** | ル・コルビュジエ 著 | 山口知之 訳 | 本体1,200円+税 |
| 《SD選書185》 | **プレシジョン(上)** 新世界を拓く建築と都市計画 | ル・コルビュジエ 著 | 井田安弘 他訳 | 本体1,500円+税 |
| 《SD選書186》 | **プレシジョン(下)** 新世界を拓く建築と都市計画 | ル・コルビュジエ 著 | 井田安弘 他訳 | 本体1,500円+税 |